中國歷代墨寶

[台湾商务印书馆学术经典]

中国历代思想家

先秦

（一）

主编·
台湾中华文化总会
王寿南

九州出版社 JIUZHOUPRESS | 全国百佳图书出版单位

出版说明

《中国历代思想家》系由台湾中华文化总会（原名“中华文化复兴运动推行委员会”、“中华文化复兴运动总会”等）与王寿南教授共同担任主编，两岸学者联袂撰写，台湾商务印书馆出版。这套著作对于读者具有很好的参考意义。作为海峡两岸出版交流中心重点引进项目，此次以简体字出版，对文中的古今地名对照、注文体例和文字错误等作了必要的订正，并将原25分册按历史年代合并为先秦、汉、魏晋南北朝、隋唐、宋明、清和现代等凡7种14册。

原版本的卷头语和三篇序言，从不同角度介绍了该书系的出版缘起和有关情况，简体版将其主要内容附于书前。

该书关于中国历代思想家的选取立意及某些作者的观点，我们并不完全认同。但为便于参考研究，仍保留其原貌，在书中加编者注予以说明；个别之处，有所节略，但不改动原书之观点。

九州出版社

卷頭語

二十年前書同學王壽南博士來訪，出示手擬中國思想家百人計劃；時壽南任教於政大歷史系，兼中國史學長在局，同時並任文化復興推行委員會委員及該會出版研究委員會秘書長，業務極其勤勞，識者多之。後又兼副會長，兼主任出版研究委員會，適年來之病，許多提不起精神，歸托壽南相助。時既已不擬計劃，謂不當於今後之任務，關係密切，不能細究，遂了據圖。並已編撰順序每篇內中以學術文

纪[illegible]先生力请福助，孙[illegible]同福助[illegible]图

，是[illegible]已数[illegible]矣，未及详校，因[illegible]词文

改与[illegible]以先生意见，[illegible]以上力为[illegible]

同，並[illegible]中[illegible]福助之[illegible]数，尝以请[illegible]

继前[illegible]先生之助，继[illegible]於朱。[illegible]

。时年方弱冠，未[illegible]先生意见，因[illegible]一年

[illegible]，凡[illegible]年[illegible]朱也。

二年以来，自检目，为继[illegible]先生意见，为

[illegible]，[illegible]。[illegible]

自任之，不[illegible]也，启功[illegible]。[illegible]

的之意，并不求精之高超如此估，尤望学者，惠予匡正不吝赐教。

余非思想家，係自然科学与社会人文科学范之爱好者，专业为外，素好探究之与人生哲学，社会与人文科学，尤于伦理学相通，并发前人所以四年之光阴，从事撰写中国伦理思想史，兹学思想与由，分路二万言之，并之编撰方法，以伦理思想家为例，依先秦两宋思想家之主要著作通读一遍，摘取其要，伦理思想之原文，以次研究其要旨，再将其在伦理学上之影响，加以以一己之論斷。如是就都不順序摭引，按時代先後分冊，其中亦以年為時代敘述，第六冊之分析則以為綜合概說，以為類於其專章之以人為綱，依其史類也。至於哲學思想史，先論為學，次論哲學，亦按時代，以人為綱，都為每，其第六冊以為綜合概究，亦以為類，文哲與政治思想都同。至於一人之時分不限，僅就思想家之著作傳述其敘述，其思想作為一書，除以上所言着書於之政治思想，以學和之著作所處環境為之追

藝，自斯名德，詩畫表擬以傳。至於古代論
詩詞題跋，能書善畫、詩文，爲合不可分書畫故
論畫者，以評之刊出刊白，書之傳者，書之母
擇畫題跋所之所元屬，詳悉可求，此畫論其數
。數千里書之收如是。此果以花中國歷代書畫
家之名以一書予擇之文，學識以力均遠勝前
年，當然仍屬其後矣。
此計年所擇取論畫書家共收九十三人，在
中興歷代書畫家相同者四十九人，僅及半數。
至於書畫家共收六千七人，而與歷代書畫字

相関的十一人，古今医之名十八八，已見其
和医書画家李時珍一樣，而歴代畫家所選
其趣以为有趣，待之亦多同之主因也。

王丙召

《中国历代思想家》更新版序

王寿南

《中国历代思想家》一书于一九七八年六月初版问世，颇受社会各界的好评，并获得一九七九年“金鼎奖”，在各大学中的文、史、哲各系师生常以本书作为教学与研究的重要参考书。

《中国历代思想家》原本包含自古至今的重要思想家一百人，出版后，即有学界友人询问何以仍遗漏一些在中国思想史上占有一席之地的人物，其实，在最初选录的思想家名单不止一百人，但约稿之时，苦于难觅适当撰稿人，有些重要的思想家，只好从缺，当然我心中一直感到遗憾，总想加以增补。同时，自一九七八年以后的十几年间，若干当代大师级的思想家（如牟宗三、冯友兰、钱穆、陈大齐等）先后逝世，自应将他们纳入本书之内。基于上述两个因素，近十年来在我内心中一直盘算着如何对本书进行增订。

一九九五年七月，我向中华文化复兴运动总会秘书长黄石城先生表示希望该会能支持本书的增订工作，我也提出了一份增订《中国历代思想家》计划草案，黄秘书长回函同意，愿支付增补部分的稿费和审查费。本书的出版发行者是台湾商务印书馆，如果增补，则原来的版本必要废弃，重新排印，费用亦甚可观，幸蒙该馆总经理张连生先生慨然应允重排更新版书稿。在黄秘书长和张总经理的支持下，我开始进行增补工作，感谢海峡两岸学术文化交流的开放，让我能邀约到几位大陆的学者参与撰稿，使本书的增补工作进行顺利。

本书增订工作从一九九六年一月开始，九七年三月完成集稿，计增加思想家十九人：吕不韦、寇谦之、杜光庭、陈献章、李贽、刘宗周、惠栋、阮元、包世臣、胡礼垣、欧阳竟无、马一浮、陈大齐、梁漱溟、钱穆、冯友兰、方东美、唐君毅、牟宗三。

本书更新版能够问世，更感谢中华文化复兴运动总会和台湾商务印书馆的支持，也更感谢新增十九篇文章的作者们。

王寿南谨识

一九九八年七月二十日

于政治大学历史系

《中国历代思想家》序

谷凤翔

自周公、老子、孔子以还，二三千年间，中国之学术思想成为一股巨流，思想家辈出，无代无之，成为中华文化发展之指导，亦蔚为中国文化史中奇观景象之一。中华文化能长流不竭，久而弥新，历代思想家为文化而奉献之智慧与心力，乃为一重要之因素。近年来，出版界日趋繁荣，坊间虽有二三种中国思想史之专书，然似嫌偏于艰深，作为大学专门参考书则可，一般人却未必有阅读之兴趣，时下青年学生往往熟读尼采、罗索之言，对董仲舒、王船山之学说则懵然无知，往往高谈存在主义、社会主义，对老庄哲学、知行学说则毫未涉猎，此种现象极可忧虑，盖不能了解中国学术思想之演变，则容易对传统文化产生误解，由误解容易进而为盲目之反对，因此，为使人们对中国学术思想之演变有较深入之认识以坚固其对中国文化之信心，本会遂着手编撰本书，选择历代重要之思想家一百人，介绍其生平、思想、著作与影响。中国历史悠久，思想家之人数何止一百，本书由于篇幅所限，仅能选择一百人，然则何人应该入选，见仁见智，常有不同，本书一百位思想家之名单系本会与数位学者专家一再研究而后确定者，读者先生如对本书所选之思想家名单有异议，尚请赐教为幸。

本书编撰之目的，在向广大之社会人士提供一套可读性较高之中国思想史，同时，亦提供有志研究中国学术思想之中外学者一项入门导引，因此，本书文体采用语体文，以深入浅出之叙述使读者易于接受。

本书之编撰工作始于一九七四年九月，历时三年余而完成，本书系由本会主编，然实负其责者乃本会学术研究出版促进委员会兼任执行秘书王寿南教授，本书之作者多达七十九人，集稿工作，殊非易事，三年而成三百余万言之巨构，在文化复兴运动之历程中，当能留下一笔光彩之痕迹。

本书由于字数庞大，负担之稿费甚巨，本会经费拮据，实有不胜负荷之感，幸蒙中山文化基金会董事长兼本会副会长王云五先生慷慨应允由中山文化基金会拨款新台币六十万元，以为支持，遂使本书得以完成，本人谨代表本会向中山基金会暨王云五先生致深挚之谢意。

文化复兴工作千头万绪，决非本会所能独任，愿人人以复兴中华文化为己任，则我民族文化之前途必光明灿烂也。

谷凤翔谨识

一九七七年十二月二十三日

于中华文化复兴运动推行委员会

《中国历代思想家》序

王寿南

中国是一个文化源流久远的古国，中国文化的能久能远，其基本的原因是中国学术思想的发达，给予中国人在政治、社会及人生观各方面极大的启示和引导。中国文化能够历久而弥新，便是历代的思想家不断有创新与发明，给中国文化不断地注入活力的缘故。

梁启超先生在《中国学术思想变迁之大势》中把中国学术思想的发展划分为七个时期："一、胚胎时代，春秋以前是也；二、全盛时代，春秋末及战国是也；三、儒学统一时代，两汉是也；四、老学时代，魏晋是也；五、佛学时代，南北朝唐是也；六、儒佛混合时代，宋元明是也；七、衰落时代，近二百五十年是也；八、复兴时代，今日是也。"梁任公的分期大致能为一般人所接受，梁任公所说的衰落时代即指清代，而复兴时代便指清末以至今日。

纵观中国学术思想发展的大势，春秋战国、宋明、清末以后为三个兴盛的高峰，这三个高峰的造成有其共同的因素，便是中国人的生存环境（物质的与精神的）受到了严重的威胁而产生自救性的觉醒，这种自救性的觉醒使中国文化增加活力而得以继续生存下去，所表现出来的便是思想界结出了许多光辉灿烂的花朵。

本书编撰的目的是要介绍历代有重要贡献的思想家的生平、思想和影响，希望这份“整理”传统文化的工作，对目前正在推行的中华文化复兴运动有所帮助。

本书的编撰构想和策划从一九七四年夏开始，我首先向前辈学者王云五先生、钱穆先生、屈万里先生、萨孟武先生、沈刚伯先生等请教，诸位前辈先生对编撰方针、思想家人选、撰写体例，都提供了不少宝贵的意见，使本书得以顺利开始拟订体例。

本书要求以浅显的白话文撰写，都是希望本书成为一部人人能读、愿读的思想史。我从许多年前便提倡“学术通俗化”，呼吁学术走出古代士大夫的象牙之塔，应该对社会大众作更多的影响。中国是一个文明古国，学术思想一向受到世人的重视，可是，我们一般民众和学生却很少对我国的学术思想有较深入的了解，中学课程里虽然选读《论语》、《孟子》，但却很少学生能够畅述孔孟的思想，这是因为教科书所选的是文言文，学生背诵的目的在应付考试，其中思想的精义并没有溶入脑海，所以，背诵古人的名著虽多，却只当作文学作品去欣赏，不能影响观念，本书的力求通俗化，便是希望以通俗的方式，将中国的学术思想介绍给社会大众，使社会大众易于接受。

本书的约稿工作从一九七四年九月开始。每篇文稿交来以后，都要另请一位专家学者予以审阅，应邀担任本书审阅工作的有屈万里先生、萨孟武先生、陶希圣先生、林尹先生、严灵峰先生、陈立夫先生、高明先生、胡秋原先生、程文熙先生、沈云龙先生、何佑森先生、魏汝霖先生、龙宇纯先生、杨树藩先生、周何先生、贺凌虚先生、王尔敏先生、张朋园先生、陆宝千先生、张曼涛先生、陈鼓应先生、何启民先生、吕实强先生、陈新雄先生、李云汉先生、蒋永敬先生、黄锦鋐先生、张玉法先生、黄清连先生、李世杰先生、洪金富先生和印顺、慧岳、晓云三位法师，我在此特别向各位审阅先生致谢。

本书是由中华文化复兴运动推行委员会主编，文复会副会长王云五先生和秘书长谷凤翔先生对本书的编写给予全力的支持，才使本书得以出版。文复会副会长王岫庐（云五）先生是中国出版界的拓垦者，数十年来，一直都是中国文化园地中辛勤工作的园丁，岫庐先生是我最敬爱的老师，他兼任中山学术文化基金会的董事长和商务印书馆的董事长，为了支持本书的编写和出版，岫庐师特别指示中山学术文化基金会拨付六十万元作为本书的稿费，不足之数由文复会负担，本书的出版工作则由商务印书馆负责。本书的能够出版，可说是岫庐师和岐山先生的支助所赐，我愿意在此向岫庐师和谷先生致最高的敬意和谢意。

本书的作者都是饱学之士，他们在学术上的成就毋庸详介，他们肯为本书撰写通俗化的文章，我十分感激，本书如果能得到社会的重视，实在是他们的心血所换来的。

本书的出版是学术通俗化的一项尝试，也是为文化复兴工作尽知识分子的力量。本书的缺点在所难免，我诚恳地希望读者先生们给予指教。

王寿南谨识

一九七七年十一月二十日

于政治大学历史系

目　录

周公

洪安全　著

目　录

周公是中国历史上的伟大政治家，他安定了周朝的天下，创建了周朝的典章制度。他可以拥有王位，以传子孙，但是他不肯这样做，任劳任怨，为而不有，生而不恃，故后代的人，对其人格事业都景仰备至。孔子对其最为钦佩，尝叹自己年衰，不复能梦见周公。唐代以前，周公与孔子并称；唐代以后，始以孔子与孟子并称。所以周公是一位很值得大家留意的人物。

一、周公的先世

周公生于距今约三千年前，他是周朝文王的儿子，武王的弟弟，成王的叔父。周朝是中国古代史上所谓三代的最后一个朝代。三代是夏、商、周。正如商朝最先原只是夏朝的一个诸侯，周朝原来也只是商朝的一个诸侯。周这个国家到了文王时已经非常强大，那时殷商王朝的纣王无道，不得民心，天下的诸侯，都心仪文王起来革命，但文王还是继续对纣王尽臣事之礼，直到其子武王时始兴兵灭纣，代商而君临天下。所以在谈到文王、武王、周公父子的事业之前，先得把周公的先世回顾一下。

相传周的始祖名弃，他做过虞廷的农官，所以又称后稷。司马迁在其《史记·周本纪》中曾记载有关后稷的神话，这些神话，主要应当是取材于《诗经》的《大雅·生民》及《鲁颂·閟宫》。根据《生民》篇的记载，生民之祖，是出于姜嫄。姜嫄无子，因诚心祭神，祈神赐子。有一天她到野外，忽然踏到了上帝留下的大拇脚指头的痕迹，于是突然觉得怀孕了。但是婴儿出生后，姜嫄觉得他无父而生，就将他弃置于隘巷，但牛羊过而不践；又将他弃置于寒冰上，飞鸟又以翅膀来覆翼他。于是姜嫄就又将这婴儿收下扶养。到了儿童时期，他喜欢种大豆，大豆长得很是高大美好；到了青年时代，为尧帝所看重，任命为农官，封之于邰，邰在今陕西省武功县境。这个神话指明了周人是上帝的子民，可以说是周人所创造的天命观的第一章。《史记》又说后稷名弃，而姜嫄是帝喾次妃；又说商之祖是契，契母简狄是帝喾次妃。根据是说，殷周是同出于帝喾（《史记·殷本纪、周本纪》），虽然未必可靠，也足以表明殷周并非两个不同血统、不同文化的民族。

据说从后稷至文王有十五世，如以一世平均为三十年计，十五世不过四百五十年。而夏商两代的历年数虽众说不同，但至少总在千年左右。唐尧、虞舜历年据传亦在百年以上。十五世的说法是嫌太少了。不过《国语·周语》说周先世后稷以服事虞夏，这就表示后稷一名并不固定指弃一人，后稷可以是弃的子孙。《史记·周本纪》说不窋是后稷之子，这个后稷应该就是最后一代做农官的，其时夏后氏政衰，不窋遂奔于戎狄之间，应该是在夏代末年。则自始祖后稷到公刘已经传了十余世。公刘在《史记·周本纪》中是不窋之孙，鞠之子。夏代一朝传十四世，与后稷勤周，十有五世而兴之语略近。则这句话的意思是说周先世后稷至公刘始兴，非言至文王始兴。《史记·周本纪》即云："周道之兴，自此（公刘）始。"那么《史记》自不窋至文王十四世加弃一代当之，大概是错误吧。周先世的世系，若有将近三十代九百余年，约当夏殷二代，就差不多无误了。

公刘迁居于豳，复修后稷之业，建立城居，从事农耕（详见《大雅·公刘》）。公刘之后，又传八世，到古公亶父。古公亶父复修后稷公刘之业，很受国人爱戴。但豳地在戎狄之间，常受狄人侵略。狄人欲财物，古公与之，已而复来，欲得土地及人民。人民皆怒，欲与战。古公不肯，云："杀人父母而君之，予不忍为！"（《史记·周本纪》）于是乃与其家属去豳，渡漆沮二水，踰梁山，迁居于岐山之下。据《诗经·大雅·绵》，古公亶父初到岐下周原之时，只是"陶复陶穴，未有家室。"穴居是先民数千年来的生活方式，古公亶父初到周原，还没有来得及建立宫室，居处同平民一样简陋，只是掏挖土穴而居。其实他为了不愿杀人，倒也宁愿过着一种平民的生活。在豳时，狄人想要他的人民与土地，于是他与其妻姜女，"来朝走马"，离开邠地，沿着西水之岸，到了岐山之下。古公夫妇看到这里的土壤相当肥沃，即使苦菜都带有甜味，于是就在此掏穴而居。姜女即太姜，《列女传》以为有吕氏之女。真没想到人民都一起跟过来了，于是古公他开始计划兴建城居。都城完工非常迅速，乃由于人民自动自发的努力工作（详见《诗经·大雅·绵》）。

古公亶父，生有三子，长子太伯，次子虞仲，少子季历。季历娶太任，亦如太姜为贤妇人，生西伯昌。古公知昌贤，尝云："我世当有兴者，其在昌乎？"（《史记·周本纪》）太伯、虞仲知古公欲立季历，以便传昌，于是二人相率逃亡至荆蛮，文身断发，以让季历。后人如孔子对于太伯让国事，曾深致赞美。

《诗经·鲁颂·閟宫》载，太王居岐山之阳时，"实始翦商"，《閟宫》的诗，所说与太王之为人颇有矛盾，但观其子季历之时的情况，即可说太王之时已与殷人发生了交涉之事并非全无可能。何况周人既营城郭，日有发展，自必渐侵削及于殷人之地。《后汉书·西羌传》谓古公的迁居岐山之下即起因于武乙的暴虐，不能绥服犬戎，则古公对于殷人自始即有不慊于心的地方。古公去世，季历即位，周与殷的关系日渐密切。武乙三十四年，周王季来朝，王赐地三十里（《太平御览》卷八十三引《竹书纪年》）。既而武乙猎于河渭之间，为暴雷震死（《史记·殷本纪》）。这一件事情似乎构成了殷人对周人的猜疑。接着于殷太丁（文丁）二年，周人伐燕京之戎，周师大败。四年，周人伐余无之戎，克之；季历受命为殷牧师（《西羌传》注引《纪年》）。燕京之戎，朱右曾以为即在燕京山，山在今山西宁武县西南六十里。余无之戎，朱氏引徐文靖曰："即上党之余吾、无皋二城。"（《汲冢纪年存真》卷上页二六）则季历时周人极力向东北方即今山西省方面发展。武乙、文丁，初以戎人扰边，周人能为其效劳，故嘉勉之。既而因为周人势力日渐扩大，乃思所以抑之。何况武乙死于河渭附近，殷人不能不疑心是周人所为。于是遂有文丁杀季历之事发生（《晋书·束皙传》引《纪年》）。季历被杀，文丁不久亦死，帝乙继位。帝乙元年，周人伐商（《太平御览》卷八十三引《纪年》），似为报君父被杀之仇。是时周之新君主为西伯昌。周与殷的关系又进入一新的纪元。

二、周公的家庭

季历死，子文王昌继立。文王昌之母为太任。太任为挚任氏之中女（《列女传》）。《诗经·大雅·大明》载挚仲氏任，“自彼殷商，来嫁于周。”为王季（季历）之妻。殷人之与王季联姻似是因为欲笼络王季以便对抗山西方面的戎人，以免其威胁到天邑商方面的繁荣；或者其时王季势力已相当强大，殷人欲羁縻之，也有可能。但无论如何，太任是一位了不起的女性。《列女传》说太任之性，端一诚庄，所行的都是依照道德标准，目不视恶色，耳不听淫声，口不出恶言，他在怀孕时能以此实行胎教（详见《列女传》及《诗经·大明》）。这是中国文献中最早讲到胎教的例子，用现代的术语来讲，就是大任讲究心理卫生，着重潜意识的培养。

文王立，袭父职为西伯（《帝王世纪》）。他遵后稷、公刘之业，则古公、公季（王季）之法，笃仁，敬老，慈少，礼贤下士，“日中不暇食以待士”，于是贤士多闻风来归（《史记·周本纪》）。文王娶太姒为妻，太姒为有莘姒氏之女。她为人仁而明道，不愧是一位贤淑的女性，文王非常喜欢她，就用船连接成桥梁，渡过渭水去亲自迎娶。太姒入门以后，为了尽为妇之道，讨太任欢心，她就早晚勤劳，事必躬亲。太姒号为文母；文王治外，文母治内。

太姒生有十男，于是她日夜教诲十子，从少到长，未曾见过邪僻之事，终能襄助文王造就成武王、周公那样圣德的人物（详见《列女传》及《诗经·大雅》的《大明》、《思齐》）。

由于周家三代皆有贤妇人，王季母周姜，文王母太任，武王母太姒，所以能成就像文王、武王、周公这样的圣王，这样的伟大政治家。这三位贤明女性似都享高寿，至少其中的每一对婆媳，可能同时存在。因此他们的家庭伦理之美成为社会的模范。中国历史上最先宣扬母教的也是自周初开始。诚然观于后稷、王季、文王、武王、周公，甚至成王的盛德，不能不承认母教有其伟大的贡献。

太姒生有十子，大致依年龄长幼，列之于下：

（1）伯邑考：伯邑考是文王与太姒所生的长子，但他没有继承君位，大概是因为他没有二弟发能干（《史记·管蔡世家》、《礼记·檀弓》），也可能因为他早死的关系，从《逸周书·世俘解》可以看出他在武王灭殷时已经去世。

（2）武王发：继承君位，克商，统一天下；子成王诵。

（3）管叔鲜：武王克殷，封于管，为监殷之三监之一。武王去世，子成王诵继立，周公以冢宰摄政，管、蔡与殷遗民同叛，周公东征后，杀管叔。《孟子》、《史记》以管叔为周公兄，《白虎通·姓名》等则以为周公之弟。

（4）周公旦：文王十子中以武王发及周公最贤，襄助文武建立一统基业。武王去世，管蔡与武庚同叛，周公东征平之。以冢宰地位摄政七年，平定内乱，制礼作乐，建立一切政治设施，而后还政。还政后，仍受成王挽留，负起一部分政治任务。

（5）蔡叔度：克殷后封于蔡，因叛国被放。

（6）毛叔郑：封于毛，郑字《左传》杜注作聃。

(7) 成叔武：武，《列女传》、《白虎通》作处。

(8) 霍叔处：三监之一。处，《列女传》、《白虎通》作武。

(9) 康叔封：周公东征后封于卫。

(10) 冉季载：冉，《列女传》、《古今人表》作聃，《白虎通》作南。

以上诸人，是文王与太姒所生子，以武王发、周公旦为最贤。文王时三分天下有其二，建立克殷的基础；武王始克殷，但不久去世；成王继立，年幼，殷遗民复叛，赖周公主政东征，终得平之。又继承文王、武王之志，建都洛邑，制礼作乐，成就周朝八百年基业，为中国传统制度与思想的一位集大成者。孔子以前，中国文化的集大成者，周公实为其人。以上是周公的同胞兄弟，其异母兄弟尚有封于郜、雍、曹、滕、毕、原、酆、郇等国的诸侯（《左传》僖公二十四年）。其中曹叔名振铎，毕公名高，其他就不知道了。《左传》定公四年谓武王有母弟八人，周公为大宰，康叔为司寇，聃季为司空，另外五叔则无官职。庶兄弟中滕侯作过周的卜正（《左传》隐公十一年）。其他可能为周公的异母兄弟的还有召公奭（王充《论衡·气寿》、《诗疏》引皇甫谧说）、台公（《白虎通·王者不臣》）。

这些兄弟中对周公最有帮助的是卫康叔，周公与他感情最好（《左传》定公六年）。又召公奭和周公是老同事，亦最能相互谅解。

周公和武王发，在文王在世时，对文王的辅助最大，经常侍于左右。《史记·鲁周公世家》说他自文王在世时，即是一位孝子，笃于仁义，与群儿不同。《淮南子·泛论训》说他事文王时，行无专制，事无由己，言行谨慎，做事如将不能，如恐失之。而据《尚书·金縢》所载，周公对兄弟亦极为恭友，武王疾笃，周公曾暗地里设坛，求先王在天之灵转求上帝延武王之龄；言自己多才多艺，仁孝足以事奉先王，愿以己身代武王死。

文王去世，周公亦襄助武王，同忧国事。武王深夜不寐，惟周公知其忧心所在。武王临死时，欲将君位让与周公，周公则决定辅佐幼主即成王诵，而自己任劳任怨，因为他有高瞻远瞩的眼光，他要为周朝立下千年不拔的基业与制度。

周公的夫人为任氏，娶自薛国（《左传》哀公二十四年），生长子伯禽，封于鲁。任氏约卒于成王初年，伯禽伐徐戎之时（《礼记·曾子问》注疏）。周公之子，除伯禽外，尚有封于凡、蒋、邢、茅、胙、祭等国的周公之胤（《左传》僖公二十四年）。封于蒋者，一说以为乃周公之第三子，名伯龄（《通志·氏族略》），又有以为继周公守洛邑的君陈亦为周公之子（《礼记·坊记》郑注），是否已不可考。

周公的侄儿，属于武之穆即武王之子的有成王诵及封于邘、晋、应、韩等国的统治者。这些侄儿以成王及唐叔最能干。唐叔年龄虽小，但在武王在世时，已能夹辅武王，成周之会时，他也参加。

成王小时候，武王曾选太公为之师，周公为之傅。另一说谓，召公为之太保，周公为之太傅，太公为之太师。保是保其身体，傅是傅其德义，师是以教训引导之（《新书》）。一说成王年幼，不能莅阼，周公相，践阼而治，抗世子之法于伯禽，成王有过则挞伯禽，示成王世子之道（《礼记·文王世子》）。由于周公严厉，成王不免中了管蔡流言，不能谅解周公之用心。

周公为人仁孝而多才艺，功业道德显赫，但考其相貌，则并不扬。这岂不是示人有为者亦若是！据说周公的身材不高，身如断菑（《荀子·非相》），菑是枯死的立木（《尔雅》），即如折断枯死的立木。又有说他背偻的（《白虎通·圣人》、《论衡·骨相》），其义亦同。周公的真正相貌虽不可知，但从这些记载已可知其相貌并不扬。

三、文王的事业与周公

西伯昌继立于其父季历死于殷之时，殷周关系一时显出无比的紧张。殷文丁死，帝乙继立，帝乙二年，周人伐商（《太平御览》卷八十三引《纪年》）。这当是对殷人的复仇行动。帝乙去世，帝辛继位，西伯昌仍在位。帝辛是一位聪明勇武，能手格猛兽的暴君；西伯昌则是一位明君，能礼贤下士。他实行仁政，礼贤下士的消息，不久传遍天下，连远处东北方的孤竹国君主的世子伯夷及弟叔齐，由于互相让国，两人都不肯即位，先后逃出国土，流亡他方，弟弟追上哥哥，都一起来归于西土。其他贤士先后来归者还有太颠、闳夭、散宜生、鬻子、辛甲大夫（《史记》）、南宫适（《帝王世纪》）等。太颠、闳夭、散宜生、南宫适，称为四臣（《帝王世纪》）。据说"闳夭之状，面无尺肤。"（《荀子·非相》）鬻子见文王，年已九十，文王以为老，鬻子不服老，言如使捕虎迎麋，当然老了，如果使坐着策划国事，年龄还年轻得很（《意林》引《鬻子》）。辛甲，故殷纣之臣，曾七十五谏不听，去而至周，召公与其谈话，知其贤，乃告文王，文王亲迎之。然而西伯所得的贤人最了不得的还要数师尚父。师尚父，姓姜，氏吕，故称吕尚。古代男子称氏不称姓，这里的氏即封国名。吕尚尝穷困年老，以渔钓干周西伯，西伯将出猎，卜之，得兆云：所获非龙、非彲、非虎、非罴，所获乃霸王之辅。于是西伯往猎于渭水之北，果然遇到太公，与之说话，大为欣悦，说：自我先君太公即说，应当有圣人到周来，周会兴起，子真是这圣人吧？我太公望子已很久了。因此号吕尚为太公望，以车载之，同他一起归周都，立以为师（《史记·齐世家》）。据说吕尚时年已七十余（《荀子》作七十二，《说苑》作七十）。此外，尚有尹逸或称史佚，博闻强记，亦为周初贤臣。上述亦及周之同姓贤臣有召公奭、毕公高等。这些贤臣不但对文王、武王辅助良多，而且在周公主政期间协助亦大。周公的智慧、道德，除了受其父母兄弟的影响外，这些贤臣，尤其像太公、召公、尹逸等人，对他的影响切磋之功，一定很大。《论语·泰伯》载武王说：我有治臣十人。孔子说：人才难得，不是吗？与唐虞之际比起来，周的人才最盛，但其中还有一位是妇人，所以实际上只有九人而已。马融说，这十人是周公旦、召公奭、太公望、毕公、荣公、太颠、闳夭、散宜生、南宫适，另外的一位妇人是文母。《尚书·大诰》亦载周公的话说："民献有十夫予翼。"亦应该包括有大部分的这些人。

文王有众贤辅弼，国势日盛，为纣所忌，纣借机囚之于羑里（今河南汤阴县之古牖里城）。周之贤大夫闳夭等乃献美女、文马，纣大悦，赦西伯，赐弓矢斧钺，使得专征。文王因阴行德政，诸侯归之。虞芮之人，有狱不能决，欲求文王为之断，但一入周界，见耕者皆让畔，民俗皆让长，愧悟而归。诸侯闻之，皆以西伯为受命之君。故诗人歌颂云："虞芮质厥成，文王蹶厥生。"从此周人不再孤立，满怀自信云，我们有了"疏附"、"先后"，有了"奔奏"、"御侮"（《大雅·绵九章》）。明年，文王遂伐犬戎；又明年伐密须（详见《史记·周本纪》、《大雅·皇矣》），明年败耆国，明年伐邗，明年伐崇侯虎而作丰邑，四方之国都来会同（《大雅·文王有声》）。又建灵台、灵囿、灵沼，与民同乐，且设立璧廱，为周人教育青年子弟的大学校（详见《大雅·灵台》）。

据《逸周书·文传》，文王有受命九年之说。文王享国五十年，其受命在第四十二年。《诗》《书》亦均有文王受命之说，如《诗》云："皇矣上帝，临下有赫，……乃眷西顾。"（《大雅·皇矣》）又云："文王受命，有此武功。"（《大雅·文王有声》）《书·无逸》："文王受命惟中身，厥享国五十年。"周之统一天下，虽在武王时，但统一的大势在文王时已定，故周人言自文王时受命。文王是周公心目中最伟大的人物，《尚书》中周公常提到文王，至于提及武王则很少，偶而提出则是因对成王讲话，成王是武王子，必提起武王才对其有启导作用。周公推崇文王当然与其欲倡导文治有关，不过周公对于文王的景仰是由衷的。《逸周书》颇述及武王与周公的谈话，周公亦常引及闻之其父亲的谈话，不过周公与其父亲的谈话，见于《逸周书》的却只一见。《逸周书·酆保》说到九州岛之侯，都到达了周，王在酆，天未亮前即立于少庭。王告周公旦说：唉，诸侯全都来庆贺，他们辛苦地为商人所役使，我怎么保守，怎么样实行，才不会违背天命呢？旦拜手稽首说：商王暴虐无道，弃绝道德、典型、模范，欺侮群臣，辛苦百姓，忍辱诸侯，莫大的纲常福祉是要沦亡的。他只用逃亡的人，好人却不用。你君王要勤祀，使德行纯良而礼仪明备，诚信不二，谦和恭敬以配合之，就可以获得天命。从周公这些话也可以明白当时文王对于商纣及诸侯的政策。商纣是不再相信传统的道德型范，文王则谦和恭肃，以事奉商纣，并以之与诸侯交往。这些外交政策，其实还是和内政有关，是文王与其子周公共同订立的。这样子文王在诸侯的心目中是传统秩序的维护者与再造者，于是他便能三分天下有其二；而他则仍然服事于殷，不急急于推翻商纣的政权。孔子生于五百年后，观览此段史事，不禁要赞美周德之至了（《论语·泰伯》）。

文王虽受命仅九年即去世，但他所建立的基业，已经非常稳固，子武王发已经可以借他的名誉来号召诸侯。周人相信自文王时起，天命已经降在周人身上了。不过天命无常，只有修德才能永远保住天命。这些话见于《大雅·文王》篇，《吕氏春秋·古乐》以为这诗是周公所作，应该是不错的。这些话，也很像《西周书》中有关周公各篇的话。

四、武王的事业与周公

西伯崩，太子发立，是为武王。武王即位，以太公望为师，周公旦为辅，召公、毕公之徒，也在左右统帅师众，修文王绪业。武王的相貌，望羊（《白虎通·圣人》）骈齿（《春秋元命苞》），有刚强进取的性情，其继位之年，据近人董作宾的考证，是在殷帝辛五十四祀（公元前一一二一年，庚辰年）（《武王伐纣年月日今考》，台湾大学《文史哲学报》第三期）。是年武王即“东观兵”，到达盟津（今河南省孟津）。他设立文王的木主，用车载着跟军队随行，自称太子发，表示他是奉文王来征伐商，不是敢自专的。此时诸侯不期而来会师于盟津的有八百诸侯（《周本纪》）。

这一年是文王受命的第九年，明年始改元，为武王元年。《逸周书·柔武》说：武王元年一月的时候，武王召周公旦，告诉他说，考察文考未竟的功业，我们应该周密地禁止这五种致戎兵之道：大兴土木，败坏司法，耽于女乐，过分依赖武力和祷告，游乐而不努力等。又同书《大开武》篇说：王一年二月的时候（朱右曾以为一或是十一之误），武王在酆，秘访于周公旦，说：我夙夜所想的是伐殷的事，我所打算的密而不宣，不知道有谁的想法和我一样？据报殷商今年秋收不错，现在伐殷尚无着落，怎么办？周公说：这只在修德，要谨慎周密，成败则归之天命。王应敬命远戚，不干和，不再失，只明德无佚，佚不可反悔。文考即勤劳努力，无所不敬，不作好作恶。如果不敬，就危险了。同书《小开武》篇说：武王二年一月的时候，王召周公旦说，我夙夜都在忌商，希望能知道完成天命之道。周公引述他们的文考如何顺德以谋，无有不行的情形。又同书《宝典》篇说：武王三年二月丙辰朔，王在鄗，召周公旦说，要敬呵，朕听说，必须修身有谋慎言，言须有信，信可生宝。周公怕还不够，认为还须有臣，还须能生仁。又同书《酆谋》篇亦说，武王三年，王在酆，有在商做情报工作的回来报告说商人谋伐周的情况，武王急召周公旦，告之说：商君臣都在怪罪我周，每日希望灭亡我周的计谋成功，送回来的这些情报应该是不错的，现在我们怎么办？周公说：没有关系，这是大好时机到了，于是准备随时兴师伐商。周公认为商君臣之谋是孤立的，没有人民与诸侯的拥护，是不会成功的。同书《寤儆》篇也说：武王接到警告的情报，就召周公旦说：我们伐商的计谋泄漏了。我做梦时都梦见商人来伐我们，使我吃惊而醒。周公以为天下诸侯都不会阴谋我周，这不过是提醒王而已，王只要敬重天命，好好努力就没有问题。由以上这些记载可以了解在文王去世后，武王与周公兄弟如何效法其父亲阴谋修德，每天战战兢兢生怕不能保住文王所受的天命。武王尤深怕不但伐商不成，国家也有灭亡的危险，周公则深信天命有在，只在于我们能否努力修德，敬重天命。

殷王纣暴虐无道，武王则日益修德，又乘机向东方扩张势力。《尚书》有《西伯戡黎》篇；黎，《史记》以为是文王所伐之耆；《通鉴前编》则以为黎是商畿内之国，西伯即武王。武王初即王，自可仍袭称西伯。西伯既戡黎，纣王却仍不思悛改，而又杀王子比干，黜微子、箕子，此三人孔子称之为殷的三仁。于是太师疵、少师强（《周本纪》），还有内史向挚（《吕氏春秋》），前二人抱其祭乐器，后者载其图法，逃亡到周国来。

武王见伐纣的时机已经成熟，就遍告诸侯说："殷有重罪不可不毕伐。"于是他就遵奉文王的名号，率了戎车三百乘、虎贲（勇士）三千人，甲士四万五千人去东伐纣。

武王十一年（殷帝辛六十四祀，前一一一一年）二月，师渡盟津，诸侯毕会；既而武王引兵到了商郊牧野，对军队发出誓命。指责商王纣，听任妇人之言，弃绝祭祀；弃绝先王所遗同父母兄弟，反尊崇四方逃来多罪犯人，因此自己只好恭行天罚。其详细誓辞见《尚书·牧誓》。《牧誓》，鲁世家以为周公所作，但观其文辞明白易晓，应为战国时人述古之作。但亦可能此文的大意原本为周公所作，因为周公也实际上参与了这次战役。这次战役《大雅·大明》篇也有记载，诗中尤指出，"维师尚父，时维鹰扬。"可见吕尚在此役功劳不小。战争结束，刚好天亮，诗中云："会朝清明。"试比读《纪年》所云，"遂分天之明。"即可了解当时天下百姓"望治之殷"。《逸周书·克殷》亦述及此战役的经过及善后工作。商军大败，帝辛自焚于鹿台，武王率诸侯入城。次日，遂即王位。其时周公把大钺，召公把小钺，在王左右夹辅着。于是立王子武庚守殷祀，命管叔相之，然后班师。据《帝王世纪》，依当时殷的贤人商容的观察，周师入殷纪律甚佳。商容眼中的周公是"视其为人，忻忻休休，志在除贼。"以为定是周的相国。自然这记载未必可信。克殷之善后，据《尚书大传》，乃周公所建议："各安其宅，各田其田，毋故毋新，惟仁之亲。"

武王接受了周公的建议，对殷人采取平和的政策，使他们各安其业，有仁誉者则用之。又受殷人的建议，恢复盘庚之政（《吕氏春秋》）。与此种平和政策配合的是立王子禄父即武庚，使他守商祀，另外建管叔于东（殷地之东），建蔡叔、霍叔于殷；使之监殷臣，这就是所谓三监。但是管叔后来似乎欲独揽监殷之权，所以武王十三年，武王到管，管叔即自作殷之监。武王对于他似乎也不欲过分拘束,没想到他后来竟叛变（《逸周书·大匡》）。

周公既实际参加克殷之役，对于安殷亦颇有建树，《逸周书·大聚》记武王胜殷之后，观察殷政，问周公旦如何治理殷政？周公说：我从文考听说，要招来远方的宾客，就在能廉察近者的利病，要分别疏导其阴阳之利，要相视土地之宜；水土之便，营谋城邑的规制。然后以利招徕农工商民，为他们设官分治，立医药，修礼乐，教用兵，因土宜，以这些为民之资本。民性是归利的，能先设利，人民自会到来。同书《度邑》篇说：（武）王登殷郊汾阜，以望商邑，感叹说：纣不善承天意，故坠既有的天命于一日之间。于是王到达周时，自鹿到丘中的途中，从晚达旦不能成寝，王的内竖去告诉叔旦，叔旦立刻奔就于王所说，问久忧劳而不睡之因？王回答说：因为天不受殷之享献，所以从我发还未降生之前，直到今天已经有六十年，夷羊（《史记·周本纪》作麋鹿）在牧（郊），飞鸿（《周本纪》飞作蜚）满野。只因天既建立殷邦，殷亦登用了三百六十位天民即贤人，所以其后虽不再顾天命，天亦不遽使之灭绝，因此能够延到今天才灭亡。唉，我忧虑得这些贤人的困难，最近又饱受忧劳，不但如此，这时我们还未规划定都邑，还没有能够完全取得上天的眷顾，怎么睡得着呢？王接着说：旦，我们要想能够获致天的明命，完全取得天的眷顾，就要卜宅于依天室山的地方，你应该记着我所厌恶于如殷纣陨坠了天命的事。要日夜辛劳地招徕斯民，以安定我们于西土的基业。我们只有努力修明我们的事功，使德教显扬于四方。王要传位于旦，王因说：旦，你是朕的明达之弟，过去我有所任命于你，你虽陈列了饮食，也不遑暇食，何况是有关我们家的事呢？现在只因上天要有所使唤于我，所以命二神来授我以徂落之期。我未能使天命达到休美之境，我现在只能关心到身边的家室，你因年龄较轻，有知识的日子还久。从前从皇祖以下直到现在，都勉力于先世的遗训，都能显扬遗训的大义。到了文考将其期望告诉我，付托于我身上，其殷望之急切就像农夫从事田作，当发生饥荒时等待着收获的时候一样。我因不再能显扬先世的遗训，所以使皇祖不能配享于上帝。叔旦听了这些话，泣涕于裳，悲不能对。王又继续说：你这年龄较轻的人，不要再谦让，还是来吧。希望能把我普安天下的遗志完成。我现在有忧虑的心思，竟然怀想着自己的妻子，我的德是不能追得上父祖，也不能下报于人民望治之心了。我是不能和高祖的在天之灵为伍了。只因上天不嘉许我，所以派二神来察看，你将来为政定会比我好的，你可放心。现在我们就兄弟互相继承吧，我们也用不着再作筮卜或龟卜，现在就可建立传弟的制度。叔旦恐惧，泣涕拱手。王说，旦啊！我想要平殷，只有将殷人迁来依天室，如有宪令要颁布，也可不须求远。天意原有待于人寻求演绎的，辅相我的事业由此看来也不难。自洛汭延及于伊汭，使之居于此平易无固之地，而此地亦即有夏之故居（在今河南巩县西南，后周公所以不营此者，盖卜之不吉）。我南望可过于三涂山（在今河南嵩县西南），我北望可过于太行山边的城邑；回顾则可过于黄河，坐视则可延及于伊洛。所以不可远离天室。

从《逸周书·度邑》看来，可知当武王有病时，欲传位周公，周公不肯，武王以为他不敢，就勉励他说，你可以干得比我好，只要将殷人迁来此平易无可固守之天室，即可就近推行有周的政令。武王在此文中，并透露殷之所以亡与六十余年来常发生旱荒有关。昔人论殷亡之因，只留意到纣王无道，或“纣克东夷而陨其身”，而很少留意到殷人生活状况，今特表而出之。

武王病重，欲传位于周公，周公不但没有接受，且做了一件不为人知的感格鬼神的事。《尚书·金縢》说：既克商二年，武王有疾。太公、召公想要替王好好卜一卦。周公想到不可惊动人心，于是暗中在同一地上设立三坛，又在这三坛的南边设立一坛，周公立在南边这一坛，面向北方，置放着璧，拿着珪，向北边三坛的太王、王季、文王的神主祷告。周公就命史官以册文祝告说：只因你的元孙某，遭遇到了凶恶的病，所以像你们三王，在天上有保护大儿子的责任的，应该以我旦来代替他。“予仁若考，能多才多艺，能事鬼神。”而你的大孙子，不像旦多才多艺，不能事奉鬼神。且他又在上帝的庭上受过天命来普遍地保佑四方的人民，因此他能够安定你的子孙于此下方世界，四方之民，没有不敬畏他的。咳，不要让他败坠了天所降下的宝命，那么我们先王也就长有依归之处。现在就让我受命于这大龟，你们要答应我的请求，我就将璧和珪献给你们，然后回去等待你们的命令；你们若不答应我的请求，我就只好将璧和珪收藏起来了。于是就开始卜，三次卜龟都是吉兆。因此就开启金縢之匮的钥，见简书中所载，也都是吉兆的意思。周公说：看这些兆体的意思，王应该是没有灾害的；我小子新受命于三王，只是图谋永久的成就，现在就等着吧，先王定能顾念我一人的。周公回去后，就将册书放入金縢之匮中，王明日病就好了。

以上《金縢》篇的话，绝不能用我们今天的眼光来读，周公时代，是宗教信仰很虔诚的时代，周公愿以身代武王死，以侍候先王，足见其不愧是一位仁爱而且孝顺的人，因此亦可略窥周公人格的伟大。

武王的病好了三年，其后又患，就一病不起了。王前曾欲传位周公，周公不肯，于是就命周公辅弼世子诵。《逸周书·武儆》说：武王十六年四月时，王告梦，丙辰，出金枝郊宝开和细书，命诏周公旦立后嗣，属小子诵及宝典。同书《五权》篇也说，王不豫的第五日就召周公旦说：唉，你要敬呵。从前天刚降命于周，是在文考时，文考能取得天的降命，你要敬呵。你要随时在这小子的前后，勤察政治的得失。你要能取中道不可专事末务，才能永保这小子于位，你要敬事此道呵。

武王去世时，是在克殷之后六年（《逸周书·明堂》）；武王一生最伟大的功业也是克殷。据《吕氏春秋·古乐》，武王克殷归后乃荐俘，于是命周公作为《大武》。不过《大武》的歌辞似乎是成王时定稿的，因诗中屡称武王谥。《大武》之诗分为六成，一成即乐曲一终。一成为《周颂·武》篇，二成为《周颂·酌》篇，三成为《周颂·赉》篇，四成为《周颂·般》篇，五成已佚，六成为《周颂·极》篇（林泰辅著，钱穆译，《周公》页一〇一至一〇四）。

至于其乐与舞，据《礼记·乐记》的记载大致如下：有一天，复姓宾牟名贾的学生在陪伴着孔子，孔子和他谈到乐舞的事。孔子说：武舞开始时连连击鼓以警戒，但为什么要那么久呢？宾牟贾说：那是模仿武王出兵之前，忧虑得不到诸侯的支持，所以要用很久的时间准备。孔子说：但为什么歌声要拉得那样长，动作又那样迟缓呢？宾牟贾说：哪怕是模仿当初的时机尚未成熟吧！孔子又说：但为什么忽然间又迅速而猛烈地手舞足蹈起来呢？宾牟贾说：那定是为着急趁时机。接着，孔子又问道：武舞为什么只须跪下半边脚？宾牟贾说：那未必是武舞的跪吧。孔子又追问：而且有些歌声为什么充满着杀气呢？宾牟贾又答道：哪怕亦不是武舞该有的歌声呀！孔子说：如果不是武舞的歌声，那该是什么声呢？宾牟贾说：关于这一点，可能是由于乐师们弄错了。如果不是乐师们弄错的话，那简直是武王老糊涂了。孔子听着点头说：是。我从周大夫苌宏那里听来的，亦正像你说的一样。宾牟贾听了连忙起身，避开座位向孔子请教。说：承蒙您动问到武舞何以要备戒那样久站在舞位上不动，那又是表示什么意思呢？孔子说：请坐吧！让我告诉你：本来乐舞是模仿过去的事迹的。武王伐纣，原意是用武德来克服纣王的残暴，并不以杀伐为目的，所以开始时，他们都只持盾站着不动；到了忽然发扬蹈厉而投入战争，那是太公的主意。到了武舞的末章舞曲全体坐下，那是表示武功告成；到周公旦、召公奭共同辅政，建立文治的局面。武舞的队形变化，首先是从原位上向北进行，到了孟津会合诸侯之后，第二成则东进而灭亡商。第三成领兵向南，第四成表示南方诸国都收入了国界。第五成分开两队，表示周公统治左边的国土，召公统治右边的国土。到了第六成，大家都回到原位上，表示天下诸侯齐集京都，嵩呼天子万岁。在这六成里面，有时是排列双行，摇着铃铎调节击刺的动作，用以显示周人的武力征服了中国。有时又分开两列行进，表示武功已成，由周公召公分治中国。至于最初，站在原位上载歌载舞而不移动者，则是表示在等待诸侯会师（王梦鸥，《礼记今注今译》，页五一六至五一八）。

《乐记》中记孔子谈及武的歌声充满着杀气，原文作“声淫及商”，宾牟贾以为这是由于乐师们弄错，原文作“有司失其传”。《论语》中亦曾载孔子评舜的韶乐尽善尽美，武乐则尽美未尽善（《八佾》）。孔子的话，应不是批评周公所作的武乐不好，而是认为尧舜禅让尽善尽美，汤武革命未尽善，这可以从伯夷、叔齐的事迹略窥孔子之意。武王伐纣，天下义之，而伯夷兄弟独叩马而谏，以为是以暴易暴，以臣弑君；及天下归周，伯夷兄弟又耻食周粟，饿死于首阳山上，孔子许为求仁得仁。

除武诗外，歌颂武王的诗篇还有，如《大雅·下武》及《文王有声》。《文王有声》篇谓武王建立镐京，兴设学校（辟廱），自东西南北四方，没有不心服的。由此亦可窥其文治之隆，而周公之心血自在其中。

五、成王与周公

武王晚年曾欲传君位于周公，但周公不肯接受，矢志欲拥护武王世子，于是仍传位于世子成王诵。成王继位时候的年龄大概是十三岁（王肃《孔传》）或十五岁左右（《论衡·率性》），也很想好好将国家治理好。所以《逸周书·成开》：成王元年，周公大开告成王以所当用，周公因说，唉，我夙夜勤劳政事，现在商之余孽竟用逋逃的罪人以为辅佐，我们欲如何遵循，如何谨慎才可以应付呢？王应该敬奉天命，不可认为天命易得而不备虞不测。要学习文王敬人畏天的精神，才能成为一个明王。王因拜谢说：对啊，我曾听说：人民所希望的是安乐，要求百姓安乐就要努力去想安定之道，如果想不周到，就要祸至无日了，要努力专敬啊。我这年轻小子想继续先王的常德，以便昭显文祖所保有的，还有安定武考的功烈。唉，所以我夙夜不敢安宁。

周公夙夜勤劳王家，成王年龄虽轻，亦思继先人之常德，夙夜不敢求安宁。但管叔及其群弟却流言于东国说："公将不利于孺子。"成王受流言所惑亦不大能谅解周公，朝中大臣连最贤明的召公也颇为流言蛊惑，周公就告召公及太公二位元老说："我之弗辟，我无以告我先王。"（《尚书·金縢》）意即我之所以甘冒嫌忌，不避位，是怕国家危亡，我无以告我先王的在天之灵。

（取《史记·鲁世家》之意）召公似乎仍还不能谅解周公而求去，周公便和他恳谈了很长的一段时间，这些话，现在可以在《尚书·君奭》看到。《书序》说："召公为保，周公为师，相成王为左右，召公不悦，周公作《君奭》。"《君奭》云：周公如此说：君奭，天不怜悯殷，所以降下丧亡的灾祸给他们。殷既陨坠了他们的天命，我们有周也接受了他们的天命，我不敢预断我们有周的基业，一定会永远符合于休美；不过天道无常，我也不敢预知其终局定出于不祥。唉，好在您不是说过，全靠我们的努力吗？所以我也不敢安于上帝所已赐给我们的成命，而不永远顾念着天威，不永远顾念及人民的所以无尤怨及不违令全是因为有我二人在的原故。我担心的是我们后嗣子孙如果太不能恭敬上天及人民，遏绝并失坠了前人胼手胝足所获得的功业，长在深宫，不知天命不易保持，天道难于凭信，以至失坠了他们的天命，不能长久继承前人来恭敬明德，那就太令人惋惜了。所以现在我小子旦，不是说我能够有所匡正，只是想启导前人的功业，施及于我们的冲子（成王）。因此周公又说：天原是不可信赖的，我们求其可信之道，只有延续宁王（即文王）的德，使天因而不舍弃文王所受的天命。周公又说：君奭，我听说在从前的时候，殷朝在成汤既受天命的时候，其时就有像伊尹这样的人，能降致皇天的信命；在太甲时候，则有像保衡其人，在太戊时则有像伊陟、臣扈其人，都能降致上帝的信命；还有巫咸亦将王家治理得井井有条。在祖乙时，则有像巫贤其人；在武丁时，则有像甘盘。只因有这些人在职，将殷政治理得有条理，殷国的天命也保住了；所以殷礼规定王陟即王去世则配天，而殷朝亦能多历年岁。只因天赋命给殷辅佐之臣，所以商可以说其百官以及王的同宗之人，没有不秉持德行，明白忧患的。何况王的小臣和诸侯，也都为其奔走忙碌。只因这些人是以德行著名的，能够保护其君，使其君有治德，所以一旦其君有四方之事，就会像卜筮一般，没有对其不信任的。周公又说：君奭，天降大寿给殷贤人，使他们得以保护殷朝，将之治理得条理井然。所可惜者殷朝的后嗣子孙，不能够敬奉天命，因此天就灭其威福。现在你要永远顾念天命，则天命自然巩固在你手里，那么治绩也就会先显于我们新建立的这一邦国。周公又说：君奭，从前，上帝曾在我有周之田野观察宁王（即文王）的德行，因为知道文王的德行不错，就将其大命集中于文王一身。因为文王能够修治我们有夏（即周未统一以前之地），使之和平繁荣，所以我们才有今天，但是亦是因为当时有像虢叔、闳夭、散宜生、泰颠、南宫适这些人辅佐，才能有此伟大成就。周公因此又说：如果这些人没有机会与文王往来，不能启导这种常德的教化，那么文王就要无德可降于国人；所以可以说，因为有良好秉德的辅佐之臣，能够启导文王，使之知晓天之威命。文王之德就是因为他们的启导才能如此昭明呢。就是他们的启导，文王之德乃能上闻于上帝，因此也接受了有殷原有的天命。武王时，虢叔虽死，但还有四个贤人活着，能够启导他，所以后来他们和武王就大将天威，全把他们的敌人打垮了。因为有这四位贤人能昭明武王之德，所以武王能蔽覆天下，天下之人亦都称赞武王的德行。现在我小子旦，就像要游过大川一般，我要和您君奭一起向前共同渡过去呢。小子（指成王）只能像还未继位的样子，因他年轻，邦国板荡，不能将国事交他掌理，但你也不能太都把一切收效的责任全丢在我一个人的身上，你若不勉力于我所不逮的，那么像你这般年高德劭成德甚伟的人，不肯降志辱身来协助我，我们的政治就不能有成绩，鸣凤之声自然也就听不到了，也就更谈不上成功立业的事。周公因此又说：唉，您应该看看我所跟您谈的这些事情，我们受天命可说是休美无穷，然而也是艰难得很，所以我想告诉您，您应该对国事有宽大博厚的谋划，我们不应该教后人迷失了道。周公又说：前人（指武王）已将他的心意完全表明告诉你，要你作为人民的榜样，云：你要明确地勉力夹辅嗣王，务必要诚诚恳恳，负载这一伟大的天命。你要时时思念文王的德行，要承受他那一种无穷的忧虑天命无常的心。周公又说：君啊！我要告诉您我的真心话。太保奭啊！您务要能够敬谨我所奉告您的话，要以殷的丧亡大乱作为鉴戒，从而顾念我们也可能有一天会遭到天的威罚。我大概很难把这些道理说的使您相信，我的主要意思不过是说：襄助王业，只在我们两个人，这一点大概您会和我的心相合吧。您曾说过：就在我们两个人。上天的休美之命，浓郁地降到了，只怕我们两人还不堪承荷呢。您应该要能够敬德，提拔我们的豪杰之士，然后在将来天命已大盛的时机才让位给后人。唉，诚然是靠我们两个人，不然的话，我们怎么能到今天这种休美的境地。我们要全把文王的功业成就，不可懈怠，使天边海角日出之地，也大受我们的覆佑，没有不循从我们的政令的。周公又说：君啊！我说了这么多漫无条理的话，我只是因为忧虑到天命及民心的事。周公最后说：唉，君啊！您是知道的，人民的德行，也没有不能有好的开始，只是有始还要能有终，希望您能敬谨地听从这些话，好好地去努力办事。

周公既说服了召公继续留任，武王时代的贤臣也都愿意留佐自己弭乱，但是武王时拥护武王东征的诸侯，还有周的官员们却大多不肯再兴师帮助周公东征，因为他们认为这是周家自己的家事，旁人不便干涉。周公没法，只好托先王的神命来说服他们，这些话见于《尚书·大诰》。

读《大诰》，可以了解到周公号召东征比从前武王东征克殷情势要难多了。从前武王第一次东观兵于盟津时，也抬出文王木主，以文王的名号召东征，诸侯不期而会者八百。武王并不敢奢望诸侯都来会，但诸侯都来了。现在周公要东征，而诸侯和一般官员都不肯，认为这是周家内部的事，旁人不便干涉。周公只好藉卜来命他们，但他们宁违卜也不肯干涉周家内部的事。周公只好说明文王时已获得天命，卜兆是由文王所遗留下的宝龟卜的，应该可以代表天命，现在的大难只是上天对我人的考验。你们都是文王的旧人，都应该襄助完成文王所已图谋过而未完成的事功。文王时的旧臣以十位治臣最能干，我们能够了解天命也多得力于他们的启导，他们都答应协助东征，你们还有什么疑虑呢？全文多借卜兆以对诸侯及一般官员说明天命之有在，这是因为周公时代是宗教信仰很虔诚的时代；不对这时代有充分了解，就不会明白周公讲话的立意。

周公既取得了召公的信任，十位治臣的协助，众邦君及一般官员对于卜兆的信仰，他就率领了一部分军队出驻于东方，经过了二年的时间，就掳获了管、蔡二叔及武庚等罪人，故《金縢》篇说："居东二年，罪人斯得。"《逸周书·作雒》也说：周公立相天子，三叔及殷、东、徐、奄及熊、盈等族国都叛变，成王元年夏六月葬武王于毕，二年又作师旅、临车、冲车去征伐殷，殷人全都震溃，于是降下刑罚于三叔身上，王子禄父北奔，管叔自缢而死，于是就囚蔡叔于郭凌之地，凡所征伐过的熊、盈等有十七国。俘羁的有九邑的人民，殷的士大夫则俘而迁之于周的九毕之地（今陕西省西安市长安区）。《史记·鲁世家》则说：管、蔡、武庚等果率淮夷而反，周公乃奉成王命兴师东伐，作《大诰》，遂诛管叔，杀武庚，放蔡叔，宁淮夷、东土，二年而毕定。又说：伯禽就封地即位之后，有管、蔡等造反，一时淮夷、徐戎亦并兴起反叛。于是伯禽就率师伐之于肸，作《肸誓》，遂平徐戎，定鲁。

肸，《尚书·费誓》作费，其地在今山东费县。不过今存《尚书·费誓》从文体看来不类周初作品，有人以为是鲁僖公将伐淮夷，誓师于费所作，应该不错。不过，这也不能证明伯禽没有伐淮夷作《费誓》之事，或者已亡失了吧。当时伯禽的封地还没有在曲阜，还在河南鲁山县，当是平定徐戎、淮夷之乱以后才定居于曲阜的，其地即奄君之地。《尚书大传》说：周公摄政，一年救乱，二年伐殷，三年践奄。践奄之事，似与伯禽伐徐戎为一时事。《诗经·豳风·东山》亦言："自我不见，于今三年"，则东征之经过为二年擒管、蔡二叔及武庚等罪魁，及第三年则践奄，而大局始定。《鲁世家》及《书序》以践奄为成王事而不属之东征，似奄后来又叛，而成王亲征定之。东征的详情不太清楚，其用兵路线大概是先肃清黄河以南，然后渡河北上，平定殷地；再由殷东行经今山东省西部一带东南下伐奄及徐淮夷，而伯禽则于此会师焉。

周公虽然东征二年，擒了罪魁，但是还是未得成王谅解，于是他就将自己的心志写了一篇叫做《鸱鸮》的诗送给成王。王虽还不能谅解周公，但这一篇诗多少令他感动，他就不敢谴责周公（《金縢》）。由这件事可见周公东征，《金縢》所以称为"居东"，是周公未得成王同意，不能公开称为东征，只能率领一部分军队号称去防守东方，故称为居东。这一篇《鸱鸮》诗，见于《诗经·豳风》。

我们读了这篇诗，就可明白周公人格的伟大。周公费了九牛二虎之力去平定燃眉的乱事，年轻的君主成王，依旧蒙然无知，而误以为周公击杀他的叔父们，是为了专政。周公只有忍住自己心中的悲情凄苦写了一篇诗寄给成王来表示自己的心意。诗中的情辞如此真诚，如此恳切，而成王依然无所憬悟，只是为了周公是他的叔父，不敢太责备他而已。可见其时周公处境的可怜。

东征之役，为时既久，将士皆相当辛劳，《豳风》的《东山》、《破斧》传皆与周公东征有关。

周公虽平定乱事，为《鸱鸮》之诗以送给成王，但成王并不能因此体会周公的心志，所以只得仍停留于东都。其时周公的处境十分狼狈，可从《诗经·豳风》的《伐柯》、《九罭》、《狼跋》等篇看出。

近人徐中舒著《豳风说》，以为《豳风》诸诗为春秋时鲁诗。徐氏谓《金縢》出《孟子》后，《孟子》书中载孔子对于此诗第二章的评论并未以为周公作（《孟子·公孙丑上》），遂以为《鸱鸮》非周公所作。但像这样可歌可泣的诗篇其背景本事又是什么呢？徐氏又谓东山即蒙山为鲁对东方用兵重镇，如此说来《东山》亦鲁人之诗，可与周公东征之事无关，但“自我不见，于今三年”，其背景与本事又是什么呢？《破斧》篇所称的四国，《毛传》以为即管、蔡、商、奄，徐氏以为即四方；又疑周公即与齐桓公会于葵丘之宰周公；又引《吕氏春秋·音初》以《破斧》为东音。《破斧》是否为东音，与本诗是否与周公东征有关，没有冲突之处，可不论；至谓诗中之周公即宰周公，恐怕非是。宰周公时代的周室战士已没有破斧缺斨的必要，其时周室的责任自有霸主代为担当了。《九罭》之诗徐氏以为公当为鲁昭公，细读原诗，昭公恐怕当不了无以我公归，无使我心悲这些话。徐氏又以《狼跋》的公孙即鲁公孙，那么这诗没有本事又如何解？我总认为这些诗只有配上周公这位主角才能发生大意义，不然就支离破碎，看不出意义了。

周公的一生，心身最交困的日子，就是这一段，即武王去世，管蔡流言并连武庚、奄君造反，周公居东定乱，践奄，不为成王谅解的这一段时期，即摄政的前二、三年间。特别是东征大致已经完成，而仍不为成王谅解，居于东都不得归的这一段时期。旧传文王幽而演易，周公显而制礼，其实周公亦有幽忧之时。文王之幽是幽囚，有性命之危，而周公之幽，是劳而不为人知，反被误会为杀叔专权。旧说文王囚羑里有卦辞，周公居东有爻辞。《易·系辞传下》说，《易》之兴，该是在中古？作《易》者，应该有忧患吧？又说：应该相当于殷的末世，周的盛德之时？相当于文王与纣的事情？按照作《系辞传》者的看法，作《易》者有忧患，又当周初，则卦辞为文王作，爻辞为周公作，是很有可能的。不过详细情形已不可知，只好不去详予追究。

但是周公的运气终于来了。那时是神权时代，成王终于在雷公的棒喝之下顿悟了前非。《尚书·金縢》说：（周公居东的次年）秋，禾谷大熟而未收获的时候，天大雷电而刮风，禾都吹倒，大木也被拔起，邦人大恐。成王与大夫都弁服来打开金縢匮中的卜书。于是得到周公认为是自己分内的事要代武王死的说法。召公、太公二公及成王就问之于史官与负责办这事的众官员。他们回答说：对。噫，因公有命令，我们不敢说。成王就执书而泣说：应该不必再敬卜了。从前公勤劳王家，只是我这冲龄之人没能来得及知道。现在上天动威，要来彰显周公的德，只有我这年轻小子，亲自出去迎接这我们国家的栋梁，讲起礼数来也该如此的。成王一出郊，天就下雨了，风换另一方向吹了，禾也都被吹立起来了。于是二公就命邦人，凡大木吹倒的，都将之扶立起来而筑牢之。于是年岁就大熟了。

所谓秋，郑玄以为即周公出二年之后的明年秋，则周公在擒获罪人后犹居东一年。《尚书大传》说：周公摄政，一年救乱，二年代殷，三年践奄，四年封侯卫，五年营成周，六年制礼作乐。是周公之归，在践奄之后。但周公之归宗周，大概是很短暂的。虽然如此，以后周公就得到成王的完全信任。以后一切政事由周公完全处理，成王心悦诚服，没有怨言。于是周公逐步实行其政治理想。

周公东征成功后的主要工作，正如《尚书大传》所说，为：(一) 实行封建，(二) 营建成周，(三) 制礼作乐。

(一) 实行封建：西周已经是一个很大的王朝，他所取代的是一个有六百余年历史的大国殷王朝。要统治这些有悠久历史的殷民，实在不是一件很简单的工作。为了安治殷民，史书上形容他是“一沐三捉发，一饭三吐哺”(《史记·鲁世家》)。虽然如此，周公却不是一个愿意专断的人。他所以要代成王主政，是看出成王年纪轻，历练不够。但他却是一位胸襟非常开阔的政治家。他能信任召公、太公，还有十贤。首先他让一度误解他的召公明白他的志向人格，志愿留佐他治陕以西，如此他可专心治陕以东。《公羊传》说：“自陕而东者，周公主之；自陕而西者，召公主之。”(隐公五年) 其次，他让获得成王信任的召公命太公经营殷土的东方。《左传》僖公四年载管仲对楚使说：昔召康公命我们先君太公说：五等诸侯及九州岛的牧伯，你都得征伐之，来夹辅周室。因赐我们先君可以践履之界，为东到海，西到河，南到穆陵，北到无棣。由这些话，我们可以看出周公的伟大。如果没有召公的斡旋，周公不得成王的信任，是不可能有后援的。又如果没有召公，太公恐怕就不能随意接受周公的命令就国于齐。齐国是奄的同族蒲姑氏的故墟。《史记·齐世家》说：师尚父被封于齐营丘，东去就国，于旅途中就宿，慢慢走，不急就国。旅馆主人说："吾闻时难得而易失，客寝甚安，殆非就国者也。"太公听到这话，立刻领悟，当夜披衣即行，黎明到国，莱侯来伐，与太公争营丘，可见东方的安定多靠太公的经营。除了太公之外，其子伯禽，也曾率军自今河南鲁山县（《诗序》云，从曲阜；今据傅孟真：《大东小东说》改）伐徐戎，平之，作《费誓》。但今存《费誓》从文体看来非西周初年作品。近人以为此篇乃鲁僖公将伐淮夷，誓师于费所作。然或是伯禽亦有费地之誓，其文不传亦未可知。

周公平定东方之后，乃将封国重新调整。鲁国原封河南鲁山县，现则迁移至奄君故地曲阜；太公原封于吕则迁移至蒲姑氏故地临淄，改国号为齐。召公封地则北徙至今天津蓟县，但召公不就国，留佐成王。周公又将河北殷墟封给富于春秋的九弟康叔封，国号为卫。康叔在武王时曾经参加征殷的战役，《史记》说他在武王时因年龄小没有受封，《左传》也说他是周公时才封于卫，有人则据金文说他在武王时曾封于康国，因为铜器中有康侯器。但即使依赖这种直接史料也还不能算已经解决了这一问题。因为按道理康侯既封于卫即得称卫侯，不应老是称康侯，而无称卫侯的一件铜器。所以有人以为康是生号，或生谥，但是如康叔之康为谥，也是少见的，如管叔、康叔等，皆以封国称。又康叔、康伯皆同为生谥，亦少见。不过有一事可以肯定的是《尚书·康诰》一定是周公封康叔于卫时的命辞。如果认为是武王封康叔于康时的作品，未免牛刀小试了。《康诰》是一篇大作，足以代表周公统治的政策与思想基础，如果不是康叔受封于故殷的首都，他何致于如此再三告诫。如果周公告诫康叔封于故殷都的文告不留，而武王告诫受封的一个不重要的小国康的文告倒流传下来，岂不可怪？

周公在《康诰》首先指出文王因努力修德，所以能够受有天命，而灭殷。其次指出要化民，主要是在敬述文王之德，努力服行，在遍求殷先哲王的善政，在从古代的先哲王处求取见闻。其次说到治民如治病，不可苟安。又说到审判罪犯，要重视动机，动机若纯洁，虽犯大错亦可原谅，如果恃恶不改，自作不典，那么即使小罪，也要杀。审判罪犯，尤要重视客观，不可徇私。他说这些是殷人旧有的刑罚，富于伦理精神。又说审判重犯须有充分时间思虑案情。又提到审判案件尤须重视伦常，不慈不孝不友不恭的人，都要好好判他们的罪，并指出这是文王所定的刑罚。又说一般老百姓有罪都要惩罚，若治民的官吏不肯顾念政事，只图个人利益，更要惩罚。又说作为一国之君，更不该作威作福，须用德治。用德治，不是不用法，是要敬守常法，由此常法来以宽厚待民。总之，周公指示康叔在治殷民的时候，须重视刑罚之中的德行原则。周公认为殷民的反叛并非罪不可赦，他们一时的执迷不悟，乃是上天对于我周不能安民的过错的一种惩罚。我们只有敬谨努力，才能常保天命。从这一篇文告里，我们可以明白周公的政治思想，周公认为治殷民必须因袭殷民的传统，将周人的传统治术，和殷人的传统治术巧妙的配合，便是周公的治殷政策。由这一篇文告，我们也可以了解到中国政治传统的深远博厚，周公聚集历代治术的精华来治理国政，周公之后也沿袭此种精神以为治，这就是中国文化历史能五千年绵延到今天的一个重要原因。

周公除指示康叔治殷之法外，又指示康叔殷人所以亡国的原因，主要是喜欢酗酒，生活腐化，要他及人民戒酒。这些话见于《尚书·酒诰》。

《酒诰》大意为，周公指出文王建国西土，常告诫百官及人民，尤其青年人不可耽于饮酒。继而指出康叔治殷当本斯旨，使殷人务本，勤于农商，不可酣饮。欲饮酒只有祭祀时或父母有庆时才可以，但亦须依礼而行。周公并进而指出殷的丧失天命于周人，耽于饮宴也是重要原因。故康叔受封治殷，当以此为戒。基于此，若殷人聚众酣饮，当依法治罪刑杀之。若殷之官员饮酒，则先教诫之，若不悔悟，亦依法治罪刑杀之。关于命康叔治殷的文字，除《康诰》、《酒诰》外，又有《梓材》篇，亦载《尚书》中。周公在《梓材》中指示康叔治民当宽而恒。

《梓材》篇之主要内容为，周公教训康叔，言下情之上达主要依赖国君自己。上行下效，国君敬劳，臣子亦会敬劳，国君不嗜杀人，臣子亦不嗜杀人。王政的目标在引导人民至于生养安适之境，所以诸侯为王者监四方，不可专任刑罚。最后勉其有始有终，不可半途而废。

除康叔封于卫外，周公又封纣庶兄微子于宋（今河南商丘）。微子为殷三仁之一，深知国运兴亡之道，不会铤而走险，能奉保殷祀。既而又封成王弟唐叔虞于河汾之东方百里即平阳地方。其地为古唐国所在。唐叔之后，国号改称为晋，因二字本一音之转。唐地多山，多戎族出没，赖唐叔勇武得以开疆拓土。诸国封典以鲁、卫、唐最为隆重，然至春秋之世，唯晋为强，亘春秋之世，晋常为中原盟主（详见拙作《春秋的晋国》）。

除此数国外，其后周公又复封蔡叔子蔡仲于蔡。周公所封诸侯，姻戚功臣外，以姬姓国最多。姬姓国中主要的有三类：(1) 文之昭；(2) 武之穆；还有 (3) 周公之胤。《左传》昭公二十八年说："昔武王克商，光有天下，其兄弟之国者十有五人，姬姓之国者四十人。"《荀子·儒效》则说：周公"兼制天下，立七十一国，姬姓独居五十三人。"《左传》僖公二十四年记富辰之言说，从前周公悼管叔蔡叔不肯同心协力保护王室，所以就广为封建亲戚，以使他们能藩屏周室。管、蔡之外还有郕、霍、鲁、卫、毛、聃、郜、雍、曹、滕、毕、原、酆、郇，是文王之昭；邘、晋、应、韩，是武之穆；凡、蒋、邢、茅、胙、祭，是周公之胤。

后之论史者谓周行封建是出于公，后世之行封建是出于私。这话表面看来不可解，其实含有深意。所谓公，就是合乎时代需要，私就是不合时代需要。周代实行封建是命同姓兄弟子侄或姻戚功臣带领一部分宗族至某地建一据点，然后努力开发其地，含有武装殖民的性质。中国之地大物博，封建制早就负起过其时代使命。足见封建制在周代实行的贡献。

封建制度并不是从武王、周公时才开始，在周以前已经有，如商朝既已有诸侯如侯、伯、妇、子、男、田等名目，不过其成为一套完整的制度，却是在西周。西周时，所谓全天下的土地，在名义上都是"王土"，其上的人民，名义上都是王臣。但实际上，周王自己只保留京畿附近约千里之地，其余皆分封给亲族和姻戚为诸侯。先朝的残余及本来独立的国家与部落，在名义上也都被承认为周室统治下的诸侯。诸侯以下，有卿大夫、士，也各有领地，由诸侯封予，王畿内亦然。卿大夫又有家臣，不一定有食地；大概也都属于"士"的阶层。士以下有庶民、工商。士以上是贵族阶级，士以下为平民阶级。贵族与平民大致为世袭。

封建制度的维持是靠宗法制度。宗法即宗族组织法。“宗”字指同在一庙祭祀祖先之意。殷代已有大宗、小宗，似已有简单的宗法。到了西周，宗法更趋完善。在宗法制度之下，从天子到士，可以合成一大家族。这一大家族中的成员各以其对宗主的亲疏关系而定其地位的高低。封建制度以分封同姓为原则，天子以封诸侯，诸侯以封大夫，都依宗法系统而定。如天子世世相传，每世的天子都是以嫡长子的资格继承父位，奉戴始祖，是为大宗：他的众子（包括嫡长子的诸母弟与庶子）封为诸侯，为小宗。每世的诸侯也以嫡长子的资格继承父位，奉始祖为大宗；他们的众子封为卿大夫，为小宗。每世的卿大夫也以嫡长子的资格继承父位，奉始祖为大宗；他们的众子各有食地为小宗。凡大宗必是始祖的嫡裔；而小宗则或宗其高祖，或宗其祖，或宗其父，而对大宗则都称为庶。大宗百世不迁，小宗五世则迁。诸侯对天子为小宗，但在本国则也为大宗。据后世礼家的记载，宗法系统仅限于大夫以下，诸侯以上宗统与君统合，并不以宗法名。宗主对宗人威权颇重，有杀戮及放逐宗人之权。宗在宗内，有若君在邦内。宗法之功用，不但可以维持天子诸侯卿大夫间的联系，亦可以维持诸侯间的联系，因同姓诸侯亦相宗。又在宗法制度之下，同姓不婚，天子诸侯皆行外婚制，故同姓国为兄弟，异姓国又为甥舅；天子对诸侯，同姓为叔侄、伯侄，异姓为甥舅，形成天下莫非王之亲戚的情况。因此，周代的封建政治实有很健全的宗法组织为其基础，所以能行之久远有效。

封建制度的另一基础，是井田制度。谈及井田制度最可靠的书是《孟子》。孟子所说的井田之法，虽为其理想，但必有所根据，非凭空创造。《诗经·小雅·大田》云："雨我公田，遂及我私。"孟子的井田理想，当出于此。商鞅变法曾废井田，决裂阡陌，阡陌即田间道，令民私有其田，以尽地力。春秋时代，晋、鲁、郑先后改革田制，秦之废井田已至战国中叶，可以说为时最迟，因秦僻在西陲，地较旷民较稀，文化亦较落后之故。孟子论夏、商、周的赋税制度为：夏行贡法，商行助法，周行彻法，并言惟助为有公田，虽周也行助法。助即借民力以耕公田之意。西洋中古时代行庄园制度，亦借民力以耕地主之田。所谓彻就是兼行贡助二法，城市行贡法，乡村行助法。西洋中古时代在城市中亦行贡法。又据《国语·晋语》："公食贡，大夫食邑，士食田，庶人食力。"是诸侯所靠的是贡，大夫、士才是靠助法。其法为贵族将其土地分为二部分，小部分由庶人耕种，其收获归地主，是为公田；大部分之收获则归佃农，是为私田。

封建、井田和宗法，可以说是一体的三面，就政治讲是封建，就经济讲是井田，就社会讲是宗法。即以井田制的经济基础，维系宗法的社会组织，而以这两种条件来维持政治上的封建制度。这三种完美的制度并非周公手创，但周代的安定既是完成在这一位伟大的政治思想家之手，则这三大制度的整齐划一也应该是他所经手的。《豳风·七月》篇，《诗序》以为周公陈王业之诗，但未必是他写的，而且有人以为是鲁诗，不是豳诗；因曲调为豳风，所以入《豳风》（徐中舒，《豳风说》）。这一篇诗是依四季月令歌颂农民的生活，读此即可明白封建时代农民的生活，可以了解农夫一年间各月的主要工作，如正月修理农具，纳冰于深室；二月踏锹具，耕松土壤；祭献羔羊及韭菜，以后农作日忙；丁壮下田耕作，妇孺送饭，农官见了大为欢喜；三月执筐采桑采蘩以养蚕，又为了使桑树长得好，也要时时修翦桑枝。这时是春阳和暖，采桑的女子，若遇到了两情相好的公子，就可准备出嫁。六月采食唐棣和葡萄；七月采食葵果、大豆及瓜；八月收割芦苇；织染鲜布，为公子制裳；又收割庄稼，打枣，断瓠。九月拾麻子，收采苦荼，斫伐樗薪，筑场圃；十月纳禾稼，做成春酒，以介眉寿。收成既毕，清扫谷场，杀羔宰羊，聚酒为欢。升登公堂，举杯称觞，祝公万寿无疆。既而又为公修补房屋，白天弄茅草，晚上绞绳索，赶快盖好，接着就要开始播种。十一月还要猎逐狐狸，为公子制裘；十二月大会众人行猎，借以操练武功；猎得的野猪，小的留着自己吃，大的献于公。又此月凿冰，以便收藏。

按《七月》诗中之公，未必是指诸侯之爵，盖乃封建制度下地主之通称，可能是大夫也可能是士。

（二）营建成周：周公既定封国，遂营成周，以居殷顽民，这是实行武王的遗志。《逸周书·作雒》云：到了要交还政权的时候，周公就作大邑成周于土中，立城方千七百二十丈，郛（郭）方七十里，南连系于洛水，北连接于郏山，以为天下之大会。制郊甸，方六百里，因西土为方千里，分以百县。县有四郡，郡有四鄙。大县立城方王城三分之一，小县立城方王城九分之一。都鄙不过百室，以便野事。农居鄙，得以为庶士；士居国家，得以为诸公大夫。凡工、贾、胥、市、臣、仆，各异州里而居，使不相杂交。于是又设圜丘域于南郊，以祀上帝，配以后稷、日、月、星、辰，先王皆与食。又在国中建社坛、五宫、大庙、宗宫、考宫、路寝、明堂。《逸周书·明堂》云："四海兆民，欣戴文武，是以周公相武王以伐纣，夷定天下。既克纣六年而武王崩，成王嗣；幼弱，未能践天子之位。周公摄政君天下，弭乱六年而天下大治。乃会方国诸侯于宗周，大朝诸侯明堂之立。”这里称洛邑为宗周，是周公营建洛邑本欲还政成王而退休，欲成王迁都之。但成王不肯让周公退休，仍命其居于洛邑，而自己仍都镐京。此时称洛邑为宗周，大朝诸侯于洛邑明堂，是此时仍有意以洛邑为都。《明堂》篇续云：天子（成王）之位，背对“斧扆”（在太室户外，状如屏，画斧于上）面向南方而立，群公卿士侍于左右，三公之位在中阶之北，面向北，以东方为上位；诸侯之位，在阼阶之东，面向西，以北方为上位；诸伯之位，在西阶之西，面向东，以北方为上位；诸子之位，在正门内之东，面向北，以东方为上位；诸男之位，在正门内之西，面向北，以东方为上位；九夷之国，在东门之外，面向西，以北方为上位；八蛮之国，在南门之外，面向北，以东方为上位；六戎之国，在西门之外，面向东，以南方为上位；五狄之国，在北门之外，面向南，以东方为上位；四塞九采之国，世告至者，在应门之外，面向北，以东方为上位。此为宗周明堂天下诸侯来朝的位置。明堂者，乃明诸侯尊卑之意。所以周公建立明堂而朝诸侯于其位，制礼作乐，颁度量而天下大服，万国各致其方贿，七年而致政于成王。

近人多疑五等爵非出周公，明堂位言诸侯之位，五等爵具备。《逸周书》乃晚周完成之书，其文字未必可靠，但其大意仍应不差。

周公既朝诸侯于明堂，而定都洛邑之计划完成，乃准备还政。还政之先，复制礼作乐。周公之制礼作乐，除出于他自己的心志外，多少和成王的乐善好学亦有关系。如《逸周书·本典》言：成王问及周公关于明德所则，政教所行，字民之道，礼乐所生之事。周公告以生之乐之则母之礼；政之教之遂以成之则父之礼。同上《官人》篇，成王问及观人用官之法，周公以六征告之。由此可见成王希望在周公未还政之前能充实执政的才能。

但是周公想还政告老，成王并没有完全同意。成王答应他还政，但挽留他继续辅政。周公建立东都，是想将都城迁徙于此，但成王要周公留东都继续辅政。

据《尚书·召诰、洛诰》，营建洛邑之先，召公、周公曾先后来相宅，最后成王也来察看，然后做决定，可见其慎重。营造完成，周公欲迎成王居洛，自己还政明农，成王不肯，宁愿自己退居镐京，并挽留周公续留洛邑辅政。朝诸侯于明堂，及成周之会大概就在洛邑完工之后。朝诸侯于明堂已如上述；成周之会，则见于《逸周书·王会》。《王会》篇略云：成周之会，墠上张赤帟阴羽，天子南面立，唐叔、荀叔、周公在左，太公望在右，旁天子而立于堂上。堂下之右，唐公、虞公南面立焉，堂下之左，殷公、夏公立焉，皆南面。方三千里之内，皆朝于内台。而外台则夷狄之君来献奇禽异兽者甚众。其说虽不甚足据，然据此亦可见周人王业之隆盛。

读《尚书·召诰、洛诰》可见周公勤劳王家，功成不居的精神。《召诰》，学者多以为召公告成王之辞。其实应是周公告成王、召公、殷民，以及众官员等之辞。《史记·周本纪》云："周公行政七年，成王长，周公反政成王，北面就群臣之位。成王在丰，使召公复营洛邑，如武王之意。周公复卜，申视，卒营筑，居九鼎焉，曰：此天下之中，四方入贡，道里均，作《召诰》、《洛诰》。"是史公亦以为《召诰》为周公作。今观《召诏》原文脉络可知其言不误。

《召诰》的主要内容为：成王到丰祭文王庙，然后派召公先至洛邑卜宅并测定营造位置，继而命周公到洛视察，并行祭天、祭社之仪。然后即由周公以文书命令殷人动工营建。召公率众国君长取币献给周公，其时成王也到了，周公就对他们说：殷过去有哲王所以能享有天命，但到末代的王无道，上天就改其眷命于周。并言夏、殷都曾为上天所引导子保，但后来由于不能顺天道，都失了天命。并勉成王年龄虽小，毕竟是受命天子，要其敬重老年人，因为老年人能考察古人美德，上天意图，要其认识人心之惟危，努力和洽小民。后一大段则专对成王讲，说王要治洛邑，首先须教殷的官员服从，其次要节制自己性情，日有进境，要以有夏、有殷为鉴，他们的能受天命是由于他们努力，失坠天命是由于不敬德。王刚主持政事，正是天命明昧，吉凶，与历年久暂的一决定时刻，王当努力敬德。王须占居道德之首，使小民有所取法。只要君臣上下努力，周王朝一定能像夏、殷一样的享年长久。周公这时北面就群臣之位，要王发布成命，以光显初政。

《洛诰》首段原在《康诰》，后人以为错简移于此，在言殷民为周人建洛，周公慰劳之。其次报告相宅经过，而王亦来覆察，赞同周公的决定。其次载王言要以纪念作洛之功作为首祀，而周公亦勉王此后须慎重交游，率百官到新邑来建功立业。此后要慎记诸侯是否按时来贡，来贡是否合礼。又由于你还年轻，许多政令我未能及时颁布、实行，你务要去完成之。要听我的教导，勉力于养民之常道。我则从此退归田里从事明农的工作。成王挽留周公，周公因留佐成王，续居洛邑。最后说明王命作册逸祝册，告诉周公留后的事。周公大保文武受命，凡七年。

《尚书·多士》是成王七年三月周公以成王的名义告诫殷多士之词。士原为武士，为贵族的最基层阶级，这里当是泛指殷的士大夫。先说周的王位，不是从殷人夺得的，是因为殷人不能保有天命，周的王位是上帝赐的。其次引夏殷故事以说明上帝曾眷佑于有夏，有夏不能用帝命，所以天命转入殷先王之手中，以说明周人取殷王位亦是天命畀予的。其次，又说明徙殷人乃是殷人自取其咎，天命不可违。殷人有册有典，殷革夏命，见于其中。夏人登用殷人于朝，我有周亦将唯德是用；迁你们从大邑商，亦是循你们殷人的老路，尽可放心。又说迁徙你们来洛，是奉行天的惩罚，同时亦是使殷人能亲近周人，务必多恭顺。最后再说明，不杀殷人，只要殷人永远服从周人，就可以在洛邑永有土地产业，下一代也很快就兴盛起来。

《无逸》篇，《史记·周本纪》以为作于成王既迁殷遗民之后，《鲁世家》以为在成王用事，周公奔楚归后。周公奔楚之事，恐是周公居东之误传。本篇略云：君子其无逸，要知稼穑艰难，才能了解民生疾苦。殷王朝的中宗能以天命自律，敬惧地治民，高宗与祖甲，久遁民间，故知生民疾苦，不敢逸息。是三君皆享高寿。从此以后，嗣王皆生于安逸，不知稼穑与民生之艰难，只知逸乐是求，故皆难享国长久。至我朝周太王、王季、文王皆能敬畏天命，文王尤卑服从事农耕，日中日晚不暇食，不敢盘乐，与诸侯们敬谨办事，故能享国长久，且于中年受天命。因勉嗣王不可一日耽于逸乐。尤应以纣之酗酒为戒。又指出古人因互相劝善，故无欺诈造假之事。最后又指出殷的三王及我周文王皆能延纳智慧，若闻有人指责，必躬省其身，若有错必承认无敢生气。要嗣王以此为榜样。

以上所说文王中年受天命，享国五十年的话，原文作："文王受命惟中身，厥享国五十年。"这话我以为不是指的文王五十岁左右继位，而在位五十年。文王九十七而终之说不可信。文王盖中年受命，受命九年而崩。人之年百龄为大限，中年自在五六十岁的时候，文王崩时约在七十岁左右。武王崩年应从纪年之说作五十四岁；武王崩时，后于文王十七年。今假定文王崩时年七十，则文王崩时，武王年三十七。文王生武王时，年三十三四，武王上有兄伯邑考，且文王娶太姒曰缵女，缵女一说为续弦，则文王之生伯邑考年三十左右，比较合理。否则如《礼记·文王世子》之说，文王年九十七而终，武王年九十三而终；文王年十五而生武王，武王终时成王年仅十三，而尚有母弟叔虞。文王生子何其早，武王生子何其晚？

《尚书·多方》，《史记·周本纪》以为：召公为保，周公为师，东伐淮夷、残奄，迁其君薄姑。成王自奄归，在宗周，作《多方》。《多方》篇略谓：告诉你们殷、管、霍、蔡四国及多方。国家兴亡在于能否敬重天命。你们之所以亡国在于你们鄙视天命，不肯敬祀上天。从前夏有天命，由于享乐不忧民，所以上帝乃寻求新的人民之主，而成汤获得天命。从成汤到帝乙都能明德慎罚，以劝导的方法教民。但到了纣就过度地享乐，鄙弃他的政治，不能清洁地举行祭祀，因此天命又为我周文王所得。上天以五年的时间宽商的子孙，让他们仍然做人民的主宰，但他们不能顾虑天意，所以我周人不得已将你们迁到洛邑。你们臣服于我周监已经五年，你们务必守法，笃信我周之命令，如此你们就可以仍有宅可居，有田可耕，将来亦可到我周朝廷为官；如果不守法，我们还要行天之罚，使你们迁到更远的地方。

《史记·鲁世家》谓："成王在丰，天下已安，周之官政未次序，于是周公作《周官》，官别其宜；作《立政》，以便百姓，百姓说。"所谓"作《立政》，以便百姓，百姓说。"百姓即百官。君主揽权，则官无所守，而设官分职之功能坏，而有人才亦等于没有人才，因人才不能施展其所长。《尚书·立政》略谓：王既亲政，当设官分职，珍惜诸官职，选用优秀人才。常伯、常任、准人，夏殷的名王所置皆贤俊，所谓“三宅三俊”。至其末代国君桀、纣不能任用贤才，于是为上帝所弃，因失天下。我周之得天下，即效法商先王之受天命，文王、武王亦能了解“三宅三俊”之深意，因设官分职，以事上帝。所选皆贤俊，官有所专守，文王因不敢过问庶狱等事。武王因之而完成一统天下之功。因此周公要成王不可代替有司处理庶狱等事，甚至于一言不可发。如此方有时间去想出品德崇高的优秀人才，来治理我们所受于天的人民。周公以为任官的准则是不可用险佞之人，要用善良之人。所用既皆为善良之贤俊，王即不会虞误于庶狱。王只要谨慎于武备，使天下以至海表，无人不服王的领导，那么就能发扬文武的功业了。周公最后并教太史记下这一原则，教司寇苏公也守住这一原则，依这一原则来使用适当的刑罚。

（三）制礼作乐：周公营建洛邑之后的一大事为制礼作乐。新都洛邑亦即新礼乐的一试演场所。《尚书大传》说：“周公摄政六年，制礼作乐。”（《周传》）《左传》文公十八年载臧文仲云：“先君周公制周礼。”又昭公二年《左传》云：晋侯使韩宣子来聘，观书于大史氏，见《易象》与《鲁春秋》，曰：“周礼尽在鲁矣，吾乃今知周公之德与周之所以王也。”是周公制礼乐，为春秋以来通说。即《尚书·洛诰》亦载成王对周公云：“四方迪乱，未定于宗礼，亦未克敉公功。”（意为，四方虽已开始有治象，但在崇礼方面也还未能订定，也还未能叙定公的事功。）可见周公制礼作乐，当实有其事。《尚书大传》云：“周公将作礼乐，优游之三年不能作。君子耻其言而不见从，耻其行而不见随。将大作，恐天下莫我知也；将小作，恐不能扬父祖功业德泽。然后营洛以观天下之心。于是四方诸侯，率其群党，各攻位于其庭。”周公曰：示之以力役，且犹至，况导之以礼乐乎？然后敢作礼乐。《书》曰：作新大邑于东国洛，四方民大和会。周公之大演习礼乐，在营洛邑之后，诚然不错。但如《大传》所云，犹有未尽处。盖周公营建成周，示天下以一大新都，诸侯因来贺新都之完成，周公因而朝诸侯于明堂，并举行王会，实皆有其必要。又考建新都，行王会，朝诸侯于明堂，似皆因袭文王旧制，唯规模有不同耳。《诗经·大雅·文王有声》谓，文王都丰邑后，四方之国都来会同，为王的桢干。《逸周书·酆保》亦云：“九州岛之侯，咸格于周。”可见周公可能已亲见其父朝诸侯于酆邑初成之时。这是关于典礼方面。又乐方面，《大雅·灵台》亦谈到文王建灵台、灵囿、灵沼，有钟鼓之乐，以乐于璧廱。武王克殷后曾举行就职典礼于商京，见《逸周书·克殷》；追祀文王，荐俘乃殷王鼎，又以王礼祀三王：大王、王季、文王；以侯礼祀大伯、虞仲、邑考；又祀周庙、誓于百神及社，在在需要礼乐（《逸周书·世俘》）。《吕氏春秋》又言，武王西归，命明堂外户不闭。若此言可靠，则明堂在武王时已有了。其实这话也许可靠。因明堂夏殷时代，甚至炎帝、黄帝之时已有。《诗经·文王有声》又言，武王建立镐京，兴设学校（辟廱）。文王在丰邑有辟廱，武王时沿袭文王时之政教，亦有辟廱。文王都丰的政教规模，武王沿袭之；武王都镐的规模，周公于营成周后亦尽量沿袭之，是很有可能的。《逸周书·大聚》载周公回答武王的话，亦有闻之文考，修礼乐，教用兵的话。足见文王时代，已颇着重礼乐，颇有礼乐规模。武王时代，天下始一统，种种礼仪，已颇有可观，自然在其举行的过程中，周公的心智必当有所贡献。武王初定天下，采安抚政策，未便大会诸侯。周公既定乱，以殷民建洛邑，因势利导，遂会诸侯于明堂。此一次会合诸侯之特别值得重视者，在其颁布了朝见的位次。位次的决定，即表示封建制度的完成。

周公的礼乐制作，除了因袭固有者外，又有因袭殷礼者。《尚书·洛诰》载周公曰："王肇称殷礼，祀于新邑，咸秩无文。"。殷礼当即殷朝之礼。孔子云："周因于殷礼"(《论语·为政》)，的确不错。读《尚书·康诰》即可知周公要康叔尽量以殷法治民，而《左传》定公四年载，因鲁卫二国之民多殷遗民，故皆"启以商政，疆以周索。"晋多夏遗民，又处戎狄之间，故"启以夏政，疆以戎索。"所以周公之制礼作乐，有因袭固有者，有因袭殷礼者。但即使因袭殷礼，自也有一番统一性，周公的心血就在其中了。

前面提到周公制周礼，现在经书中存有三礼，即《仪礼》、《周礼》、《礼记》。这三书的成书，据考皆在孔子后，《仪礼》较早，然亦已在春秋末期以后。《周礼》为战国末年完成的书，《礼记》亦战国末期以至秦汉间之书。所以考周公所制礼乐，不能根据三书。不过这三书自然还有周公的心血在内，只是无可分辨了。所以周公所作礼乐如有成书已不复可见。虽然如此，其一鳞半爪也还可以考见。因为春秋时代，鲁国为周礼之府，晋韩宣子已及见，孔子明习周礼，最钦佩周公，晚年又据鲁史作《春秋》。《左传》文公十八年载，臧文仲言："先君周公制周礼曰：则以观德，德以处事，事以度功，功以食民。"又哀公十一年亦载孔子言："子季孙若欲行而法，则周公之典在。"可见周公所制礼，春秋末叶仍存鲁国。所以虽经七雄去籍，秦皇焚书，周公之礼乐仍有存者，只在贤者识其大者，不贤者识其小者。孙诒让《周礼正义·叙》谓，"齐威王将司马穰苴，尚推明司马法，为兵家职志；魏文侯乐人窦公犹褒大司乐一经于兵火丧乱之余；它如朝事之仪，大行之赞，述于大小载记；职方之篇列于周书者，咸其枝流之未澌灭者也。”如此说来，欲究周公之礼者，亦未可尽弃三礼。

礼是中国文化之一大特色，其范围包括至广。举凡政治制度、行政法规、社会规范、宗教仪式、外交礼仪，两国兵争，无不处处有礼存在。合礼则昌，不合礼则亡。例如周公制礼，传了三百年而至春秋时代，仍能看到此礼的遗迹，上录诸条除外，还有很多的例子，值得一提。如春秋时代的国际规律也叫礼，其时列国贤大夫判断人的吉凶皆以礼，无礼必亡身；而外交人员见面也要赋诗以明志，这种用比兴的方法以代替直接的表白，乃在避免直接的冲突。这种伟大的发明，想是必得归之于周公其人。礼的真义在以谦让完成事情。也就是以和平的手段求得事情的顺利完成。由此点看周公的礼，尤其真切。从此义也可以看出礼与乐的密不可分，乐有融洽的本质，配上礼自然可使典礼或事情顺利地进行并完成。《诗经》除《国风》为民谣外，《颂》为宗庙之乐；《小雅》为燕飨之乐；《大雅》为朝会之乐，受厘陈戒之辞。《雅》《颂》多有追叙祖德考烈之作，实为《春秋》编年史体兴起前的一种史体，故孟子云，《诗》亡而后《春秋》作。追叙祖考之德业，孝也；燕飨劳士，体惜也。孝则民德归厚；体惜则劳不怨。辞让和平之心因而兴起。故欲觇周公之礼乐真义亦不可不读《雅》《颂》。周公之重礼让又可从其表彰文王受命，不歌颂武王之武烈看出。天下可马上得之，不可马上治之。故文德重于武烈。又天下既一统，即追祀文王于明堂使配上帝（见《孝经》），盖示天下以孝治国之意。孝者礼之大节。周公制礼作乐之深意，不可殚述，姑止于此。

周公摄政七年归政，受成王命，仍居洛邑，治东方诸国。

三年之后，以病退老于丰（《尚书大传·周传》）。既病发殁，曰：“吾死必葬于成周，示天下臣于成王。”成王则于其殁之后，将之安葬于毕，示天下不敢臣周公。又毕，文王墓地所在，周公文王子，故成王葬其于此。

周公既殁，长子伯禽为鲁侯承其祀，次子则别食周之采地，为周公与王室之政。周公次子盖即《古文尚书》中之君陈，成王命之继周公治洛邑。君陈当即铭文中之明保也。

考周公之能成就其东征、摄政，营建洛邑与制礼作乐等的伟大事业，并成为中国学术思想史中的一个承先启后的伟大人物，除了其本身的才德卓越之外，尤得力于家庭与师友之教训切磋，已如上述。周公的学术思想难说是绝对的创造，不如说是以述为作，这一点和后来的孔子相同。他的见解也和孔子有相似之处，如相信天命，认为天命虽无常，但亦有把握处，就是不断地努力。他要采撷传统文化的优点，取精用宏，就是以夏、殷二代史事为鉴。孔子也是要取虞、夏、商、周四代的优点以兴太平。朝代难免有兴亡，但民族文化则必使之继续不断生长，故周革殷命，而用殷礼。周公鉴于夏殷之亡，亦知天命终有离去之一天，维行德政可以使天命多为保留，使周之立国比美夏商二代之历年长久。此种伟大的思想建立于周公，发扬于孔子，乃使中国民族与文化的生命虽历劫而长存。

参考书目

《诗经》:《豳风》;《大雅·文王之什》及《生民之什》;《鲁颂·閟宫》;《周颂》的《武》、《酌》、《桓》、《赉》、《般》。

《尚书》:《西伯戡黎》、《牧誓》、《金縢》、《大诰》、《康诰》、《酒诰》、《梓材》、《召诰》、《洛诰》、《多士》、《无逸》、《君奭》、《多方》、《立政》、《费誓》。

《左传》、《公羊传》、《礼记》、《周礼》、《仪礼》、《易经》、《论语》、《孟子》、《孝经》、《尔雅》。

(以上见中华书局刊《四部备要》本)

《史记》、《汉书》,台北,国史研究室出版。

《荀子》、《吕氏春秋》、《淮南子》,《四部备要》本。

《古本竹书纪年》。

《汲冢纪年存真》,朱右曾,台北,新兴书局出版。

《古本竹书纪年辑校》,王国维,台北,世界书局出版。

《尚书大传》,汉伏胜著,台北,台湾商务印书馆,《四部丛刊初编》。

《说苑》、《列女传》,汉刘向著,《四部备要》本。

《新书》,汉贾谊著,《四部备要》本。

《白虎通》,台湾商务印书馆,《丛书集成简编》。

《论衡》，汉王充著，《四部备要》本。
《意林》，南唐马总编，《四部备要》本。
《通志》，宋郑樵撰，台北，世界书局。
《太平御览》，宋李昉编，台湾商务印书馆。
《绎史》，清马骕撰，台北，广文书局。
《诗经今注今译》，马持盈。
《尚书今注今译》，屈万里。
《礼记今注今译》，王梦鸥，以上台湾商务印书馆。
《书经白话新解》，陈善，台北，文化图书公司。
《高本汉书经注释》，陈舜政译，中华丛书编审委员会。
《逸周书》，台北，世界书局（题《逸周书集训校释》，朱右曾注），《酆保》、《文传》、《柔武》、《大开武》、《小开武》、《酆谋》、《克殷》、《大匡》、《大聚》、《度邑》、《武儆》、《五权》、《作雒》、《明堂》、《王会》等篇。
《周公》，林泰辅著，钱穆译，台湾商务印书馆。
《春秋史》，童书业，台北，开明书店。
《中国古代社会史》，李宗侗，中华文化出版事业社。
徐中舒：《豳风说》，许倬云编《中国上古史论文选辑》，台北，台联国风出版社。
张荫麟：《周代的封建社会》，同上。
傅孟真：《大东小东说》，《傅孟真先生集》中编，台湾大学出版。
齐思和：《孟子井田说辨》，《燕京学报》第三十五期。
董作宾：《武王伐纣年月日今考》，台大《文史哲学报》第三期。
屈万里：《西周史事概述》，《史语所集刊》四十二本第四分；《关于所谓周公旦“践阼称王”问题敬复徐复观先生》，《东方杂志》复刊七卷七期。
徐复观：《与陈梦家屈万里两先生讨论周公旦曾否践阼称王的问题》，《东方杂志》复刊六卷七期；《有关周公践阼问题的申复》，同上七卷十期。
黄彰健：《释周公受命义》，《大陆杂志》四十六卷五期；《释周公受命义续记》，同上四十八卷三期。

管子

娄良乐　著

目　录

一、传略

管仲（管子）名夷吾、颍上人，在太史公司马迁的笔下，所描绘的：他是一位春秋时代的大政治思想家，而且是一位通达权变和深明实务的大政治家。这可以从他的为人和为政两方面概括地看出他确是具有如所谓“贵轻重，慎权衡”这种涵养的。

1. 通达权变

管鲍之交，世常以为美谈，管仲如果没有他的挚友鲍叔牙的维护和推举，恐怕在公子纠事败时，就身之不保，更何谈于其政治抱负的实现。这两位自幼就共患难的知交，原先在齐国的政坛上，却处于相对的地位。齐襄公（僖公长子公子诸儿）十二年公孙无知弑襄公自立为君。管仲和召忽奉公子纠出奔到鲁国，鲍叔当时已奉公子小白在莒。明年春，齐人雍廪杀公孙无知，这时齐国混乱，陷于无君的状态，鲍叔奉公子小白从莒地首先回国，大夫高徯迎立小白为君，是为桓公。齐桓公元年，鲁国却派兵护送公子纠回国争取政权，和齐军交战于干时，管仲箭射齐桓公中钩（腰带上的钩子）。桓公虽然饱受虚惊，可是这场战争鲁军却败了阵。鲍叔深知管仲的长才。想使他为齐国所用。率军威胁鲁国。托辞说管仲是齐国的大仇，要求囚送管仲回齐国，接受裁制。鲁国只好应允了这项要求，同时也杀了公子纠，召忽因而自裁死难。管仲却忍辱受囚，到了堂阜（在今山东省蒙阴县西北）这个地方，鲍叔就放了管仲，并且向桓公力举用他为相。原先桓公本想任用鲍叔为相，他却谦逊地说自己是“庸臣”，不论在政治、军事，那一方面的才干，都不如管仲，桓公的度量也宽大，不计较“射钩之怨”，任令管仲为相，终于成就霸业——“九合诸侯，一匡天下”。这都是得力于管仲的辅佐之所致。管仲于此，也自认为鲍叔不但对他遇事加以维护，尤其对他“忍辱受囚、不死公子纠之难”，乃是知道他“不羞小节、而耻功名不显于天下”，而有“生我者父母、知我者鲍叔”之叹。就因为如此，孔子对他的批评；虽由于他“有三归”（家有三处，乃桓公所赐），而说他“不俭”；由于他“有反坫”（反爵之坫，主君献宾、宾筵前受爵饮毕，反此虚爵于坫上），而说他“不知礼”。可是却大其相齐所致的功业，足以攘夷狄，救中国，而极力地称许他：“如其仁、如其仁”（详《论语·宪问》）。孔子是向不轻以“仁”许人的。然于管仲，却用如此加重的语气来称许他。这就是由于管仲能够“通达权变”，以确立其行身处事的准则。齐桓公虽是一位中等的君主，对于管仲却非常地信任。恐怕他“贱不能临贵”，重予他以卿位；恐怕他“疏不能制亲”，尊号他为仲父（详见刘向《说苑·事贤》）因此管仲才有足够的政治权力，来肩负起齐国中衰后的艰巨政事，而获致辉煌的事功。因此，桓公也常常对于鲍叔多有赏赐，称他“能使齐国得管仲”（《吕氏春秋·不苟论赞能》）。这也难怪世人多贤鲍叔之“能进管仲”了。

2. 深明实务

管仲相齐，可以说是成功地获致了中兴的绩业。由于土地硗瘠，务尽地利，他重修了太公的“通工商、利渔盐”的政策，在《管子》书中所说的“轻重之法”，也就是基于供求关系，以适时地调平其经济的方略；由于商业兴盛或致伤农，所以他同时并重农业，以为民富而后可教，而有“仓廪实则知礼节，衣食足则知荣辱”的名言昭世；由于周室衰微，礼法败坏，所以他首倡四维——礼、义、廉、耻，以为这是推行政令的先决条件，而有“四维不张、国乃灭亡”的警言惕人。他主张省刑罚，但须济之以严刑，才能收到威民行令的效果；同时，人主也应慎用其六柄——生、杀、贫、富、贵、贱，这些足有贯彻政令的权力因素。他以为政令必须顺应民心，务去民心的四恶——忧劳、贫贱、危坠、绝灭，而相对地务顺民心的四欲——佚乐、富贵、安存、生育，其实顺民心的四欲，只是手段，这却能自然而然地使人民不以其所恶（四恶）为恶，而对为政者贡献其忧劳……甚至于生命。所以他说：“知予之为取者，政之宝也”。这就是管仲能由政治实务中，洞窥了为政的奥秘，所以太史公司马迁说他在为政方面，“善因祸而得福、转败而为功”。因此，他在内政和军事上都有卓越的成就。他善变周法，作内政而寄军令，这种军政合一的制度，达到了强兵的目的，于是有劲卒三万人，以成就其军事上的功业。这时周室衰微，齐为中国盟主，一战就归服了三十一个诸侯国家。南伐至于召陵（在今河南省郾城县东）望熊耳山；北伐山戎（古种族名）、离枝、孤竹（国名，在今河北省卢龙县至辽宁省朝阳县一带地）；西伐大夏（国名），登太行至卑耳山而还。这位功业彪炳的人物，死于齐桓公四十年（周襄王七年，鲁僖公十五年），可是他的流风余韵，却深存于齐国人民的心底。

二、思想

管仲在政治上所造成的辉煌绩业，并不是幸致的。他有其渊博的政治思想为其政治实务的指标，在动乱的春秋时代，学在王官的统一局面，已渐近于没落，而转至于道术分裂的情势。《春秋》之记："臣有弑其君，子有弑其父者"（语见《法法》）（此指未经孔子修订的《春秋》），天下攘乱，严法或足以匡救其弊。在这蜕变的时代里，管子的思想可以说是主于法而旁通于儒、道诸家之间的。这可以从今本《管子》书七十五篇中，寻得其端绪。太史公司马迁曾经特于《管子》的《牧民》、《山高》（亦名《形势》）、《乘马》、《轻重》、《九府》（此篇今佚）诸篇，深赞其言之详。只要紬绎《牧民》篇所记载的，已可概见管子思想的轮廓。并参证其他有关篇章，那么说管子是一位大政治思想家，诚是无可置疑的了。（汉）刘向《七略》把管子列入法家，法家首重富强之策，富强的首略，则又在于农业。所以"凡有地牧民者、务在四时、守在仓库"（《牧民》）。因此，人们生活行为的道德自律——知礼节、知荣辱，是建立在民生问题之能获得圆满解决的基础之上的。而国家政令的贯彻实施，又是以人们道德规范的四维——礼、义、廉、耻之能获得申张为前提。礼和法的互辅为用，乃是早期法家政治思想的特征（旁通于儒家）。（汉）班固《汉书·艺文志》把管子列入道家。道家君王南面的无为政治，是依循着“清虚自守、卑弱自持”之道的。管子为政主张“省刑”和“严刑”的互济为用，正是和这种道理相互脗合。探究其原则：“省刑之要，在禁文巧”，“文巧不禁、则民乃淫”。“上无量（法度之义）则民乃妄”（《牧民》）。“妄”和“淫”是繁乱刑罚的两大根源，所以又必须“严刑罚”、“信庆赏”以济其用。省刑的作用；一可以易行政令，一可以顺应民心。表面上看来，似是爱民，究其实，则是“计上之所以爱民者为用之、故爱之”（《法法》）。这正是“予之为取”的政治手段，实有早期道家政治思想的特征（旁通于法家）。如果就管子在齐国政治上的诸种措施而言，仍当列入法家。现在再从《管子》书中，概括地寻绎管子思想的大要。

1. 道的管钥

《管子·心术上》所说的“静因之道”，又可以看出道、法二家政治思想相关所在的管钥。

什么是道？就形上义来说：“虚无（当作‘而’）无形之谓道”。所谓“虚”是涵有“无藏”的意义，“虚”至于“无藏”，所以“无形”，这和道家思想“建之以常无有”、“以本为精……无藏也故有余”（《庄子·天下》），正相侔合。为求达到“虚而无形”这种根本的自然之道。那就必要能“静”。

什么是“静”？“静”是“动”之对。“动”必有其“动机”，惟能促使（人们）产生“动机”以至于“动”的，却是“欲望”，为了满足“欲望”的需求，那就必定要用“智”。“欲望”好似层出的流波，转逐无已，“智”的运用也随之无已。“欲望”本不是坏的，如果任其放纵，终至于“嗜欲充盈”的地步，那耳目之官，就不能够循理以洞见事物之真。因此，壅蔽了“心”的灵明之神。可是人性的弱点，就在于“好利”而“恶死”，致失却其心的主宰力量。由于“恶死”，而“以物乱官（耳目）、以官乱心”，所以可畏之以“可杀”；由于“好利”，所以可劫之以“不利”。惟其“怵乎好”“迫乎恶”，往往就会“动则失位”，终致不能透观事物的法则，所以极“乱”之方，惟赖在于“静”。而静因之道，却应从“弃智”和“能虚”两面同时着手。能虚则寡欲，那就无须以用智；去智则无求，那就无从以纵欲。才能扫除“心”的不洁。灵明之神才会安处于其间。

什么是因？人如果真能得虚静之道，就能“恬愉无为”。无为并非不为，只是在“去智与故（事的意思）”的情况下，凡所为纯出乎自然而已。其应接外界事物所持的态度，只是“感而后应”，而无先事用智的谋设；只是“缘理而动”，并无预期目的的求取。这就是“不言之言”、“无为之为”，也就是虚静之道，当处事接物时所发生的妙用。换言之，“因”之道是要“舍己而随物”的，舍己是不武断于执意的自用，随物是不求功于矫揉的“变化”，因为“自用则不虚，不虚则仵于物”；“变化则为（伪）生、为（伪）生则乱”。这种无损无益的“因”的道理，又是虚静之道，当处事接物时所发生的妙用。由此看来，静因之道，实是类近于道家所谓“无为之道”了。不过涵养这种方术，还得深察于事物的名理。“物固有形、形固有名”，“名”是圣人所以类纪万物的，所以应求其“当”，而应名实相契：“名不得过实，实不得延名”。“督言正名”，而后才可以不言以应物，这就是“因”的方术，也就是法家“循名责实”的政治思想的本源之所在。所以君人者果能涵养得有“静因之道”，那末“其处也、若无知；其应物也、若偶之（偶然如此的）”。这不正是君王南面无为而治的妙术吗？

2. 法的要理

道家的政治思想，循着“清虚自守，卑弱自持”的方式，期由超越知识，以达到无为政治的目的。法家也“不顾于虑、不谋于知”（《庄子·天下》），冀求一切都取决于“法”，以达到“名正法备、则圣人无事”的一种“无为政治”的境界。惟其如此，才是“尊君”；惟其“尊君”，人君才有至高而足够的权力，以策富国强兵和安国保民的策略。这种政治思想的精神，充分地可以从《管子·重令》“安国在乎尊君、尊君在乎行令、行令在乎严罚”这几句话表现出来。因此，人君实握有“立法制仪”的权力，遵由“循名责实”的途径，以谋政令的贯彻。而“赏罚信必”又是保障政令克以充分贯彻的力量。因此，人君要坚强地把握着刑赏的权柄。所以管子为政，主张“谨用其六柄——能杀人、能生人、能贵人、能贱人、能富人、能贫人”（并见《小匡》、《法法》二篇，参见《国语·齐语》）。事实上，所谓“六柄”，只是赏罚二柄而已（即如法家尚术的申不害、尚法的商鞅、尚势的慎到、以及集法家思想大成的韩非，也都是以赏罚二事为贯彻命令的必要手段）。如果这种权柄要是旁落于臣子之手，于是下情就很难上达，上情也很难下布，形成了政令上的“蔽、壅、牵、瑕（塞的意思）”的弊端。所以贯彻命令，不惟在信必“赏罚”，同时也在加重“赏罚”，而且更当“重罚”，也就是要“严刑罚”。它的措施手段，即在“毋赦”。由于“治民之本，莫要于令”，所以“亏令者死、益令者死、不行令者死、留令者死、不从令者死、五者死而毋赦、惟令是视”（《法法》）。举个譬喻：“赦”好似“奔马之委辔”，一放不可收拾；“毋赦”好似“痤雎（疽）之礦（砭）石”，针到即可除病。盱衡人们犯罪的根源；民无重罪，是由于所犯的过不大；民无大过，是由于人君的不赦。人君赦小过，人民就会不知警惕，日久积小过就成为大过，以致触犯重刑，招来重罪（语详《法法》）（当然这种“毋赦”的思想是指平时一般政令而言的）。似此理论，诚如所谓“明必死之路”了。惟其如此，人君才不致失威，因而也不致“失势”。举个譬喻：“国君”好似“车”，“势”好似“马”，“号令”好似“辔头”，“刑罚”好似“鞭策”，尧舜做御者，天下就会治，桀纣做御者，天下就会乱。由此，更可见重罚和处势的相关性和重要性了。管子虽主张“严刑罚”，却并主“省刑罚”。以为达到省刑目的之重要手段，在政令方面，应该注意到人民心理的基本因素。国君对于人民有三欲：一是“求”，二是“禁”，三是“令”，“求必欲达、禁必欲止、令必欲行、求多者，其得寡；禁多者，其止寡；令多者，其行寡”。在这种非常自然的心理情况之下，如果“求而不得、则威日损；禁而不止、则刑罚侮；令而不行，则下凌上”。事实上，没有“多求而多得”、“多禁而多止”、“多令而多行”的道理，所以说：“上苛则下不听”，在下的人不听政令，就加之以刑罚的强制力量，那么人君就成为谋求取代的对象，这样地，人君能够自免于倾危吗？因此，人君对于治国的三器——“号令”（令）“斧钺”（刑）和“禄赏”（赏），自应求其妥善的施为和运用了。于此，人君对于政令的施为，更当“以身先之”（本身率先遵行）。如果真能做到“禁胜于身”（本身绝不违法），就可以必其“令行于民”。人民之所以顺从其君上，并不是顺从其“口之所言”，而是顺从其“情之所好”的，人君既立法，而又不去率先躬行它，这不是等于“既立而还废”吗？更遑谈于其他了。问题就在：谁又能够保证人君之必能身为先行其令呢？所以明君知道“民之必以上为心”，于是“置法以自治，立仪以自正”。这是另为一套轨范人君毋违法禁的强制力量。问题又在：谁能监督人君之必能身行此等法仪呢？因此，人君果贤，就无用此等法仪来自正自治；人君如果不贤，其自所立置的法仪，也未必完善；即使完善，也未必果能身行，所以又不得不寄望于“明君”以济其事。这诚然是法治上一大难以解决的课题，这就是法家虽然独崇法治，而其实却不能遽脱于人治的原因之所在。这也难怪，“当代议制度未兴以前，非重君主权威，不足以图富强之计”（语见梁启超《管子传》）。谁又能多责管子之独张君权呢？！

3. 政治的设施

管子的政治思想，既是主于法家而旁通于道家和儒家。尤以其所谓“政者正也、正也者所以正定万物之命（名）”（《法法》）。这一点显明地和儒家“正名”的思想很相类近。不过在这里要特别加以说明的是：“圣人明正以治国……所以止过而逮不及”（《法法》）。因此，仁而不法，是为不及，自然伤正；如果刻而寡恩，是为过之，也足伤正。所以法的作用，在于“兴功惧暴”（《七臣七主》），“惧暴”是用赏罚的权威，冀求达到令行君尊的目的；“兴功”是以制度的树立，冀求达到富国利民的目标。当然“利民”的内涵是包含着“爱民”的实质的。大凡一般人的心理趋向：“爱之则亲、利之则至”（《版法解》）。因此，在政治上举凡富民、养民、教民、正民诸种措施，都是属于“爱民之道”的（语本《小匡》）。

正民要在“出令不改”。这不仅要顾虑到立法的恒常性，固不宜朝令而暮改；同时要注意到立法的确实性，也不容因私而变质。

至于教民则在“教训成俗”。教是化邪行于未萌，以见其潜在的功能；法是禁邪行于既发，以见其强制的力量。不过“教立化成”，却是奠基于“法立令行”之上的（语本《正世》）。这颇足以说明“以礼辅法”的法家思想的重心所在。如此，积久以行，就能形成国家之内的一种“经俗”，论其效果，凡是“犯俗离教者，众共奸之”（《君臣上》）。这是一种假力于社会制裁的方式，其力量似尤在于刑罚之上。至于教民的实施方式，又另有一种特异的专业教育。那就是毋使（士农工商）四民杂处（事详《小匡》，参见《国语 · 齐语》）。如此，四民的子弟自幼就各习其所习，各安其所安，不会见异思迁。因此，“其父兄之教，不肃而成；子弟之学，不劳而能”。这一种初由于政治力量所作的职业区域的划分，终极于家庭和社会的情境熏陶，就自然而然地达成了专业教育的目的。这是管子相齐所行的“定民之居、成民之事”的富强方策之一，究其源，却是以“参其国”“伍其鄙”之行政区划为基础。所谓“参其国”是“制国（都邑）以为二十一乡，商工之乡六（商、工各三），士农之乡十五，公（桓公）帅十一乡，高子帅五乡，国子帅五乡……制五家为轨，轨有长；十轨为里，里有司；四里为连，连有长；十连为乡，乡有良人；五乡一帅……”；所谓“伍其鄙”是“制五家为轨，轨有长；六轨为邑，邑有司；十邑为率，率有长；十率为乡，乡有良人；三乡为属，属有帅，五属五大夫……”。这种按（士农工商）四民所规划的都邑和郊野的行政建制，颇便利于政令的作为，而四民的专业教育，也就易于习成于其间。

至于养民则在于施行“九惠之教”（语本《史记正义》）——养老、慈幼、恤孤、养疾、问病、通穷、振困、合独、接绝等九目（详《入国》）。这些社会安全事业，都设置官吏来职掌其事。说起来这都是“利民以德”的措施，也就是“亲民之道”。在这里要特加说明的，就是“合独”和“接绝”。“接绝”是士民之死于公事和战事的，都得受祠祀的表彰；“合独”是由掌媒之官，来合和鳏寡，使成室家。于此，足见上之于民，其生、其养、其死，真是惠无不至了。如果真能假此为手段，自不难达到“天下亲之”之目的。

不过，这种纵的上下相亲的关系，可以扩及于横的家族之间，使能“相连以事，相及以禄”（《小匡》）。管子相齐所行的“作内政而寓军令”的旷古无俦的强兵方策，也就是建立于家族关系之上，才能表现其严密结合的政军组织的机能。霸者以力假仁，想得意于天下，自须整卒伍、修甲兵，如果公然以行，势必形成列国之间的军备竞争，以至于国力的对等，又如何能得以逞其志？管子作内政而寓军令就善在“事有所隐，政有所寓”，以达于整军强兵的目的。深究这种制度实是以“参其国”为蓝本，也是按轨、里、连、乡的建制，“五家为轨，五人为伍，轨长率之；十轨为里，故五十人为小戎，里有司率之；四里为连，故二百人为卒，连长率之；十连为乡，故二千人为旅，乡良人率之；五乡一帅，故万人为一军”（《小匡》）。三分齐国，以为三军。由桓公、高子和国子分别统率，春搜秋狝，名为田猎，实为治兵。而“卒伍之人、人与人相保，家与家相爱，少相居，长相游，祭祀相福，死丧相恤……居处相乐，行乐相和”（《小匡》)，所以不论夜战或昼战，闻声相识，不致乱阵，所以以守则固，以战则胜，管子相齐，就是由于有此劲旅三万，所以终能成其“九合诸侯、一匡天下”的伟业。于此也能见“公修公族、家修家族”所获致的士民团结力量了。

另有一种联保制度，也是以“家族”为本位，而有纵横两面的连带责任，其严密程度乃远过于周官大司徒五家联保的方式。不过其分国之制，却和“参其国”之制不同：“分国以为五乡，乡为之师；分乡以为五州，州为之长；分州以为十里，里为之尉，分里以为十游，游为之宗，十家为什，五家为伍，什伍皆有长(《立政》)”。这可能是一种行政区划上的设计，不过“家”是什伍的联组单元，其形式又和“五家为轨”有其相似之处。在这种分国之制中，里尉和闾有司居于联保考察的关键地位。里尉掌闾闬的筦钥，置闾有司，以按时开闭闾门，闾有司对里尉负责，凡是出入不时、衣服不中、成群结党而不顺于常的人，闾有司看到后都要随时向里尉报告，里尉就层向下级责查儆戒此类不良的事情，犯及三次，处罚不赦。相对地，什伍又层向上级报举孝弟忠信、贤良俊材的人。在“赏有功、不专与”“罚有罪、不独及”的原则下，什伍之间，有横的联保责任，上下之间有纵的连带责任。诸如由家属而连带及于家长；由家长连带及于什伍之长、由什伍之长连带及于游宗，由游宗连带及于里尉；由里尉连带及于州长；……(事详《立及》)。姑不论其制曾否实行于齐国，而此乃是一种非常周密的分层督导考核制度，也正是“相连以事，相及以禄”的另一种理想表现。

4. 经济的方策

治国之道，必先富民，民富则易治，民贫则难治（语本《治国》）。而且民富则国富，民贫则国贫，自国家而言，“非有积蓄、不可以用人、非有积财、无以劝下”（《事语》）；自人民而言，“仓廪实则知礼节、衣食足则知荣辱”（《牧民》），“民不足、令乃辱、民苦殃、令不行”（《版法》），这就是富民一事之大有关于为政的道理之所在。至于《管子》书中所载富国裕民的经济方策，可概从增产节用和均富利生两方面来加以考察：

先就齐国的地理环境而言，地瘠滨海，其增产生财之道，除辟地务农而外，又利赖于盐铁的国有。谷粟布帛是民生的必需，如欲其足，就必须辟土地和尽民力，不使有荒芜未垦的土地，不使有废于耕织的农民，所以《轻重甲》篇说：“一农不耕、民或为之饥；一女不织、民或为之寒”。加之，春秋时代由于都邑的发达，工商的勃兴，文饰技巧的诱惑，致使“稼穑之民少、商旅之民多、谷不足而货有余”（《汉书·食货志》）。这正是齐国当时社会的写照。所以管子相齐，以为文巧乃淫乱的根源，故必须禁；辟地乃积财的要图，故必当务。因为“末作（工、商）文巧禁则民无所游食、民无所游食则必事农、民事农则田垦、田垦则粟多、粟多则国富、国富则兵强”（《治国》），同时民有“经产”（恒产之义），也在于“畜长树艺、务时殖谷，力农垦草、禁止末事”（《重令》）。周代实行井田制度，一夫授田百亩，《乘马》篇曾说：“方六（‘六’当作‘八’）里、一乘之地”，“方一里、九夫之田”。正合于“方里为井、井九百亩、其中为公田、八家皆私百亩，同养公田”的说法（《孟子·滕文公上》）。由此而言，管子相齐时，似仍实行此制。至于田赋的轻重，视土地的美恶和岁收的丰凶而为定。其视岁收丰凶而定的赋率："上年什取三、中年什取二、下年什取一、岁饥不税"（《大匡》）；其视土地美恶而定的赋率："高田十石、间田五石、余皆属诸荒田"（《山权数》），这是把土地区分为上、中、下三等，以为征赋的标准，也就是所谓的"相壤定籍"（语见《乘马数》）（《国语·齐语》则谓"相地而衰征"）。由此可见管子并不是主张"无税"，而是因时量力，取于民有度的作法（语本《山至数》）。同时把赋税分为"征籍"和"租籍"两种。"租籍"是人君之所宜得，"征籍"则是人君之所强求的（语本《轻重乙》）。所谓"征籍"是籍于"室庑"、"六畜"、"人口"等等，非必出于所宜得，所以应加慎审而不能并用的。从这里可以看出管子相齐所行的农业政策的概貌。盐和谷粟一般，也是民生日食之所必需，不过谷粟待农民力作，种植耕耘，劳苦至甚，如果再课以重赋，于是民力疲惫而生怨心。所以《管子》的《国蓄》、《海王》、《轻重甲》诸篇，凡是须待人民劳力种作的品物，都不主张重课赋税。只是盐铁之利，出于天然的资源，尤以制盐一事，虽然也是冒着风日的劳苦，却无旱潦的忧患。产量既富，课税又轻；铁储于山，也是天然的财富，都应利归国有。管子所谓的"官山海"（"官"读为"管"，即主领之义），易言之，就是实行盐铁国有政策。这样可以省却征籍的烦苛。更易致国家于富强之境。就盐税而言，盐百升为一釜。假令每升加税半分钱，一釜就得五十钱；如果每升加税二钱，一釜得二百钱，一锺得二千钱，十锺得二万钱……千锺得二百万钱，试为计算，万乘之国，其国人每天食盐假定为千锺，国家每天就多得盐税二百万钱，一月多得六千万钱。假定万乘之国人口百万，每人每月课收口赋三十钱，每月仅得三千万钱，现在不征口赋，仅少加盐税，人人无从逃避，就多得两倍的税收，假使人君发布命令，要把这项税收转课口赋的话，人民必定会难以承受地喧嚣起来；同样地，制铁为器，命令规定一女必有一针一刀；耕者必有一耒、一耜、一铫、手挽的小车——服輂马驾的大车——轺輂，每车都必备有一斤、一锯、一锥、一凿。假令每针加税一钱、三十针就抵得一人的口赋，每刀加税六钱，五刀也抵得一人的口赋，每耜铁加税十钱、三耜铁也抵得一人的口赋（事详《海王》）。这种间接税的征收，对于国家的财政，极为有利，尤以盐税收入为大，不过铁税课于耕织之器用和原料，又无异是增加农民的负担了。从这里可以看出管子相齐所行的盐铁政策的概貌。如此，政府于农耕，则务在生产的促进，且征赋不重，大为有利于民生；而于盐铁，则由于收归国有，易为生产、分配和消费的调节措施，课税虽轻，府库的财源却不虞匮乏而渐于充盈；这正是财经政策之密切配合所获致的果效。至于在用度方面，则以崇俭为节式："明君制宗庙、足以设宾祀、不求其美；为官室台榭、足以避燥湿寒暑、不求其大；为雕纹刻镂、足以辨贵贱、不求其观"（《法法》）。凡是耽乐沉湎于玩好，文绣、奇珍的，都足以造成饥寒贫弱的灾难（语本《五辅》）。

次就齐国社会环境而言，管子相齐，"通工商、利渔盐"，天然的资源和农工的物产，初时必待商贾以流通其有无而为财货的分配。可是商贾之中有以同等的赀财作同样的业事，而智者能收其利，愚者却难守其本，以致财富的兼并而有富商蓄贾为市场的垄断。同时在古代农业的国度里，五谷是主要的财货，岁有凶丰，谷有贵贱，商贾就乘伺其弊，屯藏谷物，是使贫者失其财而愈贫，农夫失其谷而愈困，形成贫富的不齐。"富则不可禄使、贫则不可罚威”(《国蓄》)，人君如果不能散积聚、补不足，而为均富利生的措施——把富商蓄贾兼并的财利作合理的社会分配，即使务农以为强本的图谋，铸币以握交易的权衡，仍是难为于治道的。论其调和均富的方策，只是“视物之轻重而御之以准”而已(《国蓄》)(准同准，“万物取平焉谓之准”，释见林公铎先生《政理古微制法篇》)。不过准平的建立，必以货币为依据，古代珠玉为上币，黄金为中币，刀布为下币，如果善为调节这些通货，以均衡谷粟的价格，于是民力可尽。所以说：“君有山，山有金以立币，以币准谷而授禄”，“人君操谷币金衡、而天下可定”(《山至数》)。这些都赖在于政令的力量，而为权衡“轻重”之术。“轻重”就是“价格多少之谓”。也就是说：“贵者重，贱者轻”。说起来，品物贵贱轻重的自然法则是：“多则贱，寡则贵，散则轻，聚则重”(《国蓄》)。物由于寡，所以人们都竞为藏而聚之；由于多，所以人们都争相发而散之；寡就不足，所以贵以重；多就有余，所以贱以轻。这实在是供求的定律。如果“民重而君重、重而不能轻；民轻而君轻、轻而不能重”(《揆度》)，这不是通达于“轻重”之数的，真是所谓“失筴”而“失权”了。相反地，那些善为天下的：“民重则君轻，民轻则君重”(同上)。这才是合于裁有余而补不足的道理。由于五谷是主要的财货，所以五谷和他物在价格上，成反比例：“谷贵则万物必贱，谷贱则万物必贵”(《国蓄》)。两者本不相平，为政者只要运用货币来调平谷价，其他物价自必也随之而自为高下的调平于其间了。易言之，轻重准平之法，多用谷币相准，以为权衡调平的方策。这是深合于“以重射轻、以贱泄平”的原则的。所以“万室之都、必有万锺之藏、岁镪千万、千室之都、必有千锺之藏、岁镪百万”(《国蓄》)。每岁储藏农作谷粟十分之三，十年就有三年的积余。公室预储谷物的施为，是当岁丰，人民于谷米（布帛）有余而价贱（轻）时，人君就予以收购；当岁凶，人民于谷米（布帛）不足而价贵（重）时，人君就予以出售。自然就可以权轻重之利，遇有凶岁，民食得济，同时商贾的豪夺，也就无从发生。其后李悝治魏，视年丰杀所行的平籴之法，以及汉代所行的常平仓之法，都出于此。其实施大略可别为“以币准谷”和“以谷准币”两种方法；“以币准谷”就是《山国轨》所说的“调立环乘之币（环乘，即流通之义）”。这须调查其地田亩、人口以及其衣食丰余和不足的情形，然后设置“公币”，高田有余的，配予“公币”的数额多，山田、间田不足的，配予“公币”的数量少。丰年五谷丰登，按市价将所寄“公币”折合谷物，还谷十分之七，还币十分之三，这时的情形“谷为上、币为下”。以其盈余补助山田间田的不足；“以谷准币”，除用谷支付预定的国用布帛以外，并令富有的“大家（赀家）”完全用币来缴付公务上的征收，币额不足，必须假币，就用谷物按照币的（增高）时值，折合付偿，这时的情形“谷为下、币为上”。“公币”每岁历此循环之轨，复归官府。

另一种“以币准谷”的方法，是《山至数》篇所说的“币乘马之数（乘马亦流通之义）”。这是按井田分划之方六（八）里为一区域单元而施行的。其准备工作，先须调查统计：“田之美恶若干、谷之多寡若干、谷之贵贱若干、凡方六（八）里用币若干……”。然后，“士受资以币，大夫受邑以币，人马受食以币”。也形成“一国之谷资在上（与‘谷在上’义同）、币资在下（与‘币在下’义同）”的情形，这和上面所举的“调立环乘之币”，实为一体的二用。如此，民力因素和货币用度，也是非常易于控制的。此外依据于“物轻则见泄，重则见射”的原则（语见《乘马数》）（和《国蓄》篇所说的“以重射轻、以贱泄平”义略相同），以与其他与国作经济贸易，本国应充分地掌有谷米实物，使“谷重于吾国，轻于天下”（《揆度》），那末天下诸侯的谷物就会流通集聚于本国，牢牢地把握住：“天下下，我高；天下轻、我重”的最高方针（《轻重乙》），就可以用经济的力量控制天下诸侯，尤胜于使用军事的力量。

总之，管子轻重之法，以平准为依归，其所为增产节用和均富利生的诸种方策，在《管子·轻重》诸篇中可见其经济思想和政策所措施于内政和外交的大要。不过与国相交，各谋其利，修明内政，富国裕民，乃是防备外患的无上方策。

三、结语

古语说："知道者必达于理、达于理者必明于权（即今语'通权'之意）"（《庄子·秋水》）。管子的成就，可以说是由于他能"达理明权"。从他的行身方面来看，不死子纠之难、忍受幽囚之辱、还事中人之主、在在都是明于"权"的表现；从他的思想方面来看，知予之为取、为爱民之政、调轻重之衡、也在在都是明于"权"的表现。因此，而能相齐致霸，可是"九合诸侯"，却"不以兵车"，也足见其"胜一而服百"的军事策略于一斑。这就难怪孔子许其仁、诸葛（亮）慕其才了。

参考书目

《管子》（中都四子本），唐房玄龄注。

《管子》，宋杨忱本。

《管子榷》，明朱长春撰。

《管子辑评》，明凌汝亨辑评，台北，台湾中华书局影印本。

《管子补注》，明刘绩补注。

《管子校正》，清戴望校正。

《点勘管子读本》，清吴汝纶点勘。

《管子学》，清张佩纶撰，台北，台湾商务印书馆影印本。

老子

余培林　著

目　录

一、老子其人

在中国历代的思想家中，老子该是最具传奇性的人物了。有人说他活了一两百岁，是道教的宗祖；有人说他离世避俗，是隐者的典范；也有人说他擅于巧术变诈，是个大阴谋家。其实，老子并非如此神秘莫测，后人所以会造成种种传闻，一方面是由于《老子》书的玄妙幽深；另一方面，则是由于老子的生平事迹，典籍所载不多，而所记载的，也尚有很多疑惑。关于《老子》书的高邈难知，留待下面再说，我们先看看老子的生平事迹。

先秦典籍中，提到老子的，有《庄子》、《荀子》、《韩非子》、《战国策》、《吕氏春秋》、《礼记》等书。但数据不全，有的仅仅记载一两句话，或一两件事，最多，也不过多记几件事，多载几句话罢了。一直到司马迁作《史记》，才有较完整的叙述。因此，想了解老子这个人，不能不读《史记》。

依据《史记·老子传》的记载：老子姓李，名耳，字聃。是楚国苦县厉乡曲仁里人。做周守藏室的史官，相当于现在的国立图书馆馆长。孔子到周去，曾向他请教礼，他告诉孔子说："一个高明的商人，深藏财货，表面上看来似乎空无所有；一个盛德的君子，谦下退让，表面上看来好像愚鲁笨拙。你要去掉你的骄气和欲望、矜态和贪心，因为这些对你都没有益处。”老子修明道德，他的学说以自隐无名为归趋。他在周待了很久，看到周日渐衰弱，于是就离开了周。到了关口，关尹名喜的怕老子的思想失传，就请他勉为其难的把它写出来。老子就写了一本书，分上下两篇，说明道、德的意义，总共有五千多字。老子出关以后，就失去了踪迹，没有人知道他的下落。有人说老子活了一百六十多岁，也有人说他活了两百多岁，这是因为他修道而善于养生的关系。

《史记》的这段记载，值得怀疑的相当多。就以姓来说，《史记》说老子姓李；但春秋时并没有“李”这个姓，而先秦诸子都以姓称，如孟子、荀子、庄子、管子等是，老子如姓李，何以不称“李子”？再如与孔子相会一事，除《史记·老子传》外，《史记·孔子世家》、《礼记》、《庄子》也都有记载；《庄子》且明言孔子于五十一岁见老子，《礼记》并载老、孔相会，助葬于巷党，天有日食之象。但据后人考证，孔子五十一岁，正做鲁国的中都宰，无暇会老子，而且这一年也没有日食。如此说来，老、孔相会一事，也就颇有问题了。其他如籍贯、年寿、出关后的行踪等，无不有问题存在。后人为研究、辩论这些问题，所写的文字，何止百万？可是始终没有得到一个正确的结论。由此看来，《史记·老子列传》虽然“迷离惝恍”，但要了解老子的生平事迹，还得要读它，并且以它为根据，因为它毕竟是一篇对老子最早也是最完整的记载啊！

二、《老子》其书

《老子》书又称《道德经》，这是取上篇第一句“道可道”，下篇第一句“上德不德”，“道”“德”二字而以为名。“经”本是儒家典籍的专用词，其他各家的书，最多也只是称为“子”而已，《老子》就是一直被称为子的。到了汉代，崇尚黄老之术，景帝觉得《老子》义理很深，于是改“子”为“经”，这是《老子》称“经”的开始。后来，扬雄《蜀王本纪》说：“老子为关尹喜著《道德经》。”《道德经》的名称便正式确立。为了叙述方便起见，兹分作者、成书时代、篇章字数、及其他四项来介绍这本书。

1. 作者

《史记·老子传》说老子著书上下篇五千余言，叙述道、德的意义，这和现行的《老子》完全符合。因此，《道德经》的作者是老子，该是没问题的；但却有很多人不相信司马迁的说法；有的人以为是杨朱之徒所伪托，有的人以为是出自庄子门徒之手，也有人以为是吕不韦门下所纂辑，更有人以为是汉人所掇拾编集而成。纷论不休，莫衷一是。但自长沙马王堆汉墓帛书

《老子》出现以后，我们知道汉初已有《老子》的手抄本，汉人编集之说，不攻自破。《吕氏春秋·不二》说：“老聃贵柔”，这又否定了吕不韦门下所纂辑之说，因为“贵柔”正是《道德经》的旨趣，它应该是老子的作品。《庄子》中引《老子》的话不知有多少，即使内七篇中也常引用，如说《老子》成于庄子门徒之手，似乎不合事实。至于出自杨朱之徒云云，完全是臆测之辞，并无所据，不足一辩。反之，我们看《荀子·天论》说：“《老子》有见于诎，无见于信。”（诎，屈；信，伸。）《吕氏春秋》评老子“贵柔”，都和今本《老子》旨趣一致。由此足证《道德经》为老子所著。《史记》所载是值得采信的。

2. 成书时代

《道德经》虽为老子所著，但其成书却不是出自老子之手；因为那时候印刷术尚未发明，纸笔的应用也不方便，著述风气不像现在之盛，就算有意立说，也未必能自已把它整理成书。成书大部分借助于后人，就像《论语》、《墨子》二书，所记载的虽是孔子、墨子的话，书却成于弟子之手，所以全书都是“子曰”、“子墨子曰”。《老子》一书也相同，所载的虽是老子的话，但其成书却在后人手里，只是书中缺少“老子曰”的字样罢了。

《老子》成书于何时，可从先秦典籍中引用《老子》的文字得到消息。先秦典籍中，引用《老子》文字最早的是《庄子》。庄子卒于公元前二八六年，是则《老子》成书当在公元前二八六年之前。又《战国策·魏策》载魏惠王的话说：故老子曰：“圣人不积，既以为人，己愈有；既以与人，己愈多。”这正是今本《老子》第八十一章的话。而魏惠王在位期间从公元前三七二年到公元前三三四年。由此看来，《道德经》在公元前三三四年以前就已经很流行了，其成书当不致晚于此年。

当然，《老子》书中也有后人加入的文字，也有注文误入的部分；不过，我们不能因此就怀疑它的作者及其成书时代；就好像我们不能因为《史记·司马相如传》中有扬雄的话，就对司马迁和《史记》成书年代感到怀疑一样。

3. 篇章字数

《史记》说老子“著书上下篇”，若以《道德经》的名称来看，则上下篇恰好是《道经》、《德经》两部分。所以现行的王弼注及河上公注《老子》，都分为上下篇，这本是无可置疑的。但是却有人以为唐玄宗注《老子》时，才把言道的集为上卷，言德的集为下卷，而分为《道经》、《德经》两篇；面对那么多的事实，这一说法是的确难以成立的。

《老子》的分章有三种；一是分八十一章，一是分七十二章，另一是分六十八章。现在通行的王弼本和河上公本，都分为八十一章。汉严遵《道德指归论》则分为七十二章，但严书是伪作，不足为据。元吴澄又分为六十八章。现在大体上都以八十一章为准。但马王堆汉墓中所发现的两种帛书《老子》都不分章，而这两种写本都成于汉初，比现行的任何注本都早。我们再看《论语》、《孟子》、《庄子》、《墨子》等先秦典籍，也只分篇，不分章。由此看来，帛书《老子》的不分章，应该是《老子》一书的本来面目。后人为了授读方便，于上下篇之外，又分为若干章，一直流传到今天。至于河上公本在每一章之前又另立标题，如《体道》第一、《养身》第二等，则又是后人所妄加，离《老子》的原貌那就更远了。

至于《老子》全书的字数，司马迁说有“五千余言”，和现行的《老子》吻合。我们常说“五千言”或“五千文”，是取其成数而言。不过另外有一种叫《五千文》的，不多不少刚好五千字，是后汉张陵（一说张鲁）所伪撰，有想尔注，是道教的经典，和《道德经》是两回事，不能混为一谈。帛书《老子》刚出土的时候，盛传有一万余言，现在我们晓得，这完全是传说，实际上帛书《老子》的文字，和现行的《老子》差异并不很大，只是通假字多一点而已。

4. 其他

注解《老子》的，以韩非最早。《韩非子》里有《解志》、《喻老》二篇，是注解《老子》最早的作品。不过这两篇所注解的，只有十几章，每章也只注解几句，并且大都是以法家的立场去解释的，尤其《喻老》篇，离老子的旨意更远。所以，对了解老子思想，并没有多大的帮助。注解《老子》全文最早的，是汉文帝时候的河上公。原注本已失传，现行的河上公注本，义既肤浅，又杂有道教养身练气的说法，显然出于后人所伪作。现在所能看到的最早注本，当推王弼注。王弼是魏人，注《老子》时，只有二十几岁；但他的注解，却“妙得虚无之旨”，后来注解《老子》的不知道有多少，都没有一个人能超得过他，所以，他的注本是研究《老子》的人所必读的。

汉代以后，注解《老子》的书，有近三百种；原注散失，仅存书目的，也有近三百种；若把有关的论述一齐列入，则有一千多种。此外尚有译本。唐玄宗时，玄奘曾把它译成梵文，近代更有英、法、德、意、俄、荷等文的译本，并且每种文字的译本，都有很多种。曾有人统计，世界十大著作，《老子》居其第一位。由此看来，它不仅是中国的宝典，也是世界的宝典。

三、老子哲学

先秦诸子是我国思想哲理的精蕴所在，直接承继了经典的极旨，尤以儒道墨法四家，最为人所尊崇。然而，后代学儒墨法的人，却往往流于肤浅轻浮，致使圣道渐失，迂腐拘泥之流，比比皆是。而反观道家之徒，虽有人误入歧途，终日自隐不和凡俗为伍；但却很少有人趋于浇薄，流于肤浅，与儒墨法之徒一般。很显然地，其中必有根本不同的原因；而这根本的不同，就形成了道家思想的特色。

原来，儒道墨法的学说，虽都以解决人生、政治问题为宗旨，而儒墨法三家，却以人生论、政治论为其主要思想，后人才智不及，取法乎中而仅得乎其下，难怪要流于浅薄了。道家思想则不然，它不以人生论、政治论为思想的重心，而归本于宇宙论；在老庄诸人看来，人生论、政治论只是枝叶而已，其根本还在于宇宙论。唯其取法乎上，所以后人虽仅得乎其中，也不致趋于轻浮。而老子，是道家的开山祖，其思想开始于政治论，扩展于人生论，而完成于宇宙论。然后，再从宇宙论伸展到人生论，从人生论伸展到政治论。因此，我们要研究老子哲学，固须从全面去了解，而尤应注意于宇宙论；否则，若仅在人生论、政治论上转圈，恐怕要比儒墨法的末流更肤浅了。

1. 宇宙论

所谓宇宙论，就是说明宇宙的本源、生成、变化、终极的学问，但这不能和科学的宇宙探讨相并而论。科学的探讨，着重于实存物质的证验；而哲学的宇宙论，则以建立人生政治思想的根基为主。它是不能依物质状况去衡量的，须从精神生命去体会。

·宇宙的本源

宇宙论是整个老子哲学的基础，而宇宙的本源说，则是宇宙论的中心。因此，整个老子的哲学，可以说完全在这个本源论里面。把这点掌握住以后，老子的哲学就可以很容易了解了。

关于宇宙的本源，西方的哲人往往用水、火、风、数、原子等物质来说明；但这太落实了，往往不能涵盖万物，贯穿所有的问题。老子以无上的智慧，是不会用这些浅显的东西来作为宇宙的本源的。他认为宇宙的本源是什么呢？《老子》二十五章说：

有一个混然而成的东西，在天地还没创生之前就形成了。它既无声音，也无形体；但却独立于万物之上而恒久不变，运行于宇宙之中而永不止息。它创造天地万物，可以说是天地万物的根源。我不知道它的名字，姑且叫它做“道”。

三十四章说：

大道流行，无远弗届，无所不至。万物都靠着它而生长，它却不加以干预；它成就了万物，却不居其功；养育万物，却不主宰万物。

这个“道”，就是宇宙的本源，是天地万物所以生的总原理。老子曾说：“道体空虚，好像是万物的本源。我不知道它是从哪里产生的，似乎在有天帝之前就有了它。”（四章）庄子也曾说：“道自己就是自己的本，自己的根。未有天地之前，它就存在着。它生出了鬼神和上帝，生出了上天和大地。”（《大宗师》）道既是宇宙的本源，是天地万物所以生的总原理，当然和天地万物不同。天地万物是事物，可称之为“有”；道不是事物，只可称为“无”。但道能创生天地万物，所以又可以称为“有”。所以老子说：

无，是天地形成的本始，有，是万物创生的根源。无和有名称虽然不同，却都来自于道。（一章）

道兼“有”“无”，“无”为道体，“有”为道用。“无”的层次，要较“有”为高。老子自己也曾说过：“天下万物生于有，有生于无。”（四十章）

“无”就是道，不过这个“无”，乃是对具体事物的“有”而言，并不是等于零。道是天地万物所以生的总原理，怎么能等于零呢？道既不是实体，又不是空无所有，那么它是一个怎样的状态呢？老子说它是“没有形状的形状，没有物象的形象。”（十四章）王弼注说：“要说它没有，而万物由它创生；要说它有，又看不到它的形状。”就是这个意思。其实，道只不过超乎现象界而已，它不是我们的感官所能捉摸认识的，所以“视之不见”，“听之不闻”，“抟之不得”（十四章）。它是一种“惟恍惟惚”的存在状态，二十五章所谓的“有物混成”，也就是指道体的浑融状态。它既超越时间，也超越空间。兹详述于下：

（一）就时间而言：一般实体，难免要受时间的限制，而有先后久暂、寿夭生死的现象。老子的道却不然，它无始无终，不生不死，先乎天下万物而又久于天下万物。所以《庄子·大宗师》说它“先于天地存在而不算久，长于上古而不算老”，因为它是超越时间而存在的。就这点而言，它又有两种特性：

（1）先在性——这是指道先于天下万物而言。老子说：

有一个混然而成的东西，在天地还没有创生之前就形成了。（二十五章）

我不知道它是从哪里产生的，似乎在天帝之前就有了它。（四章）

所谓“在天地还没有创生之前就形成了”、“似乎在天帝之前就有了它”，就是指道的先在性。由于它有先在性，所以它是一切果的因，而且自己不为其他因的果，所以说：“我不知道它是从哪里产生的”。其实，它就是万物之母，又有什么东西可以为其母呢？若有，那它就不是天地的根本了。

（2）常在性——这是指道久于天下万物而言。因为道虽然在宇宙未形成之前就已经存在，而且致力于万物的创生；但道却不因而穷竭消失。它有无极的蕴涵，所以可以“恒久不变”、“永不止息”（二十五章）、“永存不绝”、“无穷无尽”（六章），达于永远。即使宇宙破灭了，它仍兀然独存。所以老子说：“虚无神妙的道，是永恒而不穷竭的。”（六章）又说：“从古至今，道一直存在着。”（二十一章）这都是在说道的常在性。

（二）就空间而言：道并不像天下万物那样，受制于空间，而有一定的体积，有大小广狭的现象。它完全超越了空间。看不到它存在，却又不能说它不存在。所以《庄子·大宗师》说它“在太极之上而不算高，在六极之下而不算深”。这就是道体的浑然圆融。就这点而言，它也具有两种特性：

(1) 自在性——道体是万物的根源，那么在万物未创生之前，它又是什么状态呢？是不是就消失不存在了？《老子》二十五章说它“既无声音，也无形体，但却独立于万物之上而恒久不变”。这应该是最好的解释。

原来“道”的存在，虽然不是感官所能察觉的实体，却也不是空无一物。它是一种恍惚的状态，创生万物时固然会显现出其妙用，不创生万物时，还是块然自立，不稍变易。统括万物而不因万物的有无乱其规律，这就是道超越空间的自在性。

(2) 遍在性——道虽独立不改，浑然自厚，可是创生万物之后，万物却都能得到道的全性，只是这个全性是否显现，则依万物自身而定，道决不会厚于彼薄于此的，这就是道的遍在性。它无孔而不入，无小而不居，无远而不届，无深而不及。所以老子说：“大道氾兮，其可左右。”（三十四章）意思就是说：大道流行，无远弗届，无所不至。

更值得玩味的是道虽然创生万物，使万物各得其全性，它本身却丝毫不损，完好如初。所谓道的“自在性”，这也是重要的一层，不可忽略。

道，是一种超乎实有的形上存在，不能依知觉去证验，所以老子说：“可以称说的道，就不是常道。”（一章）我们虽很不得已的把它给解析一番，也难以明白地说出它究竟是什么。真正的体认，还在于个人的心觉。只要能体会“混成”“恍惚”两个词意趣，明了其超越时空的特色，那么想了解道体，就不是一件很困难的事了。

·宇宙的生成

道是宇宙的本源，这本源指的是道的“体”，至于道如何创生万物，以及万物创生后的变化，则是指道的“用”。就是因为道体有它的用，才能使宇宙形成，而道体的存在，也才有意义；否则，道体的存在还有什么意义呢？因此，体认了道体之后，对于道用的创生万物，还须作个了解，才能深明老子哲学的基础。兹分生成过程与生成原则两点来说明。

（一）生成过程：老子说：

道生一，一生二，二生三，三生万物。（四十二章）

“一”“二”“三”虽不能确定是什么；但很明显的，这段文字该是指道创生万物的过程。这个过程，开始于道的运动，渐渐地，由“无状之状，无物之象”的道，显现出“有状之状，有物之象”的万物；由恍惚浑沌的境界形态，创生出清晰明确的实有形体，终至于宇宙的形成。所谓“天下万物生于有，有生于无。”（四十章）正说明了整个生成过程的大要。

老子又说：

朴散则为器。（二十八章）

“朴”，司马光解释为“道之质”，实际上就是指道。“器”指万物。这句话也是指道生成万物而言。不过这种“生成”，不同于一般的母子关系。子体在离开母体之后，就成了另一完全独立的个体。道在创生万物之后，虽仍然独立不改，却也与万物同体，内存于万物，衣养服育着万物，而成为“德”。所以老子说：

道创生万物，德含有万物，培育万物，长成万物，爱护万物。（五十一章）

由此可知，道是德的本体，德是道的作用。道和德只有体与用的分别，没有本质上的差异。德是道显现于万物者；也就是说，万物得之于道的便是德。所以万物在创生之后，仍秉有道的全性。

老子又说：

天下有始，以为天下母。既得其母，以知其子；既知其子，复守其母。（五十二章）

这不但说明了道生万物，同时也说明了万物必须持续着道所赋予的常性，显现道心；不然，若如同一般母子关系，母子完全隔离，万物也抛弃了道性，那将是离了“朴”的“器”，想求“终身都不危险”（五十二章），那就大有问题了。

（二）生成原则：道虽生化万物，覆育万物，却无丝毫私心要主宰他们，占有他们，而完全是自然而然，无心而成化。所以老子说：

大道汜兮，其可左右。万物恃之而生而不辞，功成而不有，衣养万物而不为主。（三十四章）

又说：

道生之，德畜之，物形之，势成之。是以万物莫不尊道而贵德。道之尊，德之贵，夫莫之命而常自然。故道生之，德畜之、长之、育之、亭之、毒之、养之、覆之。生而不有，为而不恃，长而不宰。（五十一章）

这意思是说道和德生长万物，畜养万物，既不占有他们，也不干涉他们，更不自居生养覆育的功劳，完全因任自然，亦即所谓“莫之命而常自然”。正因为“莫之命而常自然”，所以才能受到万物的推崇、尊敬。因此，“自然”二字，就是道创生万物的原则。

老子说：

道法自然。（二十五章）

所谓“自然”，就是自然而然，无心自化，并不是在道之上还有一个叫作“自然”的东西，而为道所遵从效法。唯其一切都顺乎自然，毫无期图，所以万物才能遂其所生，而道才能尽其生化万物之功。这就是所谓：

道常无为，而无不为。（三十七章）

反之，道若有所期图，有所作为，反而破坏了万物的平衡和谐，那是戕害万物，那里谈得到生化呢？试看：

飘风不终朝，骤雨不终日。（二十三章）

飘风、骤雨，是天地反常不因“自然”的现象。天地不因“自然”，都不能维持常久，何况是创生宇宙万物的道呢？

·宇宙的变化

道不但创生万物，而且衣养万物；但这种创生，这种衣养，完全顺乎自然，丝毫没有自私或勉强的意味。万物生成长立与否，端在乎能否自展道性。因此，就物来说，便必须法道、从道。所以老子说：

万物莫不尊道而贵德。（五十一章）

人法地，地法天，天法道。（二十五章）

孔德之容，惟道是从。（二十一章）

所谓“法道”、“从道”，并非万物的意愿，而是不得不然。因为宇宙万物根本就是为道所生、养、覆、育，所以不能离开道而自由演变。其实，道生、养、覆、育万物，万物法道，从道，根本就是一件事的两面，只是立场不同，说辞各异而已。

道既是宇宙万物生成的本源，同时又是宇宙万物变化的法则，这个变化的法则，就是老子所说的：

反者道之动。（四十章）

“反”是大道运行的规律，当然也是宇宙万物变化的法则。“反”字的意义有三：(一) 相反相成，(二) 反向而行，(三) 循环反复。试分别说明于下：

(一) 相反相成：老子以为道体自身独立超然，宇宙一切现象，都是由相反对立的形态所构成。有美就不能无丑，有善就不能无恶，所以他说：

天下人都知道美，丑的观念相对而产生；天下人都知道善，不善的观念相对而产生。（二章）

《道德经》的相对词特别多，今列举如下：

有—无　美—恶　长—短　高—下　难—易　前—后　虚—实　强—弱

外—内　开—阖　去—取　宠—辱　得—失　浊—清　敝—新　唯—阿

昭—昏　察—闷　全—曲　直—枉　多—少　大—小　轻—重　躁—静

雄—雌　行—随　歔—吹　白—黑　吉—凶　张—歙　兴—废　与—夺

刚—柔　厚—薄　贵—贱　进—退　阴—阳　损—益　寒—热　生—死

亲—疏　利—害　祸—福　正—奇　善—夭　智—愚　牝—牡

宇宙万物固然相反对立，但也相辅相成，所以老子曾说：

有无相生，难易相成，长短相形，高下相倾，音声相和，前后相随。（二章）

善人者，不善人之师；不善人者，善人之资。（三十七章）

善人是不善人的老师，不善人是善人的借镜，这不正是相反相成吗？以猫和鼠为例，猫的价值在捕鼠，假使世界上的鼠都死光了，猫也就失去牠的价值了。所谓“狡兔死，走狗烹；飞鸟尽，良弓藏。”正是相反相成的另一说法。

（二）反向而行：所谓反向而行，也就是相对作用的意思。王弼说：“高以下为基，贵以贱为本，有以无为用。”已把这个意思诠释得很清楚。我们现在再引老子自己的话来说明。老子说：

曲则全，枉则直。洼则盈，敝则新。（二十二章）

曲、枉、洼、敝是人人都讨厌的，但老子却认为全、直、盈、新，就在其中，只是这个道理一般人不知道罢了。所以他说：

后其身而身先，外其身而身存。（七章）

这两句话的意思是说：谦让退后，反而能得到推戴；舍己为人，反而能身受其益。这和儒家的“满招损，谦受益”，是同一个道理。因此，老子要人守柔，居下，要人无知，抱朴，要人居于反面，因为反面正是到达正面的快捷方式。一般人都喜欢追求美的，好的，正面的，结果反而适得其反。所以老子说：

清明的道好像很暗昧，前进的道好像后退，平坦的道好像很崎岖。（四十一章）

愈帮助人，自己愈充足；愈给与人，自己愈富有。（八十一章）

将要收缩他，必先使他扩张；将要削弱他，必先使他坚强；将要废弃他，必先兴举他；将要夺取他，必先给与他。（三十六章）

明了这个道理，就知道老子为什么要说“弱者道之用”；而老子的哲学，为什么被人家称为“弱道哲学”了。

（三）循环反复：“相反相成”、“反向运动”，固然是宇宙万物变化的法则，但这个法则的极致，还在于“循环反复”。因为道体的运动，就是反复不已的。老子说：

有一个混然而成的东西，在天地还没有创生之前就已经形成了。……我不知道它的名字，而把它叫做道。勉强描述它的形状，可说广大无边，广大无边则流行不止，流行不止则传布久远，传布到极点则又反回原状。（二十五章）

正因为道周流不息，回运不已，才能成就绵延不尽的生命，才能成为万物依循的常轨。宇宙万物由道所创生，最后还是要返回他们的本源——道。这就好像是花叶由根而生，最后复归于根；浪涛由水而成，最后复归于水。老子说：

致虚极，守敬笃。万物并作，吾以观复。夫物芸芸，各复归其根。归根曰静，是谓复命。复命曰常。（十六章）

道的本体虚无寂静，万物出而生动，入而寂静。所以万物归根，就是归于寂静。道生万物，是由无而有；复归于道，是有归于无。所以“归根”也可以说是万物复于本性。而这种归根复命的活动，正是道体运行的常轨，也正是万物共同遵守的法则。所以说：“归根曰静，是谓复命，复命曰常。”

循环反复既然是一种自然律，是万物共同遵守的法则，人世间的一切，自然也不能例外。所以老子说：

祸兮福之所倚，福兮祸之所伏。（五十八章）

正复为奇，善复为夭。（五十八章）

儒家所谓“剥极必复”、“否极泰来”，与此是同样的道理。这是宇宙的奥秘，但也是不变的常轨。

2. 人生哲学

前面我们说过，万物皆须循道而运动，人是万物之一，当然也要法道而行了。因此，整个老子的人生哲学，实是宇宙论的展现。若把它归结起来，也只有“自然无为”一句话。照着这句话做去，人们自可与道合一，与自然和谐，而了无凶灾。其中，又可分为几个较具体的法则。

·归真返朴

所谓“归真返朴”，也就是守道抱德的意思。因为人既创生之后，虽得道的全性而有真全之德，却往往为外在的事物所蒙蔽，而离道去德，遗朴失真，汲汲于枝节末道，竟至混乱社会，扰动世俗，这不是人生的歧途吗？老子深为此悲哀，遂力主返朴守真之说。要人守住内在的诚真，不受外在世俗的纷扰，以求社会的安和。所以说：

既知其子，复守其母。（五十二章）

所谓“守母”，便是守道抱德。人能如此，则与道混通为一，心归朴素，言行举止，也将迥异常人。不见其智，不知其德，宛若乡人的愚昧戆直。唯有修养至此，人才可永保全真，永得幸福。《老子》书中有关此类的话很多。如：

俗人昭昭，我独昏昏；俗人察察，我独闷闷。（二十章）
见素抱朴。（十九章）
复归于婴儿。复归于朴。（二十八章）
含德之厚，比于赤子。（五十五章）

诸如此类的话，都在叫人守真抱朴而已。而所谓的“昏昏”、“闷闷”、“见素抱朴”、“比于赤子”等，也都是内蕴其德，不向外驰的意思。老子又说：

知常容，容乃公，公乃全，全乃天，天乃道，道乃久，没身不殆。（十六章）

只要全力守真，外在的凶祸又奈我何？只要依循道的常规而行，终身都可避免危殆。

·轻利寡欲

人的道性会为外物所蒙蔽，这外物是什么呢？不外名利财货、声色犬马而已。然而，不论其中的哪一项，都足可令人心迷神醉，何况人往往全部都要追逐，并且没有止境呢？其实，大家平心静气的想一想，这些东西真的值得我们去追求吗？就拿名利财货来说吧！哪一个不是身外之物？如果以为追求的过程自有乐趣存在，或把获得它们当成至上的娱悦，则这种娱悦与乐趣，也只能作为一时的自我陶醉的针剂而已。试想：如果有一天失去了这些财利，是否还能快乐而不哀伤呢？如果回想当初为逐驰一时之快，身体精神两受疲累，恐怕懊悔也来不及了。难怪老子要大叹：

名与身孰亲？身与货孰多？（四十四章）

更何况即使得到了，也未必能长久享受，说不定还会带来灾祸呢？所以老子发人深省的说：

金玉满堂，莫之能守；富贵而骄，自遗其咎。（九章）

名利财货是如此，声色犬马亦然。本来，饮食视听，自有生理上的基本需求，满足也就算了，多了，反而没有好处。所以老子说：

五色令人目盲，五音令人耳聋，五味令人口爽，驰骋畋猎，令人心发狂。（十二章）

圣人为腹不为目。（十二章）

所谓“为腹不为目”，指的正是满足生理的需要，不作贪妄的追求。如此，不但身体健康，神志也可以清明。无奈世人多不如此，妄念奇想层出不穷，不但自身遭到损害，更造成社会的紊乱，真是罪莫大焉。

当然，财货是人生所不可缺乏的凭借，饮食是躯体所不可缺乏的动力。我们所谓不追逐，不贪欲，并非一概抹煞其存在意义，只是叫人有所节制，不过分贪求而已。这也就是老子所说的：

知足不辱，知止不殆，可以长久。（四十四章）

是以圣人欲不欲，不贵难得之货。（六十四章）

唯其能“知足”、“知止”、“不欲”，而后身心才能各得其正。须知：

祸莫大于不知足，咎莫大于欲得。（四十六章）

过分贪心，不但不能获得满足，恐怕还要招致灾祸呢！

除了在量的方面要知足节制之外，所谓“轻利寡欲”尚有另外一层意义，那就是在追求过程中也要自然而不强求。这两层意义如果忽视了任何一端，都会贻害无穷的。

·绝巧弃智

人除了为名货声色等外物蒙蔽外，自己心志的驰鹜，也往往使人步入歧途。而所谓心志的驰鹜，就是表现个人的智巧。一般人总是好耍聪明，弄技巧，以为不如此不能表现自己的高明，不如此不能早致功绩，结果反而奇物滋起，乱事迭生。社会因而紊乱不安，自身更是终日惶惶。所以老子说：

> 智慧出，有大伪。（十八章）
>
> 绝圣弃智，民利百倍。（十九章）

如果过分驰骋个人的才智，则必心愈憔悴而所知愈不明，甚至为人所利用，而危害社会，难怪老子会说："智慧出，有大伪。"这样，智慧不是有不如无吗？所以老子干脆主张不学。因为学习是智慧的阶梯，学得愈多，智慧愈高，而烦恼灾害也随之增多。老子说：

> 为学，知识、欲望就一天天的增加。（四十八章）
>
> 圣人所要学的，就是不学。（六十四章）
>
> 绝弃一切学识，就不会有忧愁烦恼。（二十章）

不学无术，可以因任自然，不产生任何烦恼。这正和《诗经·大雅·皇矣》所说的"不识不知，顺帝之则。"是同样的意思。

技巧也是一样，愈发达则争夺愈多，盗贼蠡起。所以老子说：

绝巧弃利，盗贼无有。（十九章）

老子反对智巧，并不是要人变成白痴，只是要人不妄用智巧，而顺应自然罢了。孟子曾说：“所恶于智者，为其凿也。如智者若禹之行水也，则无恶于智矣。”（《离娄下》）荀子也尝说：“大巧在所不为，大智在所不虑。”（《天论》）都和老子的意思不谋而合。老子曾说：

大巧若拙，大辩若讷。（四十五章）

了解这两句话，对老子主张绝巧弃智的旨趣，当思过半矣！

·致虚守静

班固《汉书·艺文志·诸子略序》叙述道家说：“清虚以自守，卑弱以自持，此其所长也。”“清虚”就是“虚静”。虚静是道家的特点，其重要可想而知。我们知道，道体原本虚静，人体道而行，自然要守虚静了。老子说：

致虚极，守静笃。万物并作，吾以观复。（十六章）

虚则能受，静则能观。人的心灵本来是虚明寂静的，但往往为私欲所蔽，而昏昧紊乱。所以必须“致虚”“守静”，克去私欲，使心体回复本性的清明寂静，然后才能不致为纷杂的外物所扰乱，才能观察出万物演化归根，才能悟道，才能修道。荀子论修心也说：“虚一而静谓之大清明。”（《解蔽》）可见虚静工夫不仅道家重视，儒家也很重视。

静不仅能观，也能胜躁、胜热、胜动。老子曾说：

> 重为轻根，静为躁君。（二十六章）
>
> 躁胜寒，静胜热，清静为天下正。（四十五章）
>
> 牝常以静胜牡，以静为下。（六十一章）

虚静有这么多的好处，难怪老子要勉励人“致虚极，守静笃”了。

·无私不争

前面所说的真朴、虚静，大抵是就个人修养而言的，至于处世法则，老子也讲得很清楚，总括起来，可分为两大项：在待人方面，要无私无我，卑弱不争；在接物方面，要无为自然，不骄不矜。接物的法则，留待下一节谈，这节我们只谈待人的法则。

社会是人的结合体，社会的纷乱，起源于人群的不和睦，也就是起源于人的争端。因而，要泯灭纷乱，必先消除争端，而要消除争端，必先化解个人的私执。由于个人有私执，近则固持己见，仅顾私利；远则互争货利，互逐声名。如此，社会怎能不紊乱呢？所以，老子在待人方面，首先就提出无私、无我。他说：

> 吾所以有大患者，为吾有身，及吾无身，吾有何患。（十三章）

这“无身”，即是无我、无私。人能如此，不仅自身安闲自得，也不会扰动世俗，何乐而不为？在无我、无私的前提下，老子所操持的待人态度，便是柔弱不争。他说：

上善的人像水一样。水能滋养万物，不和万物相争，蓄处在大家所厌恶的卑下之处。（八章）

唯有像水一般的卑弱不争，人才得以和融相处，泯除争端，造福社会。所以他说：

夫唯不争，故无尤。（八章）

如此，还担心社会有什么问题呢？不仅社会因个人的谦退受益，个人也因不争而享福，受人爱戴。老子说：

圣人后其身而身先，外其身而身存，非以其无私耶？故能成其私。（七章）

夫唯不争，故天下莫能与之争。（二十二章）

谦下不争的功用如此昭显，人何必再汲汲于私利己见？只要顺应自然，就能既利人又利己了。

·无为不矜

急功好利，是常人易患的毛病。其结果，不仅难以立功，还要招致失败。其原因，就在过分有为的关系。老子说：

合抱之木，生于毫末；九层之台，起于累土；千里之行，始于足下。为者败之，执者失之。（六十五章）

创立事功，要想无败无失，只有自然无为，顺应时势，该动则动，该止则止。也就是要“为无为，事无事”（六十三章）；唯有抱着“无为”、“无事”的态度去“为”、去“事”，才不致失败，而能达成永恒的伟业。因为“道常无为，而无不为。”（三十七章）人应顺道而行，也就是要因任自然，怎么能有为有事呢？所以老子说：

圣人无为，故无败；无执，故无失。（六十四章）
不言之教，无为之益，天下希及之。（四十三章）

人除了急功好利，表现有为外，还喜欢炫耀自己，矜夸己功。但道创生万物，尚且“功成而不居”（二章），人体道而行，怎么可以夸功矜劳呢？自矜自夸，其结果一定是无功无劳。因为无功而矜夸，固令人厌恶，有功而矜夸，也会贬低自己的功。所以老子说：

自见者不明，自是者不彰，自伐者无功，自夸者不长。（二十四章）

反之：

不自见，故明；不自是，故彰；不自伐，故有功；不自矜，故长。（二十二章）

“自夸者不长”，“不自矜，故长”，这正是“满招损，谦受益”的另一说法。自矜自夸，是自居其功，自恃其德，有我有私，皆不合道。所以，其终必至自我否定——不长。若不居其功，不恃其德，无我无私，最后反而可能功德交归。后汉冯异，就是一个最好的例证。所以老子说：

正因为不居其功，所以其功反而能永垂不朽。（二章）

3.政治思想

希腊哲学家柏拉图曾著有《理想国》一书，表现他的政治理想。老子虽没有那样的专著，却也有他的理想国。他的政治理想，具见于《道德经》八十一章。原文是：

小国寡民，使有什佰之器而不用，使民重死而不远徙。虽有舟舆，无所乘之；虽有甲兵，无所陈之。使人复结绳而用之。甘其食，美其服，安其居，乐其俗。邻国相望，鸡犬之声相闻，民至老死不相往来。

在这一国度里，没有苛政，没有战争。人民淳朴，生活简单，但甘食美服，安居乐业。不需要奔波劳碌，也没有恐惧烦恼，这是一个多么美好的世界。这一个“世外桃源”，和柏拉图的理想国一样，恐怕永远无法在人世间实现；但正因为无法实现，也才特别令人向慕，令人神往。

理想国无法实现的原因，有主观的，有客观的。主观的原因是人类自私、多欲；客观的原因是人类孳生繁衍，越来越多，流品越来越杂；而知识技巧也越来越“进步”。因此，要实现理想国，必先要克服主观和客观的阻碍。而老子的政治理论，据我们研究，正是为了克服这些阻碍而设。兹分别叙述如下：

·守道抱一

道是宇宙万物的本源，也是宇宙万物演化的法则。待人处事要以它为规范，治政当然也要以它为最高指导原则。因此，治政者的第一要务，就是守道。老子曾说：

> 侯王如果能守道，万物都将自动的服从。（三十二章）
>
> 道常无为而无不为，侯王如果能够守道，万物都将会顺性的自然生长。（三十七章）

治政者守道顺道当然是应该的；但为什么还要抱一呢？原来一虽是由道而生，但却是“数之始物之极”（王弼注），所以又可以代替道。抱一就是抱道。老子曾说：

> 圣人抱一，就可以作为天下的法式。（二十二章）
>
> 侯王得一，就可以作为天下的准则。（三十九章）

守道抱一，只是治政的原则，至于治政的方法，则有下列几端。

·无为自化

所谓“无为”，并非一无作为，而是顺应自然，不造作，不妄为的意思。无为是手段，自化则是目的。老子说：

我无为而民自化，我好静而民自正，我无事而民自富，我无欲而民自朴。（五十七章）

因为宇宙万物的创生，自有其天然的和谐在，只要万物依道而行，自然生生不已，不必加以干预。治人也是如此，人人都有道性，也就是说人人都有自治的能力，为人君的，不过在促使万物自化，人人自治而已，并不需要横加干预。六十四章说："辅万物之自然，而不敢为。"就是最好的证明。

在老子看来，"天下是个很神妙的东西，治理的人不能妄为造作，不能固执己见，否则一定要失败。"（二十九章）高明的治政者懂得这个道理，所以"治理国家，像烹小鱼一样，不多过问。"（六十章）只"以无为的态度来处事。"（二章）"自己没有成见，以百姓的意见为意见。"（四十九章）"不威胁人民的生存，不压榨人民的生活。"（七十二章）"使得人民都不知道上面有个国君存在。"（十七章）"等到大功完成了，事情办好了，人民却反而都说：我们原来就是这样的。"（十七章）如此，可以说是完全达到"自化"的目的了。

如果不懂得这个道理，而妄为造作，结果不仅一事无成，还可能得到相反的效果。所以老子说：

人民所以难治，是因为在上位的人造作妄为。（七十五章）

造作妄为的人，一定会败乱天下。（二十九章）

· 无智守朴

老子的政治思想，主张守道无为，当然反对任用私智。他曾说：

以智治国，国之贼；不以智治国，国之福。（六十五章）

用智巧治理国家，就是国家的灾祸；不用智巧治理国家，就是国家的幸福。可见他对治政者用私智治国，是多么厌恶了。他又说：

绝圣弃智，民利百倍。（十九章）

爱国治民，能无知乎？（十章）

老子所以如此的厌恶以智治国，原因是“智慧出现以后，诡诈虚伪也就跟着产生。”（十八章）我们看看今天越进化的都市，诡诈欺骗的事越多；而穷乡僻壤，民风反纯朴可爱，不正证明了老子的话是千真万确么！

智巧可以产生诈伪，而诈伪的反面是纯朴。老子既然反对用智巧治政，当然主张用淳朴治民了。所以他说：

圣人心怀纯朴，因任自然，所以能成为百官之长。（二十八章）

老子不仅主张治政者无智守朴，即使被治者的人民，也要如此。他曾说：

圣人治政，常使人民无知无欲。（三章）

百姓皆注其耳目，凝神静听，圣人都把他们当婴儿看待。（四十九章）

婴儿是最纯朴的。人民如婴儿，治政者对待他们则“如保赤子”，治政者和被治者都纯然天机，毫无私欲，这样的政治，岂不是最最理想的政治吗！

·谦下退让

谦下退让，是老子治政方法之一。因为政治地位愈高的人，愈要谦让，如此才能高而不危，长守其贵。世界上最高的莫如天体，而《诗经·小雅·正月》说：“维天盖高，不敢不局。”天体高，所以要把身体弯下来。人法天，地位愈高，当然愈要谦让。所以老子说：

承受全国的污垢，才能做社稷之主；承受全国的灾殃，才能做天下之王。（七十八章）

世界上最低的莫如江海，所以老子也曾以江海为喻说：

江海所以能成百川之王，使天下的河流汇归，是因为它善处低下的地位。所以圣人要想居万民之上，言语颜色一定要谦下；要想居万民之前，必定要遇事退后，不和人争。（六十六章）

水性向下处卑，所以老子也要治政者效法水。他说：

上善的人像水一样：水能滋养万物，不和万物相争，善居在大家所厌恶的卑下之处。（八章）

孤、寡、不谷，是人人所厌恶的字眼，可是王公却拿来称呼自己。老子说：

人之所恶，唯孤、寡、不谷，而王公以为称。（四十一章）

贵以贱为本，高以下为基，是以侯王自谓孤、寡、不谷。（三十九章）

治政者谦下退让，不仅可以长保其位，还可以指使人，利用人。老子说：

善用人者为之下。（六十八章）

刘备三顾茅庐，请出孔明，言听计从，结果三分天下有其一。苻坚得王猛于草茅之中，宠幸有加，结果略有天下之半。这些都是“善用人者为之下”的实例，可证老子的话并非纸上谈兵哩！

·轻税实腹

春秋战国时代，战争频仍。治政者为了充足军备，往往横征暴敛，民不聊生。因此，先秦诸子，几乎无不反对苛税重赋。轻税的结果，积极方面可以富足人民的生活；消极方面，也可消弭战争。老子政治思想一向主张以民为重，要使人民“甘其食，美其服，安其居，乐其俗”（八十章），而又生逢苛征暴敛的春秋末季，自然要反对重税了。他曾说：

人民所以饥饿，是因为在上位的人收税太多，所以才饥饿。（七十五章）

没有德的人掌管税收。（七十九章）

骂掌管税收的人没有德，老子对重税的厌恶也可窥其一斑了。

轻税的目的在使人民丰衣足食，老子主张轻税，当然另一方面就主张“实腹”。他曾说：

是以圣人为腹不为目。（十二章）

是以圣人之治，虚其心，实其腹。（三章）

所谓“为腹”“实其腹”，就是要人民填饱肚子。至于吃饱之外，还要享受声色货利的官能之欲，或知识机巧的心志之欲，则是老子所反对的。所以他主张“不为目”，主张“虚其心”。因为老子只要人民过着无忧无虑的淳朴生活，而声色货利，知识机巧，都是引起争夺、产生诈伪的根源，当然为老子所反对了。

·反战息争

先秦诸子，除兵家外，都反对战争。即使兵家，也主张“不战而屈人之兵”（《孙子·谋攻》），主张“上兵伐谋，其次伐交，其次伐兵”（同上），而不主张“杀人盈城”、“杀人盈野”。老子治政，主张无为，主张谦下，当然更反对战争。所以在他的理想国度里，是没有战争的。“使有什佰之器而不用。虽有甲兵，无所陈之。”（八十一章）这是多么和平美好的景象。他曾说：

兵器是不祥的东西，人人都厌恶它，所以有道的人就不使用。（三十一章）

用道来辅佐国君的人，是不用兵力逞强于天下的。因为以兵力服人，很容易引起报复。军队所到之处，耕稼废弛，遍地荆棘。大战过后，水旱虫疫并生，一定会产生荒年。（三十章）

这些残酷的景象，不是亲身经历、亲眼看见，是写不出来的。战争既是如此的残酷，难怪老子要反对了。但国与国之间，难免会产生摩擦纷争，对这情形，老子如何解决呢？调解吗？他曾说：

和大怨，必有余怨，安可以为善？（七十九章）

有了怨恨，即使调解了，也一定有余怨藏在心底。所以调解并不是好办法。最好的办法是：

报怨以德。（六十三章）

有仇怨不仅不报复，还以恩德相待，这和基督教“别人打你左面的耳光，再送上右面请他打”的精神完全相同。

所谓“以德报怨”，就是《中庸》里所说的“不报无道”。孔子主张“以直报怨，以德报德”（《论语·宪问》），老子却主张

“以德报怨”，这是孔老思想不同的地方。何者较好，无法评断；但老子比孔子更具有忍让精神，更不喜好战争，则是没有疑问的。

在《老子》书中，也有“以奇用兵”（五十七章）“善战者不怒，善胜敌者不与”（六十八章）“抗兵相加，哀者胜矣”（六十九章）等文字；但这属于战略战策，与政策无关，所以只好略而不谈了。

四、结语

老子思想深邃，为一般知识分子所喜爱，这是不争的事实。但大家也有一个共同的看法，那就是老子的柔弱、无为、无智等主张，似乎太消极了，不适用于今日“优胜劣败，适者生存”的时代。其实老子的思想并不消极，而是进取的。如果一定要说它消极，那也应该是消极的进取，是以退为进，而不是追求退化。兹以“守弱”、“无为”为例来作一说明。

·守柔曰强

老子主张柔弱，并非追求柔弱本身，而是有见于“柔弱胜刚强”（三十六章），“柔弱者生之徒”（七十六章），才主张柔弱的。换言之，柔弱是其手段，刚强、生，才是其目的。所以他说：“守柔曰强。”（五十二章）我们看强烈的台风，可以拔树倒屋，却拔不起一棵小草，草因柔弱而得生存。我们再看楚汉相争，楚王百战百胜，但汉王和他斗智不斗力，结果汉王因守柔而得胜利。柔弱得生，柔弱胜刚强，这不是非常清楚的道理吗？一般人只看到表面刚强的就认为是强，殊不知柔弱中也有强的因素在，而柔弱又可以克刚强。老子的看法往往较一般人深入一层，能看到事物的里面、反面，所以他能见到人所不能见的道理，说出和一般人相异的言论。由此看来，不是老子的思想有问题，而是我们的眼光有问题哩！

·无为而无不为

老子主张无为，只是说不妄为，并不是说一无作为。不妄为是顺自然而为，是顺公意而为。如此，其结果是无不为。换言之，无为仅是其手段，无不为才是其目的。我们看《道德经》中一则曰："为而不恃，功成而弗居。"（二章）再则曰："功成，事遂。"（十七章）三则曰："为之于未有，治之于未乱。"（六十四章）如果真是一无作为的话，何来"功"，何来"事"？又何必言"为"，何必言"治"？四十八章说："无为而无不为。"由这一句话，我们不是很清楚地看出了无为的功用和目的？

任何事物，都有正反两面。以科学而言，提高了人类的物质生活，是其正面，但也使人类精神生活为之虚脱，是其反面。盘尼西林发明以后，不知道挽救了多少婴儿的生命，但今天世界各地人满为患，处处喊节育。打胎、吃药、装乐普，用尽方法来减少婴儿出生率，这难道不可以说是盘尼西林造成的反效果。当初发明盘尼西林的人，哪里会想到他挽救了婴儿的生命，后来的人却又想尽方法来杀害生命呢？由此看来，任何事物，哪里有绝对的正面的或反面的呢？老子尝说："祸兮福之所倚，福兮祸之所伏。"（五十八章）又说："正复为奇，善复为夭。"（五十八章）已把这个道理说得清清楚楚。因此之故，老子往往喜欢超越正面，从反面看事物，另外开辟一条蹊径，而这正是一般人所不能接受的。因此，我们如果说老子思想消极，那也是超越积极一层的消极；我们如果说老子思想退化，那也是超越进化一层的退化。这种看法，不知读者们是否同意？

参考书目

《老子注》，王弼，河洛出版社。
《老子章句》，河上公，广文书局。
《老子翼》，焦竑，广文书局。
《帛书老子》，河洛出版社。
《马王堆帛书老子试探》，严灵峰，河洛出版社。
《老子达解》，严灵峰，艺文印书馆。
《老子哲学》，张起钧，“中央文物供应社”。
《老子探义》，王淮，台湾商务印书馆。
《老子今注今译》，陈鼓应，台湾商务印书馆。
《老子新证》，于省吾，艺文印书馆。
《老子本义》，魏源，世界书局。
《老子》，陈柱，台湾商务印书馆。
《老子校诂》，马叙伦，华联出版社。
《老庄哲学》，胡哲敷，台湾中华书局。
《老子八篇》，陈柱，文海出版社。
《庄老通辨》，钱穆，三民书局。
《老子研究》，王协，台湾商务印书馆。
《老子新解》，张默生，乐天出版社。

《老子校诂》，蒋锡昌，明伦出版社。
《老子哲学》，吴康，台湾商务印书馆。
《老子斠补》，刘师境，艺文印书馆。
《老子读本》，余培林，三民书局

孔子

张蓓蓓　著

目　录

一、孔子的时代

任何一位伟大人物的产生，都跟他的时代有密切关系。时代决定了他的思想和言行，思想言行又决定了他在当时及历史上的角色和地位。孔子是中国最伟大的思想家、道德家、教育家，是中国人的精神偶像，是中国文化的代表人，而孔子之所以成为孔子，除了部分个人及环境的原因外，便深受他所处的时代的影响。

孔子生存的时代是春秋末年，而东周时代正是中国历史上诸般状况最混乱动荡的一个时代：一方面，实行封建及宗法制度的西周氏族社会崩溃了，王室衰微、诸侯争霸、上昏下僭、夷狄入侵、战争时起、社会秩序大乱；一方面，中原文化和风俗经过夏、商、周三代的积聚与转化，已经具备了丰富的内容，呈现着复杂的面貌，一般人都有无所适从的感觉；就在这文化的和社会的两方面的作用力共同作用之下，孔子——挺身而出给迷惑的世人找寻方向的孔子——于焉诞生。

下面的每一个事实都对孔子学说的形成有很大的影响：

1. 礼文的繁复

西周是一个典章制度明备，礼法仪文繁复的盛世；这从《尚书》的《周诰》、《诗经》的《大雅》、《颂》诸篇的记载和考古学上所见出土西周铜器铭文的内容都可以证实。文化的发达，直接地使社会得以有条有理的运作；规律、传统和习惯（统称为“礼”）不待议论地支配了每个人的生活细节和人与人之间的交往态度，这是西周时代大概的情形。

平王东迁以后，就文化之立场言，有许多文物损毁了，有许多制度破坏了，但绝大部分的礼仪都还是流传了下来——春秋时代社会礼裕之繁琐庞杂，《春秋》三传里记录得非常清楚，比如：“礼，尊不亲小事。”（《谷梁传》隐五年）“礼，赗人之母则可，赗人之妾则不可。”（《谷梁传》隐元年）“礼，庶子为君，为其母筑宫。”（《谷梁传》隐五年）“礼，送女父不下堂。”（《谷梁传》桓三年）《论语》中也记录着许多当时的礼俗，比如麻冕之礼、拜下之礼（《子罕》）、告朔之礼（《八佾》）、禘礼（《八佾》）、谅阴之礼（《宪问》）、社礼（《八佾》）、三年丧之礼（《阳货》）等等。——每个人的生活态度和生活方式，都还是紧紧地受着“礼”的支配。

在施行繁复的礼仪之余，春秋时代的人也开始思考起“礼”之必然性的问题来。他们对“礼”的作用和价值加以探讨，并且发出如下的议论：“礼，身之干也。”（《左传》成十三年）“礼以庇身。”（《左传》成十五年）这是说礼对于个人立身处世有甚大帮助；“夫礼，所以整民也。”（《左传》庄二十三年）“礼，国之干也……礼不行则上下昏，何以长世？”（《左传》僖十一年）“礼，政之舆也……怠礼失政，失政不立。”（《左传》襄二十一年）“礼所以守其国。”（《左传》昭五年）这是说礼对于国家施政治民有甚大帮助。其时郑国的贤大夫子产甚至曾对礼的必然性给予绝对的肯定：“礼，天之经也，地之义也，民之行也。”（《左传》昭二十五年）

当时的人虽然知道礼的重要性，却苦于不能尽知礼的节文和源变。礼是一直在分化衍生的，它本身的规矩仪节愈积愈多，愈变愈繁，漫无头绪，加上时积岁久，当初圣人制礼的源由、意义和作用也已经湮没不彰，一般人面对众多琐细紊乱的节文，实在不容易知道何者为对何者为错，何者当行何者不当行。所以当时人对礼的节文常常产生怀疑，也常常作出不合礼的行为。就拿《论语》中的例子来说，子贡不明告朔之礼的用意，因此想废去告朔之饩羊；子张不明谅阴之礼的用意，因此请教于孔子；鲁哀公不明社礼的用意，因此请教于宰我；宰我不明三年居丧之礼的用意，因此想改之为一年之丧。

在这样的情势之下，社会上开始有了探讨礼学的呼声，也开始有人因精研礼学而闻名，甚至于诸侯卿大夫也抢着聘请知礼的人做他们的顾问。根据《左传》，其时国际知名的礼学家有皇武子、原襄公、臧文仲、孟僖子、叔向、女齐、左师、子产诸人。孔子弟子公西华某次自述志愿，说是“宗庙之事如会同，端章甫，愿为小相焉。”他说的这个“相”，就是相礼之人，是当时一种新兴的职业。这一职业的产生，正代表了社会的需要。

特别值得重视的是：当时的人渐渐能从“礼文”的考究进而探索“礼意”，借追溯当初制礼的意义而分辨各种礼节仪文的是非得失。繁芜的礼学开始有了正本清源的希望。某次鲁昭公赴晋，送礼送得很周到，晋侯跟女齐说：“鲁侯不亦善于礼乎？”女齐答道：“是仪也，不可谓礼。”（《左传》昭五年）又某次，晋国的赵简子问子太叔以揖让周旋之礼，子太叔答道："是仪也，非礼也。"（《左传》昭二十五年）女齐跟子太叔所提出的礼、仪之辨，正是礼意和礼文之辨。这一种观念的提出，是春秋时代礼学的重大突破。

现在再说到当时文化的重心——鲁国。鲁是周公的封国，而周公是有周第一文臣，所以鲁的文化程度在立国之初就是相当优越的。据《左传》定公四年记载："周公相王室以尹天下，于周为睦，分鲁公以大路大旗，以昭周公之明德。"由于鲁国跟王朝的关系特别密切，所以西周全盛时期的典章文物，鲁国都有丰富的收藏和详尽的记录。西周末年，犬戎作乱，宗周（西安）圮毁，平王东迁成周（洛阳），王室的典章文物大量毁失，鲁国的文化地位便又提高了不少。到了东周时候，事实上与王室同宗的姬姓之国都已共奉鲁为宗国（见《孟子·滕文公》）。周景王元年，吴公子季札到鲁国来聘问，曾在鲁国欣赏到各国及历代的诗乐；周景王五年，晋卿韩宣子到鲁国来聘问，曾在鲁国太史处看到稀罕的易象辞和完整的鲁史春秋，不禁叹道："周礼尽在鲁矣！"鲁国在春秋时代的文化地位从这一句话里就可以想见无余了。

孔子之所以成为好礼重文的人，跟鲁国的文化环境和当时整个社会上的文化空气都有关系。他一方面继承了丰厚的文化遗产，一方面也接纳了时人的新观念和新思想，不待教而开始有了整理礼学的理想。

孔子在年纪很轻的时候就有知礼之名：有一次他到太庙助祭，因为看不惯众人的非礼，故意假作不懂请教人家为什么要这样，为什么要那样，人家就讥笑他："孰谓鄹人之子知礼乎？"他还年轻得被人喊作"鄹人之子"的时候，不但已有"知礼"

之名流传，而且礼学的见识已非一般人可及了。后来鲁国著名的礼学家孟僖子逝世，临死的时候甚至遗命他的两个儿子去跟孔子学礼。其时孔子年方三十五岁。

孔子对礼的价值之肯定，与时人无殊。他曾说："不学礼无以立。"强调礼对于个人立身处事的重要性；他也曾说："能以礼让为国乎，何有？"强调礼对于国家施政治民的重要性。关于礼文、礼意的分辨，他也有许多高明的见解，比如他反对徒事礼文，所以说："礼云礼云，玉帛云乎哉？乐云乐云，钟鼓云乎哉？"他主张删削逾分的礼文而把握礼意，所以说："礼，与其奢也宁俭；丧，与其易也宁戚。"他不欲人们被礼文束缚得毫无生气，所以提倡文质并重："质胜文则野，文胜质则史，文质彬彬，然后君子。"他重视礼文的观念在下面的这句话里表示得很清楚："先进于礼乐，野人也，后进于礼乐，君子也，如用之则吾从先进。"

孔子对三代的礼文都有精深的研究，尝说："夏礼吾能言之，殷礼吾能言之。"又尝说："殷因于夏礼，所损益可知也；周因于殷礼，所损益可知也。"他认为周文化融合了三代之长而去其短，其义最高，所以他最佩服的人就是建立周文化的功臣周公，最仰慕的就是周文化。他曾经感叹自己年老力衰以致许久未能"梦见周公"，也曾经说过这样的话："周监于二代，郁郁乎文哉，吾从周。"子贡有一次向卫国的公孙朝说："文武之道未坠于地，在人，贤者识其大者，不贤者识其小者，莫不有文武之道焉；夫子焉不学，而亦何常师之有？"孔子对周文化的研求真是不遗余力的。因为精研三代礼文，所以他能取精用宏，所谓："行夏之时，乘殷之辂，服周之冕，乐则韶舞。"他也能从夏商周文化的嬗代损益中判断出未来文化发展的方向，所谓："其或继周者，虽百世可知也。”他凭借着社会上现有的文化遗产和礼学新知，针对着时代的需要，从事分析、演绎，终于建立了集古开新的一套以礼为本的学说，成为中国文化史上的巨人。

2. 礼法的隳坏

春秋时代除了礼文过于繁复，简直使人无所适从的问题外，还有一个更大的问题，真正造成了社会的危机——那就是礼法的隳坏。

固然礼法隳坏跟礼文过于繁复使人无所适从有一点关系，但造成春秋时代上下失序局面的最主要的原因却是封建制度的崩溃。封建制度崩溃了，不说别的，君臣的相处相待之道就直接受到了考验。一方面，地方对中央的向心力减弱了，诸侯不愿对王室尽供奉及保卫的义务，王室的经济力量及军事力量都大见减低；一方面，诸侯与诸侯间彼此亦无情义，大家只想增强自己的实力。孟子说的“世衰道微，臣弑其君者有之，子弑其父者有之。”恰便是春秋时代的写照。

周王室自平王东迁以后实力的削弱很是明显：首先王畿就缩小了好几倍。在西安的时候，周王直属的领地约有千里见方，东起郑州，西到宝鸡，奄有黄河和渭水两岸广大的平原；来到洛阳之后，王畿只限于小小的伊洛盆地之内，北阻于黄河，南阨于熊耳山，方仅一二百里。土地减削了，能用的兵和能征的赋也都大为减少；以前是“天子六军，大国三军，次国三军，小国一军”的，到了春秋时代，除了周桓王起倾国之师伐郑时曾建立三军外，就不曾听说王室有选将练兵之事——相反的，晋、楚等大国的军队到了春秋晚期却都已超过了十万（相当于十军）之众；以前天子富有四海，坐享诸侯的进贡，到了春秋时代，王室连生活所需的物质都感缺乏，必须一再向侯国求援，单是《春秋经》上记载的向鲁国求援的事就有好多次——求赙（平王五十一年）、告饥（桓王三年）、求车（桓王二十三年）、求金（襄王三十三年）。

王室积弱，不但诸侯对王室慢无人臣之礼，而且使得朝廷在大侯国面前的地位降低到和一般小国差不多；平王五十一年，王为了取信于郑国，竟与郑国交换人质，派王子狐到郑国为质，郑也派公子忽到洛阳为质。桓王十三年，王亲自率师伐郑，竟被郑将祝聃射中肩膀，落荒而逃，王师大败。襄王八年，王向齐国请求派兵驻守京师，抵御戎人。襄王二十二年，晋文公在践土大会诸侯，强迫襄王也去列席。顷王六年，朝廷内大夫争政，王自己无法调解，请求晋国派了赵宣子来处理才把事情解决。灵王九年又发生同样的事，又是晋国派了范文子来调解。敬王十一年，王向晋国请求派兵修护京师的城墙。

所以变成这样局面的原因，一方面是王室的实力削弱，一方面也是朝廷自身未能健全，所以无法得到诸侯的尊重。周平王既默许犬戎和申侯勾结杀害自己的父亲于先，又和他的堂兄弟余臣争位于后；庄王和王弟子克、惠王和王叔子颓、襄王和王弟子带、悼王敬王和王弟子朝也都发生争位的纠纷，演出骨肉相残的流血事件。

王室的威权丧失后，各国各自为政，国与国之间是“强陵弱，众暴寡”，弄得战祸连年；各国内部也都是政潮起伏，时生篡弑之事。春秋之世，臣下弑君共三十三起（包括《春秋经》不书、书卒、书杀者），计齐、鲁各五次，晋四次，楚、宋各三次，郑、卫、吴、莒、蔡各二次，陈、薛、许各一次；从弑君的频数可知君臣之礼被破坏到了什么程度。《论语》里曾记载齐国忠臣陈文子的行径，说是："崔子弑其君，陈文子有马十乘，弃而违之；至于他邦，则曰'犹吾大夫崔子也。'违之；之一邦，则又曰：'犹吾大夫崔子也。'违之。"而这段实录却正好可以显示当时国际间那种弑君慢上的风气。

弑君慢上的风气之形成，更进一步造成了各国世卿专权的局面。春秋时代，各国都有几个当权的大世族，世掌侯国的大政——鲁有"三桓"：孟、叔、季三氏，晋有"六卿"：韩、赵、魏、知、范、中行六氏，郑有"七穆"：良、游、国、罕、驷、印、丰七氏，宋有华、向等氏，卫有孙、宁等氏；他们对其国君夺权、争利、跋扈、僭越的手段比他们的国君之于周天子真是有过之而无不及。战国时代，陈氏篡夺了齐国，韩、赵、魏三家瓜分了晋国，其政治实力就是奠基于春秋时代。

当时世卿专权的情景，可以以鲁国的"三桓"为例。孟、叔、季三家都是鲁桓公的后人，所以称为三桓。三家世代掌握大权，季氏更是三家中最强者。鲁襄公十一年，三桓把鲁的军队和赋税一分为三，各取其一；昭公初年又改分为四分，季氏取二而孟、叔各得一；由此可见三桓的骄横。三家专擅政权之余，进而袭用天子的礼法，比如《论语》里记的："三家者以雍彻。"古礼天子祭毕撤馔时唱雍诗以娱神，三桓现在也在撤馔时唱雍诗；那不是背礼是什么？所以孔子讽刺道："'相维辟公，天子穆穆。'奚取于三家之堂？"季氏在三家中最强横，僭越礼法的地方也特别多，譬如八佾舞是天子所用乐舞，季氏竟自在家庙中施用起来，孔子因而慨叹道："是可忍也，孰不可忍也？"又如旅祭泰山是天子之事，季氏竟跑去旅祭泰山，孔子为此责骂任季氏家臣的弟子冉求（以上俱见《八佾》）。

不但三桓罔顾上下之礼，三桓的家臣也多权倾一时。季孙氏的家臣阳虎、南蒯，叔孙氏的家臣竖牛、侯犯，孟孙氏的家臣公孙宿、公敛处父都曾主宰三桓的家政，强迫三桓听命。竖牛叛叔孙氏，把叔孙活活饿死；南蒯叛季孙氏，曾据费邑作乱三年；阳虎甚至囚禁季孙氏，挟持鲁君，做了三年的鲁国独裁者！

总结这种上下无序的局面，孔子有一段非常沉痛的话："天下有道，则礼乐征伐自天子出。天下无道，则礼乐征伐自诸侯出。自诸侯出……自大夫出……陪臣执国命……天下有道，则政不在大夫。天下有道，则庶人不议。"齐、晋等国不尊王室，结果是"礼乐征伐自诸侯出"；世族控制侯国政权，结果弄成"礼乐征伐自大夫出"；而大夫的家臣如阳虎之辈也权倾一时，结果更造成"陪臣执国命"之局；这真是"天下无道"至于极点了。

孔子痛心于礼法的隳坏，更痛心于礼法隳坏造成了政治黑暗与社会不安；政治是他的兴趣所在，礼学是他的专长，所以他一生所致力的就是设法经由礼法的整治来矫正时政的缺失以建立完美的社会。

3. 道德的发扬

殷商之时，人们已经脱离了最基本的为"生存"而"行为"的生活形态，但他们除了力求生存得更好以外，还不能领会生活的真正目的，所以也没法给自己建立有意义的行为准则。在此情况下，他们很自然地就把行为的准则托之于"天"，用"天"的好恶来决定个人的一切行为。

“天”之好恶是怎样来的呢？在殷人的想法里，“天”也和他们自己一样，喜欢的不外是物质享受，讨厌的不外是困阨穷苦。所以他们勤于祭天，用丰厚的牺牲玉帛上供，希望能够贿买天帝，让祂降福给他们，除去他们的灾祸——在这样的天道观之下，所谓“天”的意志，还不就是人们自己的意志吗？把行为的准则托之于“天”，还不就等于人人自为，了无准则吗？

到了西周时候，人们开始有了“道德”的意识。他们虽然仍然极端崇信天帝，却开始认为上天好恶赏罚的根据在于“道德”而不在其他。这种观念，在《诗》、《书》里都一再地表现出来，比如《尚书·召诰》：“有夏受天命，惟有历年，……不其延，惟不敬厥德，乃早坠厥命。”《梓材》：“今王惟曰：先王既勤用明德，庶邦享作，兄弟方来，亦既用明德，后式典集，庶邦丕享。”他们以为：用“道德”作为行为的准则，便能上邀天帝的眷顾，而在政治上获得成功。“道德”的价值，在宗教和政治的层面上获得了肯定。

到了东周，固然有一部分的人还是守着“天佑有德”的观念，把道德的目的寄托在“民和（政治的）神享（宗教的）”之上——最明显的例子是《左传》僖公五年记的宫之奇的话：“鬼神非人实亲，惟德是依；故《周书》曰‘皇天无亲，惟德是辅’，又曰‘黍稷非馨，明德惟馨’，又曰‘民不易物，惟德系物’。如是则非德民不和，神不享矣！神所凭依将在德矣！”——但道德本身的价值终于渐渐被人们发现了。《左传》襄公二十四年记叔孙豹的话：“太上有立德，其次立功，其次有立言，虽久不废；此之谓不朽。”他在丝毫未提及宗教或政治的报偿的情形下坚决地鼓吹道德，许之为“不朽”。《左传》昭公二十六年记郑国子产不听禆灶被天祭神以趋吉避凶的建议，声称：“天道远，人道迹；何以知之？灶焉知天道？是亦多言矣！”他一方面否认人们可能得知天道，一方面也主张人们不必揣测天道，只要奉行切近于人事的“人道”即可。从此以后，道德不再被认作是向天帝求福祉的工具；道德成了人们行为的准则，甚至是生活的目的。“道德”的价值，在义理的层面上也获得了肯定。

孔子最重视“道德”，他讲道德，在理论和实际两方面都作了很周密的发挥。他用一个“仁”字代表道德，把“仁”说成一切善行的本质，一切事功的基础。他又简明扼要地举出修养道德的方法：“克己复礼为仁。……非礼勿视，非礼勿听，非礼勿言，非礼勿动。”“仁”和“礼”因此结合在一起，仁充实了礼的内涵，礼提供了仁的节目；礼文的繁复，乃得以用“仁”作标准来去取，礼法的隳坏，乃得以用“仁”作标准来整治。

4. 学术的普及和思想的勃兴

《礼记·曲礼》有云：“礼不下庶人，刑不上大夫。”自“礼”形成以来，礼一直是贵族阶级的专利品，庶人无权与闻。不只此也，所有记载礼法的《诗》《书》六艺等典章，也完全操纵在贵族手里，平民根本没有机会接触。

进入东周以后，封建制度慢慢崩溃了。不少的贵族流落于民间，也有不少的平民崛起。这使得一向为贵族所独享的学术无可避免地流传到了外面的社会上。

贵族所以会流落民间，自然和当时的政制政局有密切关系。比如说吧：（1）宗法制度是一种嫡长继承制度，贵族的庶子们不见得都能列位封土；再加上“大宗百世不迁，小宗五世则迁”，传了几代之后，偏支的贵族的地位就和平民差不多了。（2）当时各国的政治情况都不稳定，国内常有政变发生，对外又常须与他国交战；国内政变，常使某些贵族被贬黜而失去了权位——《左传》宣二年："丽姬之乱，诅无畜群公子，自是晋无公族。"《左传》昭三年："栾却、胥原、狐续、庆伯（晋贵族）降在皁隶。"——对外交战，则战败国的贵族往往全体都沦为平民。这几乎成了当时社会上的普遍现象。

平民所以会崛起，则和当时的政治经济状况都有关系。春秋时代礼法隳坏，上下相僭相冒，平民在此情势中乘机取得田地、积攒财富非不可能；其时商业也已相当发达，商人往往因为机智敏捷或者富甲一方而赢得贵族的另眼相看：《左传》僖三十三年记郑国商人弦高智却敌兵，足证当时平民已有报效国家的能力与事实；《史记·仲尼弟子传》记孔子弟子子贡经商有成，"废着鬻财于贾鲁之间，结驷连骑以聘享诸侯，所至国君无不与之分庭抗礼。"这正是平民崛起的著例。

学术因贵族平民界限的泯没而日渐普及，最明显的事例是"儒"这一新社会阶段的兴起。那些没落的贵族，也许有少部分人就做了农人和工匠，但大部分的人却凭着以贵族身份学来的技艺和知识谋生。此时整个社会正好有着讲求礼学的需要，这些人许多就做了相礼人，专门替人司理各种吉凶喜丧之事的仪节。那便是所谓的"儒"。儒的地位颇为清高，旧贵族们都对之优礼有加。儒有时也以《诗》《书》六艺教人，负担起一些社会教育之责；平民学得了丰富的学识技艺，除了进入儒的行业以外，往往也在社会上脱颖而出，成为受众人尊敬及拥戴的人物，连那些旧贵族都比他不上。就在这种师儒递演授受的过程之中，贵族和平民的界限渐渐泯没，学术也渐渐地普及了。

学术普及的直接反映是思想勃兴。春秋是大乱世，孔子既说“天下有道则庶人不议”，可知其时天下无道以致民间议论纷纭。从《论语》来看，那说“君子质而已矣，何用文为？”的人代表一种反奢侈、反虚文的思想，那说“以德报怨何如？”的人代表一派重视道德、反对报复的思想，楚狂接舆及长沮、桀溺、荷蒉、荷蓧丈人则代表着避世主义的人生观。《国语·鲁语》记载里革的议论：“晋人杀厉公，边人以告。成公在朝，公曰：‘臣杀其君，谁之过也？’大夫莫对。里革曰：‘君之过也。夫君人者，其威大矣，失威而至于杀，其过多矣！’”《左传》明载“晋弑其君州蒲”的弑君事件，里革竟以为其过在君，真是一种激烈而新颖的思想。鲁昭公被季氏逼得逃到齐国，晋的史墨也曾发表不同情昭公的言论：“社稷无常奉，君臣无常位，自古已然。”（见《左传》昭公三十二年）这都显示旧礼法在新思潮的冲击之下已经动摇了。

就因为生在这个学术普及，思想勃兴的时代里，孔子得以有凭借，有机会来发展他自己的思想，成立他自己的学说，成为战国“百家争鸣”局面的首难者。

二、孔子的生平

孔子名丘，字仲尼，父叔梁纥，母颜氏，鲁襄公二十二年(周灵王二十一年）十月庚子日（公元前五五一年之九月二十八日）生于鲁国昌平乡的陬邑（今山东省曲阜市附近)。他的先世本是宋国的贵族，宋国又是商王室的后代。根据《左传》的记载，宋愍公的长子弗父何不就君位，让给弟弟鲋祀，即宋厉公；这弗父何便是孔子的十代祖。弗父何的后人有一位正考父，先后辅佐宋戴公、武公、宣公三君，恭谨节俭，德高望重；这正考父便是孔子的七代祖。正考父的儿子孔父嘉在一次政变中和宋殇公一起被叛臣华父督所杀，他的后人乃迁居鲁国。孔防叔生伯夏，伯夏生叔梁纥，叔梁纥生孔子。

孔子一生志事，在于政治和教育。

1. 孔子的政治生涯

孔子早年曾做过委吏、乘田的小差事，替贵族管理仓库和园囿；到了二十七岁前后，便正式开始在鲁国朝廷供职。(这一年郯国国君来鲁，孔子曾向他请教礼学，可见此时孔子的身份应该已不是寒士了。）此后七、八年，他在政治上倒没有什么作为，但渐渐因“知礼”而闻名国内外。

鲁昭公二十五年，孔子三十五岁之时，鲁国发生了一次政变。昭公早就看不惯季氏的专权跋扈，这一年大张旗鼓地正式率师讨伐，岂知三桓沆瀣一气，孟氏和叔孙氏都兴兵来帮季平子，昭公战败，逃到齐国。孔子眼看大夫执政，鲁乱不已，遂也在这一年往齐国去游历，希望在齐国有得位行政的机会。这是孔子第一次出国。

虽然孔子是鲁国人，但他的政治理想是恢复王室的尊严——他说过：“如有用我者，吾其为东周乎！”——所以他并不抱着狭隘的国族观念，亟求在鲁国从政。他以为要改善时局，从哪一国做起都是一样的。这是他赴齐求仕的心理背景。孔子实在是非常热切地想要用世的，他曾经说过：“吾岂匏瓜也哉，焉能系而不食！”他也曾经把自己比喻成一块美玉，要找个好主顾卖个好价钱；甚至他还发过这样的豪语：“苟有用我者，期月而已可也，三年有成。”这一次赴齐游历，便是他追寻明主的开始。

陈子禽尝谓：“夫子至于是邦也，必闻其政。”孔子因为青年即有德名，所以他出国游历，外国的国君大臣都会拿政治上的问题来请教他。孔子到了齐国之后，齐景公某次便召见孔子，询问他如何才能办好国政？孔子答道：“君君，臣臣，父父，子子。”这话不但是针对齐国的时弊而发，实在也已道出了春秋时代社会动乱的根源。话说春秋后期的齐国先是由崔、庆二代专权，孔子四岁那年崔杼还弑了齐庄公，但二氏又先后因家族内部的纷争而在夺权斗争中失势落败，政权落入富有阴谋的陈氏手里。这些强大世族彼此倾轧，全不尊重公庭、恪守臣道，齐景公自然也感受到他们的威胁，所以孔子提出这“君臣父子各遵本分”的建议时得到他的大力赞成：“善哉！信如君不君、臣不臣、父不父、子不子，虽有粟，吾得而食诸？”但他委实不是一位英明果断的君主，要铲除豪门巨族也要大费一番手脚，孔子的话终于不曾给齐国带来什么新气象。又有一次，孔子跟齐景公说：“政在节财。”景公虽表同意，却也没有什么具体行动。孔子眼看事无可为，就毅然决然地离齐返鲁，总共在齐不到一年。孟子说他之去齐是“接淅而行”，他的去志大概是很坚决的。孔子对齐政，有一句总评语，即：“齐一变至于鲁，鲁一变至于道。”

回到鲁国后，差不多又过了十年，鲁国的政局起了变化，孔子无意之中竟获出仕。事情是这样：定公五年，季氏的家臣阳虎（即阳货）与仲梁怀争执，季桓子偏向仲梁怀，阳虎一怒而拘禁了怀和桓子，独专鲁政；定公八年，阳虎得到公山不狃的鼓励，正式开始叛乱，想取三桓而代之。这些叛臣自然很想找一个有名望的人参与他们，以资号召，而孔子适是在野之身，便成为他们拉拢的对象。这就发生了“阳货（虎）欲见孔子，孔子不见”的一段故实了。孔子表面上答应阳货愿意考虑出仕，但事实上他当然不会和这班人同流合污的。定公九年，阳虎事败奔齐，鲁国的政局总算又恢复了表面的平静。三桓经此巨变，一面惊讶于反抗势力之坐大，一面也不敢很快地恢复跋扈姿态，遂想找一个当政些时的人以廓清国内的政治气氛。孔子于是适逢其会地在这个时候翩然出仕。其时孔子已五十一岁了。

孔子先被授为中都宰。由于著有治绩，一年之内就由中都宰升任小司空，又升任大司寇。

定公十年，鲁与齐会盟，两国国君在夹谷（在今山东省莱芜市）缔约。孔子随定公行。会盟当天，齐景公与齐臣犁弥计议劫持鲁定公向鲁要索，结果被孔子发现，用一番义正词严的话把他们吓退。缔约之际，齐人又提出意见要求鲁国在齐国与人交战的时候出兵助战，孔子毫不示弱，也向齐国提出强烈抗议，要求齐国退还阳虎作乱时所侵占的鲁国土地。这一次外交上的成功表现，是孔子政治生涯中最灿烂的一页。

随后孔子又进行了一项整顿内政的措施。孔子参政的头三个月，办事非常顺手，鲁国上下都照他的意见行事，他于是开始计划削弱三桓的势力。他的办法是让卿大夫之家没有私人的武器，也没有可以据以作乱的大城堡。季氏因为公山、阳虎作乱正因拥有私兵大城之故，深知其中利害，便同意了孔子的这条原则。三桓当时都有城墙长度超过三百丈的大城邑，大家协议把这几个城墙毁坏几处，避免有人据以作乱。叔孙氏首先遵照协议自毁郈邑，季孙氏要毁费邑的时候却遭到叛乱余孽公山不狃与叔孙辄的抵抗，很费了一些事才完成。孟孙氏则听了他的大夫公敛处父的话，对这项协议阳奉阴违，没有毁去他的大城成邑。这使得三桓之间发生了新的利害冲突，孔子也开始遭到三桓的猜忌。这是鲁定公十二年冬天的事。

季桓子决定不再听从孔子的话，于是接受了齐国所致赠的女乐，又开始过起荒淫的生活来。这对孔子是个难堪的局面。子路劝孔子离鲁他往，孔子予以考虑。定公十三年春天，鲁君祭天，没有依照礼法把祭肉分送给大夫；孔子知道事情已无挽回的余地，终于下定决心再度离开鲁国。他本可以下位而不出国，但在当时那种情势下，他的满腔悲愤，是必须借出国舒散舒散的——在自己的祖国得位而无法行道，他说什么也无法甘心。

从定公九年至十三年的四年当中，孔子在鲁出仕，曾多次被定公以国事相询。比如有一次他问孔子道："君使臣，臣事君，如之何？”孔子回答：“君使臣以礼，臣事君以忠。”这和孔子答齐景公问所说的“君君、臣臣、父父、子子”一样，是一种注重双方相对待的关系的理论。还有一次他问：“一言而可以兴邦，有诸？一言而可以丧邦，有诸？”孔子概略地回答了他，说假如国君知道“为君难”，肯用心地当个国君，国家就可兴盛；假如国君坚持“莫予违”，要每个人事事依他，国家就会丧亡。从孔子的答语里，隐约可看出鲁定公不是个有作为的人，所以孔子话带讽谕；他甚至比不上齐景公，听了孔子的高论而全无高兴或赞成的表示。孔子在鲁当政，假使国君英明，那么君臣合力，还有机会削弱三桓；既然定公是这样一个平庸的君主，就难怪孔子无法行道了。

离开鲁国后，孔子首先到了卫国。《左传》上说：“卫多君子。”当时卫国是一个文化颇高的国家，所以孔子先到卫国来游历。抵达卫国的第一天，孔子从车上看见卫国人口众多，不禁赞道：“庶矣哉！”御车的冉有赶忙趁机问他人口繁蕃了之后该怎么做？孔子回答：“富之！”冉有又问他人民都已富足了以后该怎么做？他回答：“教之！”富民、教民都是孔子的能事，他大概从此时起就已跃跃欲试用于卫了。

孔子这一次在卫停留大约四年。在这四年之间，他似乎不受重用，所以几次想要离卫他去；但都没有真正离开。鲁定公十三年春夏之际至卫后，定公十四年春，孔子曾到过卫境匡、蒲一带，遭逢了一次小规模的变乱，受了些惊；这是《论语》里有记载的。他之所以来到匡、蒲一带，大概是想西入晋国——晋国自春秋中期以后一直是大族擅权的状态，鲁定公十三年冬天，赵氏在夺权斗争中获胜，范氏与中行氏被迫逃入宋国，晋的政局比较清肃；孔子或者以为这是一个行道的机会。但，大概因为路上不太平等因素，孔子终于又回到了卫都。

孔子在卫的这一段时间，始终未获重用，这也许是因为卫的公室正在大闹家庭纠纷。卫灵公宠信宋女南子，儿子蒯聩被迫出亡在外，灵公还不自警醒，竟然又为南子召她的旧情人宋朝到卫国来任官。只从此点看，就可以知卫灵公虽非为荒淫暴君，至少也绝不是英主了。幸而此时的卫国，还有贤大夫贤长老史鱼、蘧伯玉等在，社会风气尚称良好，“仲叔圉治宾客，祝鮀治宗庙，王孙贾治军旅”也颇着成绩，国政尚能上轨道。所以孔子仍愿在卫等待机会。

后来卫灵公终于召见了孔子。一见面，他就询问孔子军旅阵仗之事。孔子一听，知道在卫行政的理想又破碎了，当下答道：“俎豆之事则尝闻之矣，军旅之事，未之学也。”过了不久孔子便离开了卫国。时为鲁哀公二年。离去之时，他对卫政下了一句总评语：“鲁、卫之政，兄弟也。”

去卫之后，孔子曾到曹等小国去游历，然后在鲁哀公三年（宋景公二十五年）经过宋国而往陈国。过宋之时，他曾被宋司马桓魋威吓；入陈三年，“无上下之交”，他亦无法与闻政事。陈愍公十三年（鲁哀公六年），吴师伐陈，孔子与弟子甚至在陈蔡之间绝粮。

此年稍后，孔子师徒终于到达了陈国南方蔡国的故地。蔡国因为新近亲附楚国，已经举国迁到州来（今安徽寿县）去了，蔡的故地由楚昭王委托叶公诸梁兼管。叶公堪称贤人，孔子一到负函他立即虚心向孔子问政。叶、蔡之地正好是楚与诸夏接壤处，也是当时楚国向北扩张的前哨据点，孔子明白楚国拓土的雄心，遂含义深长地说：“近者悦，远者来。”意思要楚行仁政来达成拓土之目标。孔子往蔡只为避难，楚远离中原又非孔子所愿久留，所以不多时孔子又经陈返抵卫国。卫灵公已薨四年，新君在位，孔子或想在卫一展身手。

卫灵公卒后，因南子之事出亡国外的太子蒯聩欲借晋国之力返卫执政，卫人拒之，立蒯聩之子辄，即卫出公。这种父子对峙的局势，是当时国际间注目的大事。孔子在出公四年返卫，群弟子都对他在父子政争中将采怎样的立场感到关切，纷纷询问。子贡用婉曲之言问夫子，先问：“伯夷、叔齐何人也？”孔子答：“古之贤人也。”再问：“怨乎？”再答：“求仁而得仁，又何怨？”子贡和冉有从这借古讽今的问答中断定孔子不会偏护出公辄，因为叔齐虽受父命，为求心安绝不愿占兄之位，出公虽受卫人拥立，为求心安也不应占父之位。同样的，子路也拿这问题来问孔子，开门见山就说：“卫君待子而为政，子将奚先？”孔子回答：“必也正名乎！”这和前答的意思一样，是想端正父子的名分，不愿出公在父亲健在的情形下高踞君位。正名主义是孔子最重要的政治思想。孔子在此一局势中虽有明确的立场，但卫国君臣并不曾为此征询孔子的意见，父子对峙的局面不变；孔子这时已六十三岁了，也没有余力再往他国游历，便权且在近在鲁旁的卫住了下来。这一住又住了五年。

孔子居卫的五年之中，弟子子贡、冉有、子路已先后返鲁出仕，而且颇有政绩。大约经过这些弟子的安排，鲁国当政的权臣季康子遂在卫出公九年（鲁哀公十一年）时派人来请孔子回国。孔子就在去国十四年之后又回到了自己的家乡。

回到鲁国之后，孔子名大德高，被尊为国老，凡事参与决策。虽然季氏专政如故，不一定听从孔子之言，但孔子已有许多贤弟子在鲁出仕，有什么意见也好传达，所以孔子这最后几年的政治生涯过得堪称愉快，也留下了不少有价值的政论。

孔子初抵国门之时，季孙立即使冉有来问是否可以用田赋，连问三次孔子都不答。孔子当然反对用田赋，他的看法是“施取其厚，事举其中，敛从其薄”。他不答就是无言的反对。可恨季孙，虽然明白孔子的意思，却抑制不住贪利之心，悍然在哀公十二年春天开始田赋之制。

冉有仕鲁，甚受季康子爱重，他也报答知遇，十分替季氏卖力工作。他亲近季氏，结果季氏做的许多僭妄的行动，他都没能尽力谏阻，所以孔子返鲁后经常责骂他；责骂冉有事实上便等于责备季氏。《论语》里就有这么两条家喻户晓的例子：一是“季氏富于周公，而求也为之聚敛而附益之。子曰：‘非吾徒也！小子鸣鼓而攻之可也！’”另一是“季氏旅于泰山，子谓冉有曰：‘汝弗能救与？’对曰：‘不能。’子曰：‘呜呼！曾谓泰山不如林放乎？’”

鲁国君臣也经常向孔子请教行政之道。孔子答哀公问，说了一个简明的道理：“举直错诸枉，则民服。举枉错诸直，则民不服。”答季康子问，则颇有讽刺之意：“政者正也。子帅以正，孰敢不正？”又一次说：“子为政，焉用杀？子欲善而民善矣。君子之德风，小人之德草，草上之风必偃。”的确，季氏本身无臣道，又怎能号令民众呢？另外，孔子的弟子仲弓及后辈弟子子游、子夏此时纷纷出仕，分任莒父、武城等邑的邑宰，一应政事全依孔子的指示行事，孔子的政治理想借着弟子们得到了部分的满足。

哀公十四年，陈恒弑齐简公，孔子庄容上朝，请鲁哀公派兵诛讨。其实春秋时代臣下弑君之事甚多，只是这一次地近鲁国，时在孔子得道之日，孔子正好可以出来伸张正义。哀公一则担心鲁国兵力不如齐，一则又不敢做主，要孔子问季氏的意思。孔子明知哀公必会有此表示，也明知季氏必不肯出兵，他所以这么做，不过是要尽到他“从大夫之后”的谏上之责罢了。孔子至老，仍然坚守着他信奉的礼法与原则，这是何等精神！何等魄力！

哀公十六年，孔子卒，年七十三。

2. 孔子的教育生涯

孔子十五岁而志于学，三十而立，大约在三十岁以前学业已经有成；依可信的记录看，他的教育生涯大抵就始于而立之年。鲁昭公二十年，卫国发生乱事，卫司寇齐豹杀死孟絷和宗鲁；琴张与宗鲁有故，欲自齐国前往吊祭；孔子阻止他道：“齐豹之盗而孟絷之贼，汝何吊焉？”琴张即琴牢，字子开，为孔子优秀弟子之一。在这段记载里，孔子对琴张说话，已完全是师之于生的口气，想必其时琴张已拜在孔子门下了。其时孔子年方卅一岁。昭公二十四年，鲁大夫孟厘子卒，卒前遗命两个儿子学礼于孔子，是孔子当时既有知礼之名也已有授徒之举。孔子曾一再自言“诲人不倦”，从而立之年开始，教员确成了他持久不渝的兴趣和终生以之的事业。

《史记·孔子世家》载：“孔子不仕，退而修诗书礼乐，弟子弥众，至自远方，莫不受业焉？”从昭公二十五年适齐不遇而归之后到定公九年出任鲁司寇之前的十五年间，是孔子教学生涯的黄金时期。子路、曾皙、闵子骞、原思、冉求、颜渊、公西华等都是此期所收的学生。这一时期，孔子师徒都尚未任事，生活清淡，满怀理想，教与学的双方都能够尽情施展和吸收，讲学的乐趣和效果都达到了最高点。《论语·先进》的子路、曾皙、冉有、公西华侍坐章是描写此时师徒相从之乐的代表文字。

孔子仕鲁，某些弟子相随出仕；孔子去职，弟子们也和老师同进退；真挚的师生感情与大家共信共守的道渐渐把孔门师徒聚合成一个坚强的团体。定公十三年，孔子去鲁，开始其周游列国之行，不但早期弟子纷纷随从，后期弟子也从各国纷纷来投。孔子居留外国的十四年间，遭逢不少的灾厄，师徒同甘苦、共患难，留下了许多佳话。子畏于匡，颜渊落后失散，后来相见，既惊且喜，孔子叹道："吾以汝为死矣！"颜渊回答："子在，回何敢死！"这番问答，充分流露出了他们师徒的感情。去卫过宋时，虽面临司马桓魋的威吓，孔子师徒还在大树下演习礼仪不辍。在陈绝粮，虽吃了不少苦头，孔门师徒还能不改常度，坦然相语："君子固穷，小人穷斯滥矣！"共过患难的师徒，感情何等深厚，难怪孔子晚年居鲁之时，曾经有一次思念弟子，感慨万千地叹道："从我于陈蔡者，皆不及门也！"

哀公十一年返鲁定居，孔子已是六十八岁了，德高望重，鲁国上下皆尊之为国师；他虽不直接参赞政务，仍然全力督责那些实际任事的学生，把教育和政治真正结合在一起。《论语》里有一条记载："冉子退朝，子曰：'何晏也？'对曰：'有政。'子曰：'其事也。如有政，虽不吾以，吾其与闻之！'冉求当时已经做了季氏的宠臣，孔子特别要他把公事禀报自己知道，有什么不善之处也好提出意见。这几年是孔子政治生涯中比较称意的时期，也是他教育生涯中较有实际成就的时期；但爱徒颜渊、子路的先后下世，给了他很大的打击，是他晚年最伤心的事——《公羊传》记着："颜渊死，子曰：'噫！天丧予！'子路死，子曰：'噫！天祝予！'"鲁哀公十六年四月己丑日，孔子卒，享年七十三岁，上距子路之卒还不到一年。卒葬鲁城北泗上，群弟子皆服丧三年，子贡甚至庐墓六年。学生的哀思，就是老师成功的明证。

孔子教学确实极为成功，群弟子都能秉持他的道来修己治人，议政论事：鲁人设长府，闵子骞主张“仍旧贯”；阳肤做士师，曾子劝以爱民；子游治武成，以礼乐教民；都是孔子一贯的精神之发扬。哀公因年饥而询有若以应付之道，有若请行“彻”制（十分取一为税），哀公告以二犹不足，有若答道：“百姓足，君孰与不足？百姓不足，君孰与足？”语气之严正、态度之端毅，与孔子几乎一般无二。鲁哀公作诔辞祭孔子，诚心痛悼忠良，但文中自称“余一人”，僭用天子之称，子贡虽然爱师，亦正色提出指责：“生不能用，死而诔之，非礼也；称一人，非名也；君两失之。”这番堂堂正正的话，直能使孔子含笑于九泉之下。

弟子们不但把孔子之道代代地传了下来，也把他始创的私人讲学的风气推展开来——《史记·儒林传》：“自孔子卒后，七十子之徒散游诸侯，大者为师傅卿相，小者友教士大夫。”——进而促成了战国布衣卿相之局、百家争鸣之局，远而衍成中国文化与文明的优良传统。孔子是中国文化史上第一伟人，也是中国两千多年来政治、学术、人生的最高指导者，中国人共尊他为“至圣先师”！

孔子在教育方面最伟大的口号是“有教无类”。这个口号的本身不但是教育工作的永恒的信念，而且在当时还富含时代意义：如所周知的，春秋之世正是官师失守、学术外流的关键时候，经过孔子的一番鼓吹，平民接受教育的机会日多、兴趣日增，学术不再是贵族的专利品，阶级观念打破，中国的社会与文明才开始迈上了康庄大道。孔子还有一句名言，正可以作“有教无类”一语的注脚，即“自行束修以上，吾未尝无诲焉。”束修是菲薄的拜师之礼，孔子看重的不是这些干肉，而是学子求学的诚心及尊师的礼节。现在我们来看一看孔子弟子的品类：就社会地位而言，孟懿子是鲁国贵族，司马牛是宋国贵族，而颜渊是贫士，仲弓之父为贱人，子路为卞之野人。就年龄而言，颜路只比孔子少六岁，子路少九岁，而后期弟子子夏少孔子四十四岁，子游少四十五岁，曾参少四十六岁，子张少四十八岁！颜无繇、颜渊父子及曾皙、曾参父子甚至同受业于孔门。就籍贯言，大部分弟子属鲁人或卫人，但齐、楚、陈、蔡、宋各国也都有人来游孔门。就资质言，孔子自己就说过：“柴也愚（愚直），参也鲁（鲁钝），师也辟（邪辟），由也喭（刚猛）。”但他也承认弟子们各具才能：“德行——颜渊、闵子骞、冉伯牛、仲弓；言语——宰我、子贡；政事——冉有、季路；文学——子游、子夏。”看看这良莠杂陈、贵贱共列的一份清单，怪不得东郭子惠要说：“夫子之门何其杂也！”虽说如此，孔子却能够把弟子们都调教得各有专长、各有成就，这便不得不归功于他的教学方法的灵活了。

孔子教学，极注意因材施教。因材施教根本上得先明白弟子的才性，所以孔子常利用机会观察弟子的言行，甚至当面询问他们的志向。《论语·公冶长》就有这么一段记载：颜渊、季路侍坐，孔子说：“盍各言尔志？”子路答道：“愿车马衣（轻）裘与朋友共，敝之而无憾。”颜渊接着答：“愿无伐善，无施劳。”二弟子说毕，子路询问夫子的志愿又如何？孔子答以：“老者安之，朋友信之，少者怀之。”在这样的闲居问答里，孔子固然能明白学生的性向，学生也能从夫子的言论中得到启示或感发。《先进》也有类似的一段记载：子路等弟子侍坐，孔子闲闲说道；

“你们不要因为我年纪大了些，在我面前拘拘束束，不敢说话。你们老是说没人赏识你们，假如有人赏识你们了，你们能有什么表现呢？”这样的诚恳而又自然的开场白，使弟子们不觉说出真心话来——子路莽撞地抢先回答，说是千乘的大国让他来治理，“比及三年，可使有勇且知方也。”冉有说是方六、七十里的小国让他来治理，“比及三年，可使足民。”公西华表示愿意好好学习，做个小小的礼宾官员。曾皙在一边弹瑟，轻松自在，不曾接言，直到孔子指名要他回答，他才停止弹奏，只说愿做个悠然自适，无所牵绊的人。从每个人答话的态度、口气和内容里，孔子自然就知道了他们的才性，从而可以对他们作最适切的指导。

孔子的确对弟子们的才性了如指掌。有一次季康子来问，孔子曾向他分析弟子的长处：子路“果”（有决断）、子贡“达”（通事理）、冉有“艺”（多才能）。又有一次孟武伯来问，孔子也曾畅论弟子的能力：“由也，千乘之国可使治其赋也；求也，千室之邑，百乘之家，可使为之宰也；赤也，束带立于朝，可使与宾客言也。”子贡问子张、子夏孰贤？孔子简明地回答：“师也过，商也不及。”公西华问冉求、子路性格，孔子也一语中的：“求也退，由也兼人。”他知道颜渊能“其心三月不违仁”，知道子贡有商业才能，“不受命而货殖焉，亿则屡中。”他也曾把子贡比喻成珍贵的宝器“瑚琏”。子路更是孔子既爱重又放心不下的学生，孔子知道：“衣敝缊袍，与衣狐貉者立，而不耻者，其由也与！”也知道：“片言可以折狱者，其由也与！”却忍不住担心：“若由也，不得其死然！”因为子路实在太刚直了！果然子路后来在卫国的乱事中被杀，《礼记·檀弓》甚至说他被剁为肉酱。

从孔子对弟子们提出的问题的答复里，可以看出他的确做到了因材施教、因势利导。譬如问仁，答颜渊问则说："克己复礼为仁。"答仲弓问则说："出门如见大宾，使民如承大祭，己所不欲，勿施于人。"答司马牛问则说："仁者其言也讱。"答樊迟问则说："爱人。"又说："居处恭、执事敬、与人忠，虽之夷狄不可弃也。"答子张问则说："恭、宽、信、敏、惠。"譬如问孝，答孟懿子问则说："无违。"答子游问则说："今之孝者是谓能养。至于犬马皆能有养，不敬何以别乎？"答子夏问则说："色难。有事弟子服其劳，有酒食先生馔，曾是以为孝乎？"譬如问政，答子贡则说："足食，足兵，民信之矣。"答子张问则说："居之无倦，行之以忠。"答子路问则说："先之，劳之，无倦。"答仲弓问则说："先有司、赦小过、举贤才。"他总是针对着弟子的性格与能力说话，让他们能从眼前身边下手，渐渐进入更高的境界。

关于孔子的教学方法，还有一些详明的记载。孔子曾说："不愤（心求通而未得），不启；不悱（口欲言而未能），不发；举一隅不以三隅反，则不复也。"他要求学生自己先行思考研究，那么老师只要在紧要关头画龙点睛地提醒一下，学生就能豁然贯通而且印象深刻了。另一次他说："吾有知乎哉？无知也。有鄙夫问于我，空空如也，我叩其两端而竭焉。"在孔子是自谦"无知"，事实上却显示了他那种寻根讨源、旁敲侧击、反复譬喻的教学手段。他教书不讲抽象的大道理，也不博征远引，只是有问必答，正如朱子说："如孔子之教人，只是逐件依事说个道理，未尝说出大关键；然四面八方合聚凑来也自见得个大关键。"学生之所以能够自由发展个性，因为孔子未尝用自己一套固定教案把弟子们局限住了的缘故。

孔子曾用《诗》、《书》作为教材，《述而》篇里有明文记录。除此之外，当时的“儒”所应具有的才艺——所谓六艺：礼、乐、射、御、书、数——也是孔门的主要课程。孔子特别重视《诗经》，这不但因为《诗经》在当时社会交际上有实际的用处（引用诗句交谈是当时文雅的风尚），也因为他注意到了读诗对人格感化所具的特效，所以他尝说：“小子何莫学夫诗！诗可以兴、可以观、可以群、可以怨；迩之事父，远之事君；多识于鸟兽草木之名。”又尝告诉儿子伯鱼：“汝为《周南》、《召南》矣乎？人而不为《周南》、《召南》，其犹正墙面而立也与！”孔子所教的课程，从实用的层面讲，一个人“不学诗无以言，不学礼无以立。”从人格的完成言，理想的人乃“兴于诗、立于礼、成于乐。”孔门的教育是不以教导出有能力充任小官吏的士人为满足的，所以孔子虽也曾说：“学也，禄在其中矣！”他真正的心愿却是要教导弟子成为人格完美的人，并且在有机会的时候为最大多数的人作出贡献，所以他赞美那些志向远大的弟子说：“三年学，不志于谷，不易得也。”樊迟请学稼、学圃，孔子骂他没出息——读书人即使不能治国行道，至少也可以做个知礼好文、能维护文化传统的“儒”，何用去学做园丁、做农夫呢？稼、圃不曾列在孔门的教育内容之内，就是因为它不符合孔门的教育宗旨。

教育是传道的途径，也是莫大的乐事。孔子既无法行道，只好毫无保留的把学问全部传授给弟子（《述而》篇：“二三子以我为隐乎？吾无隐乎尔！吾无行而不与二三子者，是丘也。”），也因此而得到了很多的乐趣。《先进》篇记着：“闵子侍侧，訚訚如也；子路行行如也；冉有、子贡侃侃如也。子乐。”孔子看到随侍在侧的弟子们各有各的气质（闵子骞正直、子路英武、冉有子贡随和），却又都是规矩文雅的，自然深获“得天下英才而教育之”之乐。子游治武城，教民以礼乐，孔子率群弟子来参观，听到弦歌之声，不禁莞尔而笑。孔子使漆雕开出仕，漆雕开谦称目前还没有足够的能力，孔子很称赏他的谦恭和务实。孔子评子桑伯子为“简”，仲弓追问道：“居敬而行简，以临其民，不亦可乎？居简而行简，无乃太简乎？”孔子欣然赞同。子夏问《诗》“巧笑倩兮，美目盼兮，素以为绚兮”的意义，能把握“礼后”之旨，子贡问处贫富之道，能引《诗》“如切如磋，如琢如磨”为说，孔子都许以“始可与言诗已矣！”其心中的快慰可以想见。孔子一生未能在政治上一展抱负，这些得自教学工作中的乐趣便是他漂泊失意的人生里最大的安慰了。

3. 其他

除了政治和教育两方面的事迹外，孔子日常生活中的习惯、爱好、技能及某些事故也还有许多值得后人注意及效法的。

孔子之所以能够成为一位伟大的学者，好学是一个重要的原因——他自己就说过：“十室之邑，必有忠信如丘者焉，不如丘之好学也。”又说：“我非生而知之者，好古，敏以求之者也。”因为好学，各方面的知识都想接触，因此他才成了一个博学多能的人（达巷党人称他“博学”，吴太宰称他“多能”），也因此他有好多老师——就是子贡说的：“文武之道，未坠于地，在人；贤者识其大者，不贤者识其小者，莫不有文武之道焉，夫子焉不学，而亦何常师之有？”他除了向长于某艺的专家学习，也能从比他不如的人身上得到反面的启示，所谓“见贤思齐焉，见不贤而内自省也。”所谓“三人行必有我师焉，择其善者而从之，其不善者而改之。”好学一方面增益了他的学识，一方面也陶冶了他的品格，使他在日常生活中能够做到“食无求饱，居无求安，敏于事而慎于言，就有道而正焉”，也使他能够在“饭疏食、饮水、曲肱而枕之”的困境里自得其乐。

孔子对文学、艺术、音乐都非常爱好，也相当有研究。他在齐国经常有机会听到虞舜所用的韶乐，听得满心舒畅，有“三月不知肉味”的记录，可见爱好之深。后来他曾把韶乐和武乐加以比较，认为“韶尽美矣，又尽善也；武尽美矣，未尽善也。”武乐是周武王所用的乐；虽然周武王也是一代英主，但因为他是以征诛得天下的，所以他用的乐章之中就免不了有些杀伐之气了。不是对音乐有研究的人是说不出这样深刻的话的。有一次他和鲁国的乐官讨论演奏乐曲的技巧，极能把握要领：“乐其可知也。始作，翕如也（众音合）；从之，纯如也（音调谐婉），皦如也（音节分明），绎如也（全曲一气呵成），以成。”他晚年回到鲁国之后，很可能曾把宗庙、宴飨所用的乐曲都整理改写了一番，所以说：“吾自卫反鲁，然后乐正，雅颂各得其所。”他对《诗经》特别欣赏，前文已经说过，关于《诗经》，他也有两句中肯的评语：“诗三百一言以蔽之，曰：‘思无邪。’”“《关雎》乐而不淫，哀而不伤。”孔子也喜欢歌唱，《述而》篇记载他和别人合唱，唱得痛快了还要请人家再唱一次，自己在旁和声。弟子们也深受他的影响，常常鼓瑟和歌自娱。孔门的艺术气氛是很浓厚的，艺术生活是很丰足的。

孔子是一个富有同情心的人，在日常生活中他有一些基于同情而自然养成的习惯，譬如：“子食于有丧者之侧，未尝饱也。子于是日哭，则不歌。”“子见齐衰者，冕衣裳者与瞽者，见之，虽少必作，过之必趋。”甚至他对动物也有爱心，从不做赶尽杀绝的事——“子钓而不纲，弋不射宿。”另外，《乡党》篇记载了许多他的生活细节，譬如“割不正不食，席不正不坐”之类；这虽然没有什么大道理在内，也可以看得出他是一个多么谨饬庄重的人。

他的一生之中，除了多次被隐士们讥刺外，也曾多次被人怀疑不比子贡贤德。这是很可怪的事。大概子贡办事比较圆通，说话比较动听，一般人比较容易接受吧！从这里也可看出孔子始终是寂寞的，难怪他要说：“知我者其天乎！”子贡不愧是一个贤弟子，叔孙武叔和陈子禽毁孔子，他不但不因为自己被赞美而沾沾自喜，反而替老师申辩：“譬之宫墙，赐之墙也及肩，窥见室家之好；夫子之墙数仞，不得其门而入，不是见宗庙之美，百官之富。”“他人之贤者，丘陵也，犹可踰也；仲尼，日月也，无得而踰焉！”“夫子之不可及也，犹天之不可阶而升也。”孔子也幸而有一班贤弟子，才能把他的学说传了下来。

孔子虽然从教学工作及音乐、艺术中得到不少快乐，但大志未伸，难免也有悲观的时候。他曾经想“乘桴浮于海”，又想“居九夷”；这一方面或许是想在这些边远地区找机会行道，一方面也是一种对中原政局灰心的表示。但他毕竟始终勇敢地屹立在现实社会之中，从无逃于荒外或隐于草野的行动，并且一生为自己的原则与理想而奋斗到底。孔子不仅是伟大的学者，甚至也是伟大的斗士！

三、孔子的思想

孔子的学说，重点在督责人人追求一种完美的人生。所谓完美的人生，不但包括养成个人平正光明的人格，也包括完成有益人群的行为与事功。前者即是个人修养，后者则进于政治实务。

无论谈“修己”或“治人”，孔子始终以道德为最高的指导原则：个人修养方面，他说：“志于道，据于德，依于仁，游于艺。”政治实务方面，他说：“为政以德，譬如北辰，居其所而众星拱之。”“道之以德，齐之以礼，有耻且格。”他用一个“仁”字作为全德之名——“仁”不但是理想人格的唯一模式（“君子去仁，恶乎成名？君子无终食之间违仁，造次必于是，颠沛必于是。”），也是一切有益人群的行为与事功的原动力（“夫仁者，己欲立而立人，己欲达而达人。”）

孔子虽然重视事功，但他也明白经国纬民的大业并不是人人得而参与的，更不是轻易可获成绩的，所以他平日绝不以“治人”要求他人；然而“为仁由己，而由人乎哉？”他却是非常注重“修己”的，他以“修己”为每个人终生不渝的责任：“士不可以不弘毅，任重而道远。仁以为己任，不亦重乎？死而后已，不亦远乎？”“修己”在他想来，不但是“治人”的基础，而且其本身也具有伦理上的不可磨灭的价值。

孔子谈“修己”，包括“学文”和“砺行”两方面。

1. 学文

学字最基本的意义就是读书求知，也就是所谓“学文”。孔门的教育内容包括《诗》、《书》、六艺等等，这都是当“学”之“文”。“学文”之事在孔子心中究竟有若何之重要性呢？《学而》篇云：“弟子入则孝，出则悌，谨而信，泛爱众，而亲仁。行有余力，则以学文。”据此看来，孔子似乎把“学文”作为“行有余力”之后的工作；换言之，“学文”不但可有可无，而且其重要性也远不如“砺行”。是吗？且看《先进》篇：子路使子羔去做费邑之宰，子羔尚未成学，年事甚轻，孔子因表反对；子路抗辩道：“有民人焉，有社稷焉，何必读书然后为学？”孔子闻之，即斥子路为“佞”。可见孔子绝不抹煞学文的价值。那么学文的价值在哪里？

这仍然可以从孔子告诫子路的话里来推断。《阳货》篇：“由也，女闻六言六蔽乎？……居！吾语女。好仁不好学，其蔽也愚。好知不好学，其蔽也荡。好信不好学，其蔽也贼。好直不好学，其蔽也绞。好勇不好学，其蔽也乱。好刚不好学，其蔽也狂。”原来学文是可以辅助砺行的，只砺行而不学文，也许会有想错做差的时候。《泰伯》篇也说：“恭而无礼则劳，慎而无礼则葸，勇而无礼则乱，直而无礼则绞。”学文一事有不少好处，譬如增进知识：“多识于草木鸟兽之名”，培养处事应对的能力：“不学诗无以言，不学礼无以立。”但孔子最重视的还是它在辅助砺行上的功用。甚至可以说，他认为学文的价值就在砺行。

照孔子的想法，从消极一面讲，学文至少可使一个人行事不至于离经叛道：“君子博学于文，约之以礼，亦可以弗畔矣夫！”从积极一面讲，学文的确可以涵养完美的人格：“兴（振奋心志）于诗，立（卓然有为）于礼，成（德行圆满）于乐。”所以孔子教人读诗，也特别强调诗在陶冶人格上的作用：“诗可以兴，可以观，可以群，可以怨，迩之事父，远之事君。”《易象传》里有一句话把他这个想法交代得最简明扼要，即：“君子多识前言往行以畜其德。”

学文所以砺行，孔子再三地强调了此点；但，学文为什么可以辅助砺行呢？其作用的方式又如何？从理论上讲，一个人读书求知以建立行为的准则，其方式有二种：一种是自知自觉的，一种是潜移默化的。前者是有意识地接受，后者是无意识的接受。前者常须经过个人思虑或选择的过程，后者则否。孔子因为认定个人于“学文”之前应先已有“入则孝，出则悌，谨而信，泛爱众，而亲仁。”的基本修养，所以对个人思虑与选择的能力寄予充分的信任，所以他十分强调学文的自知自觉式作用，说道：“多闻，择其善者而从之，多见而识之，知之次也。”又说：“多闻阙疑，慎言其余……多见阙殆，慎行其余。”他自己明明是“多学而识”，却一定要和子贡说他是“一以贯之”，此无他，他就是要强调读书要有本，要知道选择和吸收，绝不可徒务堆积。（《朱子语类》解“多学而识”章云：孔子实是多学，无事不理会过，只是于多学中有“一以贯之”耳。）关于学文的潜移默化式作用，后儒颇能领会和说明，例如《大戴礼·礼察》：“礼云礼云，贵绝恶于未萌，而起敬于微渺，使民日徙善远罪而不自知也。”孔子虽不曾明言这一层，但他事实上也已有见及此，否则他不会说出“慎终追远，民德归厚矣”这样洞明风俗人心变迁之故的话。他说“诗可以兴，可以观，可以群，可以怨”，也已指出诗在移人情性上的微妙作用——诗所以能移人情性，绝不是全出于主观的学习和有意识的接受，反而大部分是出于温柔敦厚的诗教的潜移默化：“兴”义为感动激发，一定得通过感情的作用才可发生；“群”者和而不流，“怨”者怨而不怒，都有赖于性情上的操持，而无关于知识上的思辨，更非单凭理智所可达致。孔子曾谓：“诗三百一言以蔽之，曰：思无邪。”这一定是有感于读诗常可在不知不觉间端正人的情性而说的。

现在再说到学文本身的方法和细节。

孔子云：“十室之邑，必有忠信如丘者焉，不如丘之好学也。”他自认好学是他的一大长处，而他对如何去学确实也有许多中肯的看法。在《述而》篇里，他说“好学”不外“敏求”耳，所谓“敏则有功”；这是很切实的。他有一句话正可以作“敏求”的注脚，即“学如不及”。

“敏以求之”是求知的手段，既知之后，还须能将之咀嚼消化，持守勿失，最好还能因而引发新知。这就需要时时温习了。《论语》首章即谓：“学而时习之，不亦说乎？”学而不习，不但容易忘记，而且平日若不能时时提撕，所学亦不能真有益于身心；反之，学而能够时习，却常可因彻底融会而触类旁通，更多了解到先前所不了解的东西，等于新学到一样——就是《为政》篇说的“温故而知新”。孔门高弟子夏曾经说：“日知其所亡，月无忘其所能，可谓好学也已。”他的“好学”的定义就包括了“知新”和“持故”两方面。

求知必须经过思考，否则囫囵吞枣，绝不能得到真知。孔子是以说：“学而不思则罔，思而不学则殆。”只学不思则往往陷于盲从，只思不学则往往陷于偏激，都会影响“学”的效果。孔子说这话，不是讲理论，是他自己亲身的经验：“吾尝终日不食，终夜不寝，以思，无益；不如学也。”

除了学、思并重之外，孔子还主张求知必须严辨“知”与“不知”。这不但是一个行为问题，也是一个道德问题。孔子对此点甚为重视，曾再三言及：“君子于其所不知，盖阙如也。”“盖有不知而作之者，我无是也。”“知之为知之，不知为不知，是知也。”至于《泰伯》篇中“民可使由之（由道而行），不可使知之”之语，本是孔子对于实际施政的困难所发的慨叹，并不是他对知行问题的真正看法。

子贡有一次形容孔子：“文武之道未坠于地，在人，贤者识其大者，不贤者识其小者，莫不有文武之道焉；夫子焉不学？而亦何常师之有？”孔门之求学，注重多方师法，集思广益。不但如此，孔子也鼓励人们结交多闻的益友（《季氏》篇“益者三友”中有“友多闻”）在孔子的心目中，良师益友不只可以助人“学文”，还可以助人“砺行”的。

孔子屡次自谓“学而不厌”，这固然是他认真求学、持久不懈，也是纯粹的学者终至之境界。《论语》有一章正可以生动地形容出这种境界：“其为人也，发愤忘食，乐以忘忧，不知老之将至。”学而尚未有得则发愤忘食，学已有得，则乐以忘忧，这样不断生活在追求的刺激与获得的快乐之中，试问人怎么还会感觉厌倦呢？难怪人会“不知老之将至”呢！到了这个地步，不要说学可期其必成，即德亦可以期其必成了。

虽然孔子很重视“学文”，但他更重视“砺行”，以为“学文”的价值便在“砺行”，所以假使一个人没有机会，没有余力来“学文”，却能实心实意去“砺行”，孔子也愿意承认他是个有教养的人。《学而》篇记载着孔子及子夏的两段话，反复申明了这个意思——孔子说："君子食无求饱，居无求安，敏于事而慎于言，就有道而正焉，可谓好学也已。"子夏说："贤贤易色，事父母能竭其力，事君能致其身，与朋友交，言而有信；虽曰未学，吾必谓之学矣。"在这两段话里，"学"字的意义是很深的。

由此一观点出发，孔子把"学文"的目的性又重加认定，并且用是否能行来考察"学文"的成绩。他以为：学假使不在性情上用力，学得再好也不值得重视。孔门贤弟子有"四科十哲"之称，包括"德行：颜渊、闵子骞、冉伯牛、仲弓。言语：宰我、子贡。政事：冉有、季路。文学：子游、子夏。"鲁哀公某次问弟子孰为好学，孔子居然不提长于文学的游、夏，单举颜渊以对："有颜回者好学，不迁怒，不贰过，不幸短命死矣。今也则亡，未闻好学者也。"这是什么缘故呢？原来他也称许颜渊能够即知即行，把所学化为心德。他把"好学"二字引申为"不迁怒，不贰过"，也正就是用"行"来见证"学"的意思。孔子曾经称赞颜渊："语之而不惰者，其回也与！"又说："回也，其心三月不违仁，其余则日月至焉而已矣。"这两句话，倒是交代出了他独许颜渊好学的深旨来。

总而言之，孔门之学，要其归为立身做人。孔子曾说："古之学者为己，今之学者为人。"他所提倡的"学"就是"为己"之学，也就是可以增益自己的品德之学。荀子把这"古之学者为己"之语释作"君子之学以美其身"，可算达意。"为己"之学也并不是"独善其身"的，它仍然有益于他人，因为"君子学道则爱人""夫仁者，己欲立而立人，己欲达而达人"。另外，孔子强调由为学到立身并不是水到渠成之事，还须看学者的资质和所下的工夫如何，所谓“可与共学，未可与适道；可与适道，未可与立；可与立，未可与权。”即以孔子之敏学，十五志学，三十始立，四十始不惑。学者唯有以志辅德，以学辅行，才可能穷竟“下学”之功而“上达”以日进乎高明——“五十而知天命，六十而耳顺，七十而从心所欲不踰矩。”到了这般境界，“学”的意义才算是发挥到了极点。

2. 砺行

朱子《论孟精义·序》云：“《论语》之言，无所不包，而其所以示人者，莫非操存涵养之要。”的确，《论语》一书虽然历记着孔子一生的言行，而其主要内容便是说明砥砺德行的重要性和方法的。

孔门所重视的德行，细分之固然包罗甚广——譬如分言“温、良、恭、俭、让”或“恭、宽、信、敏、惠”——孔子却只以一个字来囊括它：即是“仁”。所以讨论孔门砥砺德行之说，可以从孔子论仁之语入手。

孔子说：“仁远乎哉？我欲仁，斯仁至矣。”又说：“有能一日用其力于仁矣乎？我未见力不足者。”照这样看，求仁该是一件很容易的事情，只要一个人“欲仁”、“用其力于仁”，就可以“得仁”。然则仁不仁的分野不在能不能而在为不为了。

依孔子的想法，人之“能”仁是不成问题的，因为“仁”实际就是与生俱来的人性之发挥；“仁”最简单的解释是“非礼勿视，非礼勿听，非礼勿言，非礼勿动”，而“礼者，义之实也。”（《礼记·礼运》）凡事依礼而行、顺义而为对每个人来说都是最合乎天性且容易办到的，又安有不能之理？真正成问题的是人究竟愿不愿去“为”仁。只要人能够“为仁”，就可以“得仁”。

那么怎么去“为仁”呢？概括言之，就是把己心始终维持在清明自主的状态之中，让它能毫无困难的去应对事物。这其实不难，一时半刻一日两日为之更属不难，但若真要持之以恒却太不容易了：一方面，人得长时期抑制自己的欲望，抵挡外来的诱惑；一方面，人得长时期抑制自己的惰性，奋起精神。试想：“无终食之间违仁，造次必于是，颠沛必于是。”“仁以为己任……死而后已。”那得用多大的毅力才能做得到啊！难怪孔子要称赞颜回，毕竟他能“其心三月不违仁”，操持的功夫相当湛深了。

孔子虽未明言性善，但他确实肯定人心是知义的，所以他讨论如何砺行的问题，皆以己心为出发点。宰我欲改三年之丧为一年，孔子问他：“于汝安乎？汝安则为之。”孔子以为人做了一件事后假使在私能够“心安”，则必在公也能“理得”，其行为也必合乎道德的原则；反之，人若做了违背道德之事，其心一定会不得安的。是故求心之所安是砺行的根本。司马牛问如何而可以为君子，孔子答曰：“君子不忧不惧。……内省不疚，夫何忧何惧？”这“内省不疚”也就是心安的意思。行义则心安，所以砺行的依据也就是一个“义”字：“君子之于天下也，无适也，无莫也，义之与比。”（《里仁》）

律己要从本心出发，待人又何独不然。每个人自己喜好的事物，也就是别人亦喜好的；每个人自己厌恶的事物，也就是别人亦厌恶的；所以待人的法门是“推己及人”“己所不欲，勿施于人”，而其根本仍在求心之所安。

再说砺行的基本态度。此种态度即“敬”（“恭”）。它既可以是行为尚未发动之前的心理状态，也可以是实际处事时的行为方式。由前一义言，它可以说是“诚恳”；由后一义言，它可以说是“认真”。这“敬”能使人意志集中，更能用心向义。宋儒有一句名言：“涵养须用敬。”虽然“敬”字的意义在后来已经有变，毕竟大家都公认“敬”为涵养道德的根本。孔子说“居处恭”、“修己以敬”，弟子仲弓说“居敬而行简”，子夏说“君子敬而无失，与人恭而有礼”，这些恭字敬字都是指一种诚恳的精神状态。《颜渊》篇：“出门如见大宾，使民如承大祭。”这两句话恰好可以说明那种诚恳的精神状态：人在见大宾承大祭的时候，因为场面隆重庄严，礼仪繁多复杂，所以得要特别专心特别注意才能行止得当；孔子就是要人时时提起精神，以如此的心态来应事。曾子是孔门优秀弟子，一生服膺此教，乃其临终时自况生平，引《诗》曰：“战战兢兢，如临深渊，如履薄冰。”“敬”的真谛由此遂表达无余了。另外，“敬事而信”、“事思敬”、“执事敬”、“事君敬其事而后其食”这些句中的“敬”字都是指的行为方式而言。认真地做事，一方面能把事情办得很好，一方面人也可以从这种行为中淬砺其品格，并学到许多实际的经验。

现在要说到砺行的实际作法。

前文说过学文的目的在砺行；倒过来讲，砺行的一个主要方法就是“学文”。“文”是后天的、外在的东西，欲其有益于心德必须经过一番转化的过程，这个转化的过程学者虽或自知或不自知，不过“文”中的“道”终归借此而深植在他内心之中了；这是学文的好处。《韩非子·喻老》云：“礼者，外节之所以喻内也。”颇能道出学文与砺行之间的关系。质而言之，砺行固非必期于学文，学文则必有功于砺行，所以子夏说：“博学而笃志，切问而近思，仁在其中矣。”

除了博文约礼外，直接地人格感化也有益于心德，所以修德还须注意选择环境和选择朋友。孔子说："里仁为美。择不处仁，焉得知？"这是强调环境的重要；又说："君子以文会友，以友辅仁。"这是强调朋友的重要。他相当重视择友，认为朋友的好坏足以益损个人的品德："益者三友，损者三友。友直、友谅、友多闻，益矣；友便辟、友善柔、友便佞，损矣。"故主张结交益友："居其邦也，事其大夫之贤者，友其士之仁者。"摒弃损友："无友不如己者。"看到别人有胜己处则学习之，有失德处则自省自警："见贤思齐焉，见不贤而内自省也。""三人行必有我师焉，择其善者而从之，其不善者而改之。"要这样，才能真正收到"以友辅仁"的效果。

前面说过，修德的大问题不在"知"而在"行"。很多人明知道该怎么去做才是好的、才是对的，要他讲也讲得出一套大道理，却偷懒不愿下苦工夫去做，或贪图小利宁愿去做坏事错事。修德最要紧的就是把握住这个关键来用力——"知"了要即刻就去"行"。孔子屡言"敏于事"、"敏于行"，就是要人不只是"坐而言"，要勇于"起而行"。孔门之中，子路是最勇于行的，《公冶长》篇便如此记载着："子路有闻，未之能行，唯恐又闻。"孔子又恐人们不知如何去行，于是从重行这个观念推衍出一个实际的行为标准，即是：说到就要做到，做得到的才说。"其言之不怍，则为之也难。"大话谁都会说，但是说了不一定能做到；只说不做是无信，不符合道德原则，君子耻之："古者言之不出，耻躬之不逮也。""君子耻其言而过其行。"所以人要自我控制，做不到就不说，说到就做到："君子……言之必可行也。君子于其言无所苟而已矣。"甚至最好先不要说，先直接去做："先行其言，而后从之。"

所谓“勇于行”除了知道什么是好的对的就去做以外，还包括知道什么是坏的错的就马上改。这也是个人很容易自己把握的、很实际的一种行为标准。要“改过”首先必须“知过”。当然知耻明理的人自己能知过，就是《公冶长》篇说的“见其过而内自讼”，但有时候“当局者迷”，人也会见不到自己的过错；其时便需听从他人的指点劝告：“法语之言，能无从乎？改之为贵。巽与之言，能无说乎？绎之为贵。”知过必改的是君子，知过不改，孔子以为无以造就：“说而不绎，从而不改，吾末如之何也已矣。”知过而文过饰非的则是小人：“小人之过也必文。”文过根本比不知过好不了多少。修德的最终目的虽是“无过”，孔子却并不要求人们平日就做到“无过”，那是不可能的，他自己也要到七十岁时才能“从心所欲不踰矩”；他的要求就是把许许多多的“过”一一改掉，一一革除，尽量朝“寡过”去做。所以犯过不算大恶，只要能改过则过非其过——换言之，“过而不改，是谓过矣。”孔子称美颜渊，特别提到他的“不贰过”，那是知过之智与改过之勇都到一个相当程度后才能达到的境界。

除了基于实行上的考虑，因为“耻躬之不逮”所以希望“言之不出”外，孔子也为了其他理由而鼓励人们少言、谨言。如果说些平常闲话，“言不及义”，无助于修德，不如不说；如果传述不可信的事，弄得别人埋怨，自己惭愧，又何如“多闻阙疑，慎言其余，则寡尤。”言语表现一个人的德性，一句话说得不在理，就很可能被目为缺乏教养：“君子一言以为知，一言以为不知。”是以：“言不可不慎也。”当然最要不得的就是说谗媚取容、虚伪不实的话，孔子对此深恶痛绝，斥道：“巧言乱德”、“巧言令色，鲜矣仁”、“巧言令色足恭，左丘明耻之，丘亦耻之”。巧言为什么会乱德呢？巧言乃所以欺人或取悦他人，话一出口就已湮没了人善良真诚的本性，欺人悦人之计若是得售，更使人心存侥幸而见利忘义；这种双重的弊害还不会“乱德”吗？总而言之，孔子要人说话诚恳认真（“言忠信”），就像做人的基本态度一样。他认为辩才无碍总难免近乎“巧言”，所以宁愿人木讷一些，何况本质上他就是重行不重言的，因此说道：“仁者其言也讱（迟钝）”、“君子欲讷于言而敏于行”、“刚毅木讷近仁”。

关于修德之方的讨论散见《论语》全书之中，但最完整易知、切实易遵的可以下列四条为代表：“吾日三省吾身；为人谋而不忠乎？与朋友交而不信乎？传不习乎？”（曾子言）这是每日自我检讨之法；“君子有三戒：少之时，血气未定，戒之在色。及其壮也，血气方刚，戒之在斗。及其老也，血气既衰，戒之在得。”这是一生自我警惕之法；“子绝四：毋意、毋必、毋固、毋我。”意、必、固、我四者是应该永远弃去的；“君子有九思：视思明、听思聪、色思温、貌思恭、言思忠、事思敬、疑思问、忿思难、见得思义。”这九思则是应该永远持守的。能记住这四段话，一个人修身行事也庶几不会有大差错了。

道德本于人伦，人伦本于天性，修德若能从序人伦入手，则所谓“直指人心”，可收事半功倍之效。孔子故曰：“君子务本，本立而道生。孝悌也者，其为仁之本与。”孝悌不但为修身齐家的根本，也是治国平天下的根本，所以孔子曾说：“君子笃于亲，则民兴于仁。”齐景公问政，他也只答以：“君君、臣臣、父父、子子。”另外，修德能否有成重在下梢功夫，埋头做去，纵万丈高楼亦可起于平地，不能坚持到底，虽为山九仞不免功亏一篑：“譬如为山，未成一篑，止，吾止也。譬如平地，虽覆一篑，进，吾往也。”成德与否就全看个人的抉择了。

四、孔子的著述

从汉朝独尊儒术以来，孔子一直被中国人公认为历史上最伟大的学者和教育家；儒家最重要的经典，都被指为出于孔子之手——《史记·孔子世家》："孔子之时，周室微而礼乐坏，诗书缺。追迹三代之礼，序《书传》……故《书传》、《礼记》自孔氏。……古者诗三千余篇，及至孔子，去其重，取可施于礼义……三百五篇，孔子皆弦歌之，以求合韶武雅颂之音。礼乐自此可得而述，以备王道，成六艺。孔子晚而喜易，序彖、系、象、说卦、文言。……孔子以诗书礼乐教。"这种看法虽然大致不差，但说孔子对古代文献的整理和传布有大贡献则可，说六经皆由孔子一手建立则未必然。最可信为孔子之著述的书只有二种，即《春秋》和《论语》。《春秋》是孔子据鲁史之文稍加改动而成，《论语》是孔子弟子门人记录孔子言行之作。（按：这里采用"著述"一词，是取广义的用法，否则《论语》《春秋》都不能算是孔子真正的"著述"。）

1.《论语》

"论语"一名，大致是说明此书的性质的。关于用这两个字题端的意思，历来许多经师曾作了许多文章解说，但都有穿凿附会之嫌，不能深信，还是《汉书·艺文志》及《隋书·经籍志》的说法最为平允：

论语者，孔子应答弟子时人及弟子相与言而接闻于夫子之语也。当时弟子各有所记，夫子既卒，门人相与辑而论纂，故谓之《论语》。(《汉志》)

孔子讲于洙泗之上，门徒三千，达者七十；其与夫子应答及私相讲肄，言合于道，故书之于绅，或事之无厌，仲尼既没，遂辑而论之，谓之《论语》。(《隋志》)

这两种说法对选用论、语二字题端这一点都提出了极切实的说明。说得更简捷明快的是清儒赵翼，他说："语者圣人之遗言，论者诸儒之讨论也。"

"论语"之名，是成书时已立还是后来所定？第一个谈到这个问题的是汉儒王充。他在《论衡·正说》里说：直到西汉后期孔安国以此书教鲁人扶卿之时才称此书作《论语》。赵岐《孟子题辞》则说汉文帝时已立论语博士，已有"论语"之名。这两个说法不知孰是。在比较早的文献中，只有《礼记·坊记》曾明着"论语"之名，而《坊记》的着成时代也成疑问。所可知的是：在战国时代确实还没有人知道有一本叫作《论语》的书，一般人征引今本《论语》中的孔子嘉言，都是直接用"孔子曰"、"仲尼曰"的形式。

《论语》一书，依《汉志》、《隋志》所述，是孔子弟子门人共同编纂的。历来有许多人都想把此书作者的范围更缩小一些，比如郑玄说它是仲引、子夏作，柳宗元说是曾子弟子作，程颐说是有子、曾子之门人作……但他们所举的证据都不够坚强。其实不论谁作，基本上《汉志》《隋志》的说法是对的：此书是一个集体创作，由若干人的笔记集合而成。这可以从《论语》书中有好多重复而未加删除的章节得到证明。清儒崔述就认为《论语》章节多重复的原因是："或孔子尝两与弟子言之，而各述所闻以诏门人；或但一言之而所传闻不同；后儒纂辑之时未及删耳。"这样的例子很多：

"巧言令色，鲜矣仁。"《学而》、《阳货》篇两见。

"博学于文，约之以礼，亦可以弗畔矣夫。"《雍也》、《颜渊》篇两见。

"子曰：不在其位，不谋其政。"《泰伯》、《宪问》篇两见。

"主忠信，无友不如己者，过则勿惮改。"《学而》、《子罕》两见而《学而》篇加详。

"三年无改于父之道，可谓孝矣。"《学而》、《里仁》两见而《学而》篇加详。

"不患人之不己知，患不知人也。"《学而》此文，《宪问》作"……患其不能也"，《卫灵公》作"君子病无能焉，不病人之不己知也。"义近文殊。

"子入太庙，每事问。"《八佾》、《乡党》两见而《八佾》篇加详。

"子见齐衰者，冕衣裳者与瞽者，见之，虽少必作，过之必趋。"《子罕》此文，《乡党》作"见齐衰者，虽狎必变，见冕者与瞽者，虽亵必以貌。"义近文殊。

"子曰：默而识之，学而不厌，诲人不倦，何有于我哉？"《述而》此文，同篇又作"子曰：若圣与仁，则吾岂敢！抑为之不厌、诲人不倦，则可谓云尔已矣。"后者加详。

“子曰：知者不惑，仁者不忧，勇者不惧。”《子罕》此文，《宪问》作“子曰：君子道者三，我无能焉：仁者不忧，知者不惑，勇者不惧。”后者加详。

“子曰：邦有道，贫且贱焉，耻也；邦无道，富且贵焉，耻也。”《泰伯》此文，《宪问》作“宪问耻。子曰：邦有道，谷；邦无道，谷，耻也。”义近文殊。

这些都是判断《论语》非成于一人之手的证据。

《论语》这部书的编纂，理论上应该是孔子殁后不久的事。但事实不然。《泰伯》篇记载着曾子将死，孟敬子来问疾，这孟敬子是孟武伯之子，乃战国初年鲁的大夫，可见《论语》之编集必在战国初年以后。史称曾子少孔子四十六岁，且老寿，则他的死期距孔子之死至少也该有四、五十年了，而《论语》之编集犹在其后，换言之，《论语》的编定至少是孔子殁后五、六十年之事。

有一些学者以为，《论语》的编定应该经过两个阶段：(一)编成前十篇；(二)编成后十篇。这话大致不错。《论语》前十篇和后十篇文字、文体等各方面看来都不像是同时的作品。主此说的崔述、伊藤仁斋、徂徕春台等人所提出的理由如下：

(1)《论语》前十篇文皆简短，只有两章在百字以上；后十篇文皆加长，过百字的约有十章，且有长至三百余字之章。

(2)《论语》前十篇只录孔子及门弟子之言行，后十篇则多杂记古人之言，且多冒头突起之文。

(3)《论语》前十篇记孔子答国君问用“孔子对曰”，其他皆用“子曰”；后十篇则并孔子答大夫问亦用“孔子对曰”，体例已变。

(4)《论语》前十篇记君大夫问，皆但言问，不言“问于孔子”；后十篇则多用“问于孔子”，甚至并门人之间亦用“问于孔子”，体例已变。

（5）《乡党》篇杂记孔子的起居生活习惯，似乎应是全书之末卷，而《乡党》今适在第十篇，可见《论语》前十篇应先已别行。

这些都是判断《论语》前十篇和后十篇分两次编集的证据。这两次的编集，应该都在战国时代，但实际的年岁已不可考。

《论语》在社会上传诵既久，篇章字句渐渐有了讹变：根据《汉志》的记载，到了西汉之时，社会上已有三种不同版本的《论语》：一种二十篇本，行于鲁，称为《鲁论》；一种二十二篇本，比《鲁论》多《问王》、《知道》二篇，其他各篇章句亦颇多于《鲁论》，行于齐，称《齐论》；一种是孔壁所出古文本《论语》，计二十一篇，篇次与《齐论》、《鲁论》不同，文字与《齐论》、《鲁论》亦大有出入。这当然有碍于学者的研习。于是汉元帝时文臣张禹出来董理《论语》，以《鲁论》为本，参以《齐论》，除去《问王》、《知道》二篇，删改繁惑的文字和不妥的章节，成立一种新本《论语》。这个本子大见通行，号《张侯论》，人人诵之，当时学者甚至有“欲为论，念张文”的话。此书一出，其他几个版本的《论语》便很快地都亡佚了。

《论语》的编定既经过那么一个繁复的过程，时间也拖了这么久，可想而知的，一定有部分的记载因为辗转相传而有失实之处，比如（1）文字文体非孔门之旧。（2）思想有误。（3）事实有误。（4）虽言论纯为儒家的，但已经过后儒的补充，非孔子之旧。关于第一点，只要它所记录的事实及思想没有毛病，倒也不构成什么问题；第二、三、四点却须在读《论语》时加以辨明，以免对孔子产生了错误的印象。

关于思想有误部分，比如《述而》篇："加我数年，五十以学，亦可以无大过矣"章之"亦"字，古《论语》作"易"，学者因读此章为"加我数年，五十以学易，可以无大过矣"，以为孔子果有学易传易之实，结果后来富含道家及阴阳家思想的《易传》托言为孔子所作，绝大部分的人都信以为真。又如《微子》篇中"楚狂接舆歌而过孔子""长沮桀溺耦而耕"等章，皆含避世思想，疑是道家之言。

关于事实有误部分，比如《季氏》篇有"季氏将伐颛臾，冉有、季路问于孔子"的记载，而事实上冉有、季路并不曾同时仕于季氏。又如《阳货》篇记"公山弗扰以费畔，召，子欲往"及"佛肸以中牟畔，召，子欲往"之事，而弗扰之畔正当孔子为鲁司寇针对"三桓"提出"堕三都"主张之时，佛肸之畔在孔子卒后，时势不同，孔子岂有可能应二人之召往助？

关于言论经过补充部分，譬如《季氏》篇"益者三友，损者三友""益者三乐，损者三乐""侍于君子有三愆""君子有三戒""君子有三畏""君子有九思"等章，《阳货》篇"能行五者于天下为仁矣""女闻六言六蔽矣乎""古者民有三疾"等章，文多排比，恐皆经过后儒的增益。

除此数点以外，《论语》里还有一些章节是全与孔门无关的，应该剔除。这些章节，多半在各篇之末，是钞书之人随笔附记的一些数据，结果后来编书的时候混入了正文。这包括了《乡党》篇末的"色斯举矣"章，《季氏》篇末的"齐景公有马千驷"章、"邦君之妻"章，《微子》篇末的"太师挚适齐"章、"周公谓鲁公"章、"周有八士"章等。另外，《尧曰》篇的首章历记尧、舜、禹、汤、周公所以治天下之大节，义旨固然明白，却不似出于孔子之手，恐怕也是一种"谰入"的数据吧！

《论语》一书，等于是孔门的一部“嘉言录”，用记言的形式逐条记载着孔门师徒的言行。全书虽分二十篇、四百九十八章，但每一篇并没有一个主题——换言之，划分篇与篇之时并没有一定的依据——而且每一篇的章与章之间也没有什么一定的关系，只是随便排列而已。（按：《论语》的篇章系属，也不是一定没有线索相连的，比如《子张》通篇皆记孔子弟子之言，《乡党》通篇皆记孔子日常生活习惯，又如《为政》篇有四章连续记载孟懿子、孟武伯、子游、子夏问孝于孔子之事；但这都是特别的情形。）这二十篇的篇名，都只是取该篇第一句中的几个字作为标识罢了，并未经过有意的命名：比如第一篇《学而》，就是用它第一章第一句“子曰：学而时习之，不亦悦乎”中的“学而”两字作为篇名。每篇的章数不一定（大致是二十多章，《宪问》篇有四十七章最多），每章的字数也不一定（最多的有三百多字，最少的只有几个字）。

《论语》既然是孔门师徒的一部言行录，它的内容也就可想而知了。大体说来，全书约有一半的内容是关于个人人格修养及社会伦理关系的教训，另外一半则包括政治谈、哲理谈、孔子之出处及其日常行事、孔门弟子的言论行事、孔子自述、孔子对门弟子及时人的批评、弟子时人对孔子的颂美及批评等。全书之中，虽然有小部分的言论自今日观之已无若何重大价值，但绝大部分的言论都是“放之四海皆准”的真理，到今日吾人立身行事处群从政都仍然可以从其中得到极大的启发。

《论语》是儒家最精粹最可靠的典籍，而儒家为中国文化的主流，所以《论语》一书在中国文化史上有不可磨灭的地位。要说明《论语》的价值，梁启超有一句话说得很好，就是：孔子此人有若何之价值，《论语》一书亦从之而有若何之价值。

今日读《论语》，最宜取供参考的注释书有：

魏何晏《论语集解附梁皇侃义疏》：此书代表两汉魏晋人对《论语》的见解。

宋朱熹《论语集注》：此书代表宋明人对《论语》的见解。

清刘宝楠《论语正义》：此书代表清朝人对《论语》的见解。

2.《春秋》

《春秋》这本书，就内容和性质而论，是一部鲁国的国史，记载着东周前期鲁国的大事。后人因为它经过孔子的整编，里边包含了许多经国处事的大道理，已不是一部普通史书可比，所以特别尊崇它，把它视之为“经”。

在周代，各国似乎都有国史的写作。少数国家的国史有一个专名，譬如晋之《乘》，楚之《梼杌》；这《春秋》就是鲁史的专名。（《墨子》一书记载墨子曾经见过“百国春秋”，可见“春秋”也是史书的通名。“春秋”究竟是由通名缩小成为专名，还是由专名扩大而成通名，今日已不可考。）孔子修治鲁史，仍旧用它的原名而不改。今日我们所说的《春秋》，特指孔子以鲁史为底稿所作的那部义兼经、史的书而言。

当初鲁史为何会取“春秋”二字为名，已不可知，只有晋朝的社预曾经提出过一个解释：“记事者以事系日，以日系月，以月系时，以时系年……故史之所记，必表年以首事。年有四时，故错举以为所记之名也。”他的意思是说，史书分年记事，年岁是史书的大纲，一年有四季，就错举四季中的春、秋二字作为史书的书名。这个说法不一定可靠。

《春秋》是一部国别史，专记鲁国国内大事及重要对外交涉。它也是一部编年史，上起鲁隐公元年，下终鲁哀公十四年，二百四十二年之间，逐年记载鲁隐、桓、庄、闵、僖、文、宣、成、襄、昭、定、哀十二公之行事。它的文字非常简约，全书不过一万六七千字，有事则记，无事则省，没有任何多余的笔墨；但它所记录的历史事实之多之丰富，则不但已交代出了当时鲁国政治、军事、经济、文化、社会各方面的状况，也已为东周早朝的国际政坛勾画出了一个清楚的面目。

关于《春秋》这部书，历代学者争辩最烈的问题之一就是：它到底有没有经过孔子之手？持反对意见的一派学者的主要理由包括：从记录孔子言行最可靠的《论语》一书看来，孔子从未和他的弟子们谈起这部书；《春秋》逐年简略记载史事，似乎没有什么特别的大义深旨，从它本身也看不出经过孔子整编的痕迹；今本《春秋》时有缺文，对人物的称呼也不一致，似非经过有意整理的作品。他们的结论是：《春秋》应该就只是一部残缺不完的原本鲁史而已。此所以唐代刘知几批评《春秋》有“十二未喻，五虚美”，宋代王安石批评《春秋》是“断烂朝报”，不值一读。但，根据坚信孔子作《春秋》的公羊学家的说法，这几个疑点也很容易解释：《论语》没有孔子和门弟子谈及《春秋》的记载，是因为《春秋》义理精微，弟子们没有能力与闻，所谓“子夏之徒不能赞一辞”；《春秋》经文只记事实，似乎没有什么大道理在内，而其实它的每一字每一句的选用都暗含褒贬，并不像表面看来那样平常，所谓“一字之褒，荣于华衮，一字之贬，严于斧钺”；《春秋》的缺文和称呼不一之处，也都是孔子有意造作以显示褒贬的，所谓“异文见义”、“缺文见义”等是。这两派的说法各有见地，使人难辨是非。

要澄清这个基本观念，得参考其他的材料。

孔子作《春秋》之说，可信的先秦文献已有记载：(1)《孟子·滕文公下》及《离娄下》曾两言孔子作《春秋》，且均称引孔子之言。孟子是最能知孔子、解孔子的人了，他这样郑重其事地一再声明，一定有他的根据。孟子的时代虽在孔子之后百余年，但他曾自言“去圣人之世，若此其未远也；近圣人之居，若此其甚也”，他对孔子作《春秋》之事有所闻见是很可能的。(2)《公羊》昭十二年传文云：“《春秋》之信史也，其序则齐桓晋文，其会则主会者为之也，其辞则丘有罪焉尔。”亦明言《春秋》为孔子所作。《公羊传》此段文字与孟子所说的“其事则齐桓晋文，其文则史，孔子曰：其义则丘窃取之矣”颇有相同之处，足见二说皆有本原，并非妄造。

观察《春秋》一书的形式、内容，也可以间接证明孔子与《春秋》有密切的关系。今本《春秋》的记事上起鲁隐公元年，下至鲁哀公十四年，上下的断限都很特殊。如果《春秋》只是一部原本的鲁史，那么它应该也记载着真、武、懿、孝、惠等鲁国先公的事迹，而不应该不上不下的始自鲁隐公元年；它也应该记载悼、元、穆、康、景、平、文、顷等鲁国后公的事迹，而不应该不上不下的终于鲁哀公十四年。话又说回来，只有说《春秋》是孔子据鲁史所作的专书，这一上一下的两个年限才有意义可言：鲁隐公元年是周平王四十九年，也就是都城东迁、王室开始衰微、诸侯开始跋扈的关键时候，大约孔子痛心于整个东周“天下无道，礼乐征伐自诸侯出……自大夫出……陪臣执国命”的混乱局面，故修《春秋》特地始于此时，以昭儆戒；鲁哀公十四年无何大事，却正好是孔子卒前二年，大约孔子晚年修《春秋》，手头可据的资料只到这一年为止，最新的史料还没能见及吧！另外，据朱子说，《春秋》记事到定、哀二公之世而加详，应该也是因为孔子亲身经历了这些时事的关系。

孔子曾修《春秋》，至此约莫已可确定（前提的三个疑点尚待解明）。新的问题是：孔子为什么要修《春秋》？关于这一点，孟子的解释最为简要，他说："王者之迹熄而《诗》亡，《诗》亡然后《春秋》作。"又说："世衰道微，邪说暴行有作，臣弑其君者有之，子弑其父者有之，孔子惧，作《春秋》。"他以为孔子作《春秋》的用意在发扬大道、矫正时代风气。这是不错的。孔子本可利用得位行政的机会来改革时弊，可惜"孔子为司寇，诸侯害之，大夫壅之"（董仲舒语），他的理想始终没法实现，只好寄情于写作，冀望后代的人能明白他的深衷了。他没有写出一部纯理论的书，只是利用现成的鲁史来表现他的思想，一方面因为"我欲载之空言，不若见之行事之深切著明也"，一方面也因为明白立言恐怕会招致当政者的猜忌，不如含蓄一些。

孔子据鲁史修《春秋》，他的作法究竟如何？司马迁说："约其辞文，去其繁重。"这是说的"删"的功夫；杜预说："其教之所存，文之所害，则刊而正之，以示劝诫。"这是说的"改"的功夫；其余没有什么问题的地方，则"皆即用旧文，史有文质，辞有详略，不必改也。"他改易旧史文的痕迹，现在还可以找到若干：（1）庄公七年夏四月辛卯日，《春秋》记载"夜之中，星霣如雨。"《公羊传》解"星贯如雨"云："如雨者，非雨也。非雨则曷为谓之如雨？《不修春秋》曰：'雨星不及地而只复。'君子修之曰：'星贯如雨。'"《公羊传》的作者曾看见过未经孔子改易的《春秋》原文（"不修春秋"），此条原作"雨星不及地而只复"，所以他能确定今本《春秋》中的"星贯如雨"四字是孔子所改。（2）古代同姓不婚，鲁昭公娶了吴国同姓孟姬为妻，不敢明言，讳称之曰"吴孟子"；此事《论语·述而》中曾经提到。《礼记·坊记》载："鲁春秋犹去夫人之姓曰吴，其死曰孟子卒。"这是指出《春秋》也为鲁君讳，记吴孟子来时不依惯例作"夫人姬氏至自吴"而省略其姓作"夫人至自吴"，记吴孟子卒时不依惯例作"孟姬卒"而讳作"孟子卒"。考今本《春秋》，哀公十二年夏五月甲辰日确有"孟子卒"的记载，但终昭公之世始终没有"夫人至自吴"的记事，可见《礼记·坊记》所说的"鲁春秋"是"不修春秋"，而这一条记录已整个给孔子删去了。

从孔子修《春秋》的目的和做法来看，《春秋》一书必然是有意义的制作，孔子一定想透过《春秋》的文辞和事实来显示某些为人处世经国理民的大道理。孟子谓《春秋》："其事则齐桓晋文，其文则史，孔子曰：其义则丘窃取之矣。"他就明白说出《春秋》在"事""文"之外还有"义"的存在。其实一般史书也都有它的"义"的，比如《左传》载鲁昭公时晋之韩宣子聘鲁，见《易象》与《鲁春秋》，叹曰："周礼尽在鲁矣！吾乃今知周公之德与周之所以王。"若《鲁春秋》(《不修春秋》）无"义"，怎能由之见出"周公之德与周之所以王"？又如《国语》载楚庄王时申叔时论傅太子之法云："教之春秋而为之耸善而抑恶焉，以戒劝其心。"若春秋（应系楚之国史，此时孔子尚未生）无"义"，怎能用来"耸善抑恶""戒劝其心"呢？值得注意的是：孔子修《春秋》，既然有改动文字的地方，为了特别强调他的理论和主张，他对鲁史原来的"义"应该也有所改动——这才是孔子修史的深衷所寄之处，所以他要说"知我者其惟《春秋》乎"；这也是孔子修史最胆大自为之处，所以他要说"罪我者其惟《春秋》乎"。

既然《春秋》有"义"，其"义"在"事"与"文"上见，解《春秋》的学者于是就拼命在“事”与“文”中找“义”。《春秋》是记录史实之书，从文辞上一时也看不出什么“义”来，学者只好凭着自己的判断指说某处用某字有某义、某处用某词有某义。这样说得多了，他们发现有许多用法似乎具有相当程度的一贯性，就慢慢地把它们用来作了解其他经文的基准——这就成了所谓的“例”。以例说《春秋》始于汉儒，后世推阐益广，清儒朱彝尊《春秋本例序》列举由汉至清的说例专书就有五十七种之多，可见两千年来说《春秋》的风气。

究竟《春秋》有没有例呢？清儒皮锡瑞说得很好：“凡修史皆有例，《史记》《汉书》自序即其义例所在。后世修史，先定凡例，详略增损分别合并，或著录，或不著录，必有一定之法。修州郡志亦然。即自着一部书，或注古人之书，其引用书传编次子目亦必有凡例，或自列于简端。……圣人作经以教万世，乃谓其全无义例，同于档案簿录，比后儒之著书作文者犹不逮焉，诚不知何说也。”据此看来，《春秋》应该有例。《左传》记载赵穿弑晋灵公之后董狐作史坚持记作“赵盾弑其君”，陪臣某弑齐庄公之后太史作史坚持记作“崔杼弑其君”，也都可证明作史一向是有例的。可惜孔子当时没有把他作《春秋》的凡例记下来，以致后儒妄生揣测，聚讼不休。这义例之争就是后代学者关于《春秋》这部书争辩最烈的第二个问题了。

后儒讲说《春秋》的例，有三大弊病：一是矛盾，一是琐碎，一是深刻。“矛盾”比如某甲归纳出来的义例与某乙归纳得到的不合，或者某甲自己建立的几条义例居然也彼此抵触；“琐碎”是对每一个字都斤斤计较，以致产生了许多毫无意义又不可信的义例；“深刻”是对褒贬是非之旨求之过深，以致建立的义例过分严苛，有类法家。学者讲例本来是要明《春秋》的

“义”的，结果这三大弊病反而使得《春秋》的“义”日益隐晦了——宋黄仲炎《春秋通说·序》云：“由汉以来，见谓明经者，不胜众多，然大抵争辩于褒贬之异，究诘于类例之疑，滓重深，莫之澄扫，而《春秋》之大义隐矣。”顾炎武《日知录》亦云：“今人学《春秋》之言，皆郢书燕说而夫子之不能逆料者也。”毛奇龄《西河集》亦云：“大易《春秋》，迷山雾海，自两汉迄今历二千余年，皆臆猜卜度，如说梦话；何时得白？”这真是春秋学的大灾厄。

也就因为言例有害于《春秋》之义，所以历来也有一些有识之士提出反例的言论。最早提出这种说法的是东汉大儒王充，他说：“若夫《公羊》《谷梁》之传，日月不具辄为意，使夫平常之事有怪异之说，径直之文有曲折之义，非孔子之心。”后来唐朝的啖助、赵匡和宋朝的程朱一派学者也都大力发挥这种见解。清儒姚际恒曾说：“自有例之一字，而《春秋》之义始不明于天下矣。”顾栋高也说：“看《春秋》须先除一例字。”凡此可算是反例最激烈的言论了。

然则《春秋》之“义”当何由而见？还是只有回头来从《春秋》的“事”“文”上去见。啖助说：“夫美恶在于事迹，见其文足以知其褒贬。”邵子说：“录实事而善恶形于其中。”朱子说：“直书其事而善恶自见。”程端学说：“《春秋》不书常事，属辞比事使人自见其义而已。”这都是很中肯切实的看法。此所以门人问朱子：“《春秋》当如何看？”，朱子只简单回答道：“只如看史样看。”关于怎样从《春秋》的“事”“文”中看出《春秋》的“义”，先儒也提示了一些基本的概念，比如朱子说：“且如书会盟侵伐，大意不过见诸侯擅兴自肆耳；书郊禘，大意不过见鲁僭礼耳。”又说：“书山崩地震螽蝗之类，知灾异有所自致也。”黄仲炎也说：“霸国之盛，王迹之熄也；盟会之繁，忠信之薄也。”凡人只要能把握住孔子的基本精神来读《春秋》，就能在文字中处处见出“义”来。班彪曾说：“平易正直，《春秋》之义也。”也就是这个意思。

说到这里，前面还没有解决的那三个疑点有两个已经迎刃而解了。那三个疑点其实都不成其为疑点。情形是这样：(1)《论语》中何以未有孔子自言作《春秋》的记载？这得看当时的实际状况。《春秋》的记事止于鲁哀公十四年，可见其书脱稿不会早于哀公十四年，是孔子晚成之书。孔子晚年居鲁，位同国老，弟子纷纷出仕行政，不复整日围绕在他身边，这种晚年之作，他未必有时间和心情与弟子们谈及：一方面弟子们各有所务，师弟相从论学的机会不多，一方面得意弟子都已不在——“从我于陈蔡者皆不及门也”——也没有谈说的对象了。(2)《春秋》记事而已，并无大义深旨在内，岂会出于孔子之手？这得看《春秋》一书是不是真的全无命意。孔子把彼时诸侯大夫僭夺礼乐征伐之权的事实全已记载下来，后世的人一看就能明白他们的僭妄非礼，这不就有很深的用意在里头了吗？(3)《春秋》有缺文及称呼不一之处，岂会经过孔子整编？这得先问孔子整编《春秋》的重点是什么。孔子重视的是事实，而不是那些琐屑的年月日名号；孔子想要创通大义，而不是要整理史料。再说那些缺文异文互文也未必能改能补，也不宜妄改妄补，孔子从旧又有何不可？

先儒曾归纳《春秋》的诸小“义”，而得到了《春秋》的大“义”——也就是孔子修《春秋》所真正要陈明的大道理——那是孔子本着他一贯的理念对改革时政提出的处方，也是学者读《春秋》最该注意的所在。这个大“义”是什么呢？

此可以分成表、里二面来说：

从表面说，孔子在东周前期的这一段史实中寄托着他实际的政治主张："《春秋》大旨其可见者，诛乱臣讨贼子，内中国外夷狄，贵王贱霸而已。"（朱子语）因为当时为人臣者多不能谨守臣道，时有僭礼越分之行，所以孔子要"诛乱臣讨贼子"；因为当时夷狄势盛，对中原文化形成威胁，所以孔子要"内中国外夷狄"；因为当时霸主迭兴，彼此夺权，天下渐有重视武力威权而勿视道义的趋势，所以孔子要"贵王贱霸"。孟子曾说："五霸者，三王之罪人也。"又说："春秋无义战。"他真是能明白孔子诛乱讨贼尊王攘夷贱霸的微旨的。

从深一层说，孔子也利用此书阐发了他关于经世治人的基本观念和方法："夫《春秋》上明三王之道，下辨人事之纪，别嫌疑，明是非，定犹豫，善善恶恶，贤贤贱不肖，存亡国，继绝世，补敝起废，王道之大者也。……《春秋》辩是非，故长于治人。……《春秋》以道义。……《春秋》者，礼义之大宗也。"（董仲舒语）孔子作《春秋》，可说是把他一贯主张的正名主义和王道思想作了最彻底的发挥，东周前期二百四十二年间国际巨细之事，他都站在是非的角度、运用礼义的标准一一加以考察，详予评析；这不但使得当时那些乱臣贼子夷王霸主无所遁形，也给后世的人清清楚楚地指出了为治的大道。所以孟子说："孔子成《春秋》而乱臣贼子惧。"所以庄子说："《春秋》经世，先王之志也。"

就从明是非、语经世这一端言，《春秋》一书已具备"经"的身份而有其不朽的价值。此外，《春秋》还有其史学上的重要价值：第一，它传下了真实的史事；第二，它定下了史书编年的体例："然《春秋》所以独贵者，自仲尼以上，《尚书》则缺略无年次，百国春秋之志复散乱不循文例，又亦藏之故府，不下庶人，国亡则人与事偕绝。是故本之吉甫、史籀纪岁时月日以更《尚书》，传之其人，合与《诗》《书》《礼》《乐》等治以异百国春秋，然后东周之事粲然着明。令仲尼不次《春秋》，今虽欲观定哀之世，求五伯之迹，亦荒忽如草昧。”（章太炎语）尤足珍视的，孔子把官府秘掌的史册公之于世且加改动，学术因以公开，人人得而研究之，事迹因以公开，人人得而议论之，对文化之传扬有无比的贡献。孟子把孔子作《春秋》之功和“禹抑洪水”“周公兼夷狄驱猛兽”相提并论，确是极有见地的。

《春秋》一经有三传行世，即《左传》、《公羊传》、《谷梁传》。《左传》据说是左丘明所传，重点在申述东周前期的历史事实，首尾具足，颇能补《春秋》之缺略；《公羊传》是公羊高所传，《谷梁传》是谷梁赤所传，重点都在引绎《春秋》的义例书法，虽然时有精当之论，但那些“张三世”“存三统”“立一王之法”的所谓“微言大义”却未免太奇异可怪了。所以三传之中以《左传》最受人重视。

五、孔子的影响

孔子所倡导的学说，在他卒后经过七十子之徒的极力宣扬，终于成为一派的“显学”，号为“儒家”。从当时至今日，儒家学术的内涵虽然迭经扩充，但其义旨却始终未变；优美的文化和风俗，在儒学的灌溉下发荣滋长。伟大辉煌的中华文化，其主干便是儒家的文化——也可以说即是孔子的文化。宋人有云：“天不生仲尼，万古如长夜。”孔子是所有中国人尊仰的“先圣”，也是所有中国人取法的“先师”。

一种学说或理论，若只涵摄着高超的理趣，无益于个人生活的素质与社会运作的效率，它就只能是一种“思想”，而不可能成为“信仰”。孔子学说是中国人信仰的中心，两千多年来切实指导着中国的学术、人生和社会。

打开中国历史来看，孔子的地位是十分突出的。

周文王、武王和周公所建立的强大且文明的周王朝，在平王东迁之后便开始衰乱。到了春秋战国之际，霸主僭权，诸侯争立，整个社会动荡不安，无复秩序之可言。许多有志于改善时局的豪杰之士，值此有为之时，纷纷提出他们的改革主张：有的主张恢复旧制度、有的主张修正旧制度、有的主张另立新制度、有的甚至主张毁弃一切制度；他们彼此辩难，争持不下。

这么一来，不意却形成了“百家争鸣”的局面，使得此一时期成为中国历史上思想最蓬勃发达的时期。

在并时的众多思想家当中，孔子立说最早。他属于“复古派”，主张取夏、商、周三代之善法而重加实行。由于他的学说最近人情，平实而不过激，有理论也有方法，所以最受时人的重视。可以说，孔子学说之能流传千古，从他一出而倡说就显现了深厚的实力，奠立了良好的基础。

如何证明孔子学说在这群言纷杂的先秦时代确占上风呢？这可以拿并时的其他学说来作对照。当时思想界虽有九流十家之目，但真正盛行一时的学派惟四，即儒、墨、道、法；取除了儒家以外的墨、道、法三家的学说来看，可以发现他们没有不是以儒家作为他们党同伐异的首要目标的——或者假借孔子之名陈述他们的学说，或者伪造事实丑诋孔子以伸张他们的学说。孔子因为“树大招风”，以致成了所有其他学派一致注目声讨的对象。

韩非子说：“世之显学儒、墨也。”《吕氏春秋》说：“孔丘、墨翟无地而为君，无官而为长。”墨家在先秦时代的声势曾经直逼儒家。墨家的主要学说“十论”里头，就有不少与儒家相违的言论——“节葬”“非乐”之说，即明白地反对儒家所最重视的礼乐；而《墨经》中的《非儒》二篇，更是大张旗鼓地对儒家及孔子本人作了许多攻击，比如“孔丘盛容修饰以蛊世，弦歌鼓舞以聚徒，繁登降之礼以示仪，务趋翔之节以观众，博学不可以议事，劳思不可以补民，累寿不能尽其学，当年不能行其礼，积财不能赡其乐，繁饰邪术，以营世君，盛为声乐，以淫愚民，其道不可以示世，其学不可以导众。”好礼重文的儒家，给他们这样罗织周纳说成了一无是处，可以想见他们对儒家的那股妒意和怨气是如何强烈了。

道家代表性的典籍是《庄子》。道家者流喜欢用寓言的方式来申明理论，所以《庄子》一书中真真假假托于古人时人立说的地方很多，其中光是提到孔子的就有五十一处。拿庄子手著的内篇来说，他有好些重要的思想和观念都寄托于孔子来表达，比如《人间世》篇“颜回曰敢问心斋”一段、“仲尼曰……自事其心者，哀乐不易施乎前，知其不可奈何而安之若命，德之至也。……且夫乘物以游心，托不得已以养中，至矣”一段，《德充符》篇“哀公曰何谓才全？……何谓德不形”一段、《大宗师》篇“颜回曰……此谓坐忘”一段，都是庄学的中心思想，而庄子都把它们托孔子之口道出。在外篇、杂篇里，则有不少故意丑诋孔子的文字，比如《盗跖》篇里假借盗跖之口痛詈孔子：“此夫鲁国之巧伪人孔丘非邪？……尔作言造语，妄称文武，冠枝木之冠，带死牛之胁，多辞谬说，不耕而食，不织而衣，扬唇鼓舌，擅生是非，以迷天下之主，使天下学士不反其本妄作孝弟而侥幸于封侯富贵者也。子之罪大极重，疾走归，不然我将以子肝益昼脯之膳。”骂归骂，这段话却恰好显示了孔子当时歆动“天下之主”、使“天下学士”靡然向风的那股子势派来。

再说法家。法家思想由韩非子集大成，而《韩非子》一书曾好多次借重孔子以助成其说，比如《内储说上》篇：“殷之法，刑弃灰于街者。子贡以为重，问之仲尼。仲尼曰：‘知治之道也。夫弃灰于街，必掩人，掩人人必怒，怒则斗，斗必三族相残也，此三族之道也，虽刑之可也。且夫重罚者，人之所恶也；而无弃灰，人之所易也；使人行其所易而无罹所恶，此治之道。’”这是假借孔子的话来支持他们的重罚苛法。他们也曾故意曲解儒家学说伪造事实来攻击孔子，比如《五蠹》篇：“鲁人从君战，三战三北，仲尼问其故，对曰：‘吾有老父，身死莫之养也。’仲尼以为孝，举而上之。”其实儒家一向的观念是“战阵无勇非孝也”，孔子怎么会去赞许一个临难苟免的人呢？法家为了要伸张其重公轻私的学说，居然会这样生硬虚伪的把儒家拉下水，不正表示着儒家给他们的威胁实在太大、令他们必欲除之而后快吗？

在这一个时代里，有两个人对孔子学说的保存和发扬有极大贡献，不可不提：那便是孟子和荀子。孟子极了解孔子学说的精义，又具有刚毅的性格和便给的口才，一方面不遗余力地斥杨墨、抵挡各家对儒家的攻击，一方面又引申孔义建立“性善”之论，使儒家学说更臻精善完美。荀子笃实好学，为儒门宝典——六经——的传述出了很大的力量。此所以《史记·儒林传》说：“孟子荀卿之列咸遵夫子之业而润色之，以学显于当世。……荀卿传经之功甚巨。”

先秦是一个政治最混乱的时代，也是一个思想最混乱的时代。各方英豪，倾轧扰攘，此起彼降，历数百年而不息。到了秦汉，天下终于大定，中国的政治局面总算获得了廓清。政治统一之后，思想统一的呼声也马上随之而起。这一次获得胜利的又是儒家。

秦行法家治术，汉初曾行黄老治术，汉高祖刘邦甚且说过“吾于马上得天下，安事诗书？”的话，何以后来汉室君臣终于选定了儒家思想作为设学立政的依据呢？无他，儒家学术深具实用性，不惟可以指导个人之立身行事，而且可以发展成立社会与国家之组织与制度，以坚固政治之统一，正符合盛运方启的汉帝国之需要。

罢黜百家独尊儒术之议发于董仲舒。《汉书·董仲舒传》记录着他这篇影响深远的奏章:“春秋大一统者,天地之常经,古今之通谊也。今师异道,人异论,百家殊方,指意不同,是以上亡以持一统,法制数变,下不知所守。臣愚以为诸不在六艺之科、孔子之术者皆绝其道,勿使并进,邪僻之说灭息,然后法纪可一,法度可明,民知所从矣。”此奏一上,武帝允从,从此儒学成为汉家朝野一切思想举措的中心;汉家得以长治久安,得力于此者甚大。

按:汉借儒学而昌盛,儒学亦借汉而光大。汉朝的学者一方面把先秦各门派的学说加以调和融会,使儒学的内涵更为丰富,一方面把儒家的典籍作了精密的研究和阐发,使儒学的基础更为坚实。他们把儒学应用在实际政治之上,随时加以考察和修正,也使儒学的实用性大大地增强。

汉人推行儒学之彻底,为任何其他时代所不及。尤其可贵者,他们非常重视儒家“经世”的思想,一心一意要用六经来“经世”。读书人传统的“学术济世”的理想,算是在汉朝得到了实现。当时汉室君臣那种彬彬求治的精神,在清儒皮锡瑞的《经学历史》一书中描述得很清楚:“以《禹贡》治河,以《洪范》察变,以《春秋》决狱,以三百五篇当谏书。皇帝诏书,群臣奏议,莫不援引经义,以为据依。国有大疑,辄引《春秋》为断。一时循吏多能推明经义,移易风化,号为以经术饰吏事。汉治近古,实由于此。……三代以后政教之盛,风化之美,无有如两汉者也。”

汉朝儒家发达,尚有几点值得称述的特色:(1)皇帝尊儒重学,迭有盛举——汉宣帝曾广征群儒在石渠阁论定五经,章帝曾在白虎观召开盛大的儒学讨论会,并集思广益裁成《白虎通义》一书,灵帝曾诏群儒正定五经勒于石碑俾后学得以取则。

（2）汉武帝开始为博士置弟子，选举优秀青年研习儒学，由国家供养，待遇甚厚，结果社会上读书风气非常浓厚，四海之内，学校如林。东汉末年，光是太学生员就有三万人之众。汉人开始实行“学而优则仕”的原则，拔举品学兼优的人莅官行政，启后世科考之绪。当时读书人登进甚易，即卿相之位亦非不可得，以致社会流传“黄金满籯，不如教子一经”之语。

光辉灿烂的汉帝国衰亡之后，先是三国分立，继则六朝代兴，南北对峙，天下既乏雄才伟略之君主，又无强固统一之政权。此种局面，自不利于儒学的流行。当时佛学已经传入中国，正投合时人的心灵需求，一般士大夫终日谈玄说理，不务实务，销歇的儒风又怎能有起色？不过，大体言之，在这一时期内，佛说虽然盛行，却不被认作正统学术；虽然有一部分人以佛说寄托其心灵，却不能说佛说指导着一般人的人生；而整个政治社会的基本形态，勿宁说还是儒家一脉的。

隋唐的情形与此类似。他们在学术上特重诗赋，思想上兼采佛道，生活上接纳了不少胡俗，但政治社会都还是儒家式的。儒家的影响力，虽然形迹不显，事实上却已根深蒂固。犹有可述者，韩愈提倡的古文运动，是宋代儒学复兴的先机。

经过了几百年的消沉之后，宋代儒学发达，盛况直追汉朝。但宋代学风与汉颇有不同。简单说来，宋儒讲学，已经超脱了“经学”的范畴而扩大了“儒学”的境界。所谓扩大了儒学的境界，包括广、深二方面：广的方面，宋儒能综合秦汉以下经学史学文学各类型的学术而来发挥儒家文化的精神；深的方面，宋儒能撷取佛家的说理方式来把捉住超乎传统的经史文学之上的“道”（“理”）加以探究而给儒家建立了极为周密的宇宙论和人生论。

宋人说经，有一种鲜明的新风格。因为他们所见者大，所以议论既不拘泥又常很深刻；他们在考订名物上虽然无何特长，却优于疏通义理。考其实际的表现，则：(1) 形成了疑经改经的风气，多少恢复了经书的本来面目；(2) 给许多部经书写定了精要的新注疏；(3) 移易了若干部经书的轻重地位。关于第一点，他们怀疑《易·十翼》不是孔子作的、《古文尚书》廿五篇是晚出伪托的，《诗序》不是子夏作的、《周礼》是汉人增益的、《左传》不是左丘明作而是战国周秦间人作的，到今天都已一一被学者证实；关于第二点，他们所作的新注疏——如朱子《易本义》、《诗集传》、蔡沈《书集传》、胡安国《春秋传》等——都能够取代汉晋人旧注疏的地位而风行一时，甚至到了元朝还被悬为功令；关于第三点，他们因为注重义理，所以特别把《孟子》和《礼记》里的《大学》、《中庸》二篇拔举出来，和《论语》合称“四书”，视之为儒林最重要的宝典，地位在五经之上。经学上有这么重大的变化，能不说是儒学史上的盛事吗？

宋人喜欢谈抽象的心性义理之学，其事和佛道盛行数百年有关。佛道二家对于宇宙本体、人类心性及修心养性之方的讨论非常精微，激起了许多人的研究兴趣，也产生了许多问题；儒家起初不讲这一套东西，到了宋朝，宋儒才开始效法二氏，也研究起天道、天命的问题来，并且切切想把它们落实在儒家的人道观之上。他们运用佛道二家的思辨工夫，把儒家最看重的仁义道德拿来分析，给它找源头，结果参天理、极人性，从根本上肯定了仁义道德的价值；这是儒家论理学的最高成就。此一成就，从学术史的立场言，一方面代表了儒家哲学系统之完成，一方面也代表了排佛道的历史使命之完成。

这一代的儒者之中，有两个人不可不提：就是朱熹和陆九渊。朱子深研经书，雅好文史，是宋代重要的经学家，又能覃思静虑，集周濂溪、张横渠、程明道、程伊川之长而成为理学的大师，可以说，宋代儒学的风光，几乎给他一个人占尽了。陆九渊是宋代理学家中的特殊人物，论学贵简易贵心得，尝说“学苟有本，六经皆我注脚。尧舜以前曾读何书来？”“即不识一字，亦将还我堂堂地做一个人。”属儒学中的极端派。

元明两代，虽以四书、五经、《性理大全》取士，其实朝野上下全不能体会程朱学统的精神；王守仁继陆子而讲心学，过分鞭辟入里，结果在社会上造成了不修德、不讲学的风气；所以儒学在这一阶段并无进展。

迨至明末清初，学风又大变。学者眼见当时政治昏乱，风俗败坏，人心不古，以为皆因陆王末流不好读书而起，因而重又提倡程朱一派博读经典的理论，并且强调个人操守、注重实践工夫、讲求经济实务，隐然又恢复了西汉儒家“学以经世致用”的风标。他们所说的“博学于文”兼重史学，要比程朱更该洽；他们所说的“行己有耻”特指实习，要比陆王更稳健；而那种“赋税、田亩、职官、选举、钱币、权量、水利、河渠、漕运、盐铁、人才、军旅靡不深考穷究”的气度，更在汉儒之上。

与此同时，思想界还有一支突起的异军，即颜李学派。此派既反对宋明儒——无论程朱陆王——一切穷理养性之说，也反对汉儒一切注经议政之业；他们主张人人勤勉劳作、研习技艺，以行动代替言说，以事功完成志向。在此前提下，能被他们认可的“学问”也只有礼乐、兵、农数事而已。这种实践主义的学说，诚可谓是孔门的一线别传，在儒学史上有其特别的地位。清儒王昆绳盛赞颜元“开二千年不能开之口，下二千年不能下之笔”，确是有见之言。

乾隆、嘉庆之际，清初健实的学风渐趋板滞，终于形成了考据独盛的局面。学者整天埋首于故纸堆中，引经据典，为读书而读书，为学问而学问，弃诚正修齐治平一切于不问。这和陆王心学一样，也是儒学中的一个极端派。不过，平心说来，这一派学者的治学成绩倒还有迈越汉宋的地方，清儒皮锡瑞就说：“国朝经师有功于后学者三事：一曰辑佚书……抱缺守残，得窥崖略，有功于后学者此其一；一曰精校勘……刊误订讹，具析疑滞，有功于后学者又其一；一曰遵小学……有功于后学者又其一。”

追溯孔子以后两千多年来中国正统学术发展的情形，孔子毫无疑问的是“百川之源”。孔子学说虽不能笼罩此下的一切学说，但一切学说却都在孔子学说中奠立基础。中国的政治组织、社会形态，中国人的道德观念、人生理想，两千多年来陈陈相因，与孔子当时所倡者并无若何之不同。中国文化的基本精神，几乎由孔子一手建立。圣哉孔子！大哉孔子！

参考书目

《周易》，魏王弼注，《十三经注疏》本。

《尚书释义》，屈万里，《中华丛书》本。

《诗经释义》，屈万里，《中华丛书》本。

《礼记》，汉郑玄注，《十三经注疏》本。

《春秋集义》，宋李明復，《四库珍本初集》。

《春秋辑传》，明王樵，《四库珍本初集》。

《春秋考》，宋叶梦得，《四库珍本四集》。

《春秋正旨》，明高拱，《四库珍本四集》。

《春秋大全》，明胡广，《四库珍本六集》。

《左传》，晋杜预，《十三经注疏》本。

《四书集注》，宋朱熹，艺文印书馆。

《史记》，汉司马迁，明伦出版社。

《汉书》，汉班固，艺文出版社。

《春秋大事表》，清顾栋高，广学社。

《春秋史》，童书业，开明书局。

《先秦史》，黎东方，台湾商务印书馆。

《中国上古史纲》，张荫麟，《中华丛书》本。

《中国通史》，傅乐成，大中国图书公司。

《中国政治思想史》，杨幼炯，台湾商务印书馆。
《先秦政治思想史》，梁启超，台湾中华书局。
《古史辨》，顾颉刚等。
《中国古代社会史》，李宗侗，《现代国民基本知识丛书》二。
《曲阜县志》，学生书局。
《中国经学史》，马宗霍，台湾商务印书馆。
《经学历史》，清皮锡瑞，艺文印书馆。
《中国哲学史》，文兰图书公司。
《中国文化史》，柳贻征，正中书局。
《中国文化史略》，王德华，正中书局。
《中国近三百年学术史》，钱穆，台湾商务印书馆。
《中国近三百年学术史》，梁启超，台湾中华书局。
《孔子传》，钱穆，综合月刊社。
《孔子传略》，钱穆，广学社。
《孔子》，杜呈祥，《协志工艺丛书》。
《孔子》，梁启超，台湾中华书局。
《孔子研究集》，中华丛书本。
《伟大的孔子画传》，圣德文物出版社。
《中国之智慧》，日·吉川幸次郎，《协志工艺丛书》。
《论语要略》，钱穆，台湾商务印书馆。
《论语新解》，钱穆，作者自刊本。
《论语新编》，钱穆，广学社。
《论语类编》，李一之，华国出版社。
《孔子集语集解》，清孙星衍，广文书局。
《孔子与论语》，钱穆，联经出版社。
《古籍导读》，屈万里，开明书局。

《经学概述》，裴溥言，开明书局。
《国故论衡》，章太炎，广文书局。
《国学发微》，刘师培。
《经与经学》，蒋伯潜，世界书局。
《中国文化史导论》，钱穆，正中书局。
《先秦诸子思想系年》，钱穆，台湾商务印书馆。
《先秦诸子学》，嵇哲，乐天出版社。
《孔孟荀哲学》，吴康，台湾商务印书馆。
《中国学术通义》，钱穆，学生书局。
《中国文化之精神价值》，唐君毅，正中书局。
《文化人类学》，林惠祥，台湾商务印书馆。
《文化论》，曾霄容，青文出版社。
《学钥》，钱穆，作者自刊本。
《墨子闲诂》，清孙诒让，世界书局。
《阙里文献考》，清孔继汾，中国文献出版社。
《孔子改制考》，梁启超，台湾商务印书馆。
《孔子弟子考》，清朱彝尊等，广文书局。
《孔孟圣迹图考》，张其昀，中华文物出版社。
《春秋辨例》，戴君仁，《中华丛书》本。
《两汉儒学研究》，夏长朴，台大硕士论文。
《朱子新学案》，钱穆，作者自刊本。
《北宋理学周张二程综合研究》，戴景贤，台大硕士论文。
《崔东壁遗书》，清崔述，河洛出版社。
《颜习斋的学术渊源》，杨冬生，台大硕士论文。
《四库全书总目提要》，清纪昀等，艺文印书馆。
《伪书通考》，张心澄，宏业书局。

《论语引得》，哈佛燕京社。
《春秋经传综合引得》，哈佛燕京社。
钱穆：《先秦学术思想》，《人生》二十二卷二、三、五期；《论春秋时代人之道德精神》，《新亚学报》五期；《孔子与春秋》，《东方文化》一卷一期；《中国儒学与文化传统》，《新亚生活》四卷十期。
郑清茂：《论语的成立》，《大陆杂志》十一卷三期。
胡止归：《论语篇章组织考征》，《孔孟学报》十二期；《论语编纂源流考征》，《大陆杂志》三十一卷七、八、九期。
屈万里：《孔子的述而作》，《孔孟月刊》十卷十二期；《宋人疑经的风气》，《大陆杂志》二十九卷三期。
黄锦鋐：《庄子笔下的孔子》，《孔孟月刊》一卷十一期。
王梦鸥：《汉学与孔子思想之联系问题》，《孔孟学报》一期。
高明：《孔子的春秋教》，《孔孟学报》二十二期。
徐复观：《中国古代人文精神的成长》，《民主评论》十一卷十四期。
戴君仁：《两汉经学思想的变迁》，《孔孟学报》十八期。
甲凯：《朱熹对于清初诸儒的影响》，《东方杂志》五卷三期。
周何：《宋元明理学在儒家思想中之发展》，《学粹》十一卷六期；《论儒家学术要旨及其在中国文化中的价值》，《淡江学报》三期；《儒家学术之发展及其使命》，《民主评论》一卷六期；《宋明儒学综述》，《人生》二十五卷十二期；《宋学新辨》，《人生》十四卷一期。

附　录

附录一　宋咸平二年颁行学官之论语注疏刻本（取自《孔孟圣迹图说》）

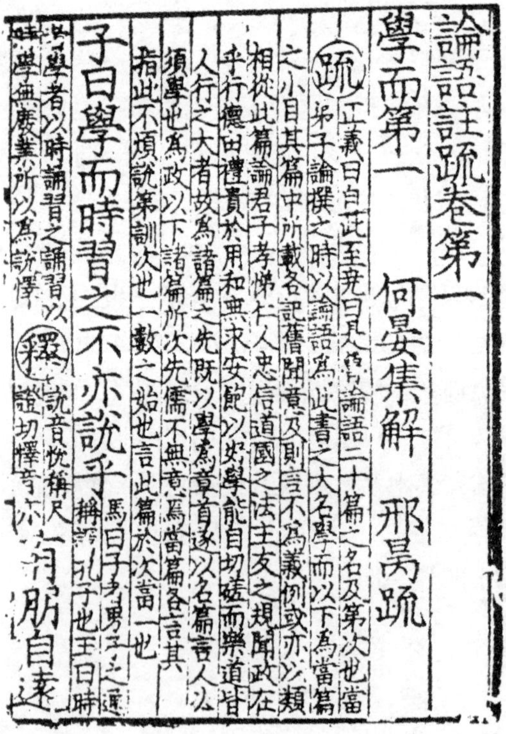

論語註疏卷第一

學而第一　何晏集解　邢昺疏

疏 正義曰自此至堯曰是魯論語二十篇之名及第次也當弟子論撰之時以論語爲此書之大名學而以下爲當篇之小目其篇中所載各記舊聞意及則言不爲義例或亦以類相從此篇論君子孝悌仁人忠信道國之法主友之規聞政在乎行德由禮貴於用和無求安飽以好學能自切磋而樂道皆人行之大者故爲諸篇之先既以學爲章首遂以名篇言人必須學也爲政以下諸篇所次先儒不無意焉當篇各言其指此不煩說第訓次也一數之始也言此篇於次當一也

子曰學而時習之不亦說乎 馬曰子者男子之通稱謂孔子也王曰時者學者以時誦習之誦習以時學無廢業所以爲說懌 釋 說音悅稱尺證切懌音亦

有朋自遠

附录二　孔子大事年表（取自杜呈祥著《孔子》）

周灵王二十一年，鲁襄公二十二年（公元前五五一年）	孔子生。	
周景王元年，鲁襄公二十九年（公元前五四四年）	孔子八岁 约在此时模仿成年人祭祀，练习行礼。后年，仲由生。	吴公子季札历聘于诸侯，并观乐于鲁国。明年，郑使子产为政，国大治。
周景王八年，鲁昭公五年（公元前五三七年）	孔子十五岁 志于学。	
周景王十三年，鲁昭公十年（公元前五三二年）	孔子二十岁 孔鲤生，孔子为委吏，乘田，约在此时。	
周景王二十年，鲁昭公十七年（公元前五二五年）	孔子二七岁 孔子学古官制于郯子。	
周景工二十二年，鲁昭公二十年（公元前五二二年）	孔子三十岁 冉求生。琴张从游孔子，约在此时。明年，颜回生。后年，端木赐生。	伍员奔吴。
周敬王二年，鲁昭公二十四年（公元前五一八年）	孔子三四岁 鲁孟僖子卒，嘱其二子，学礼于孔子。有若生。	
周敬王三年，鲁昭公二十五年（公元前五一七年）	孔子三五岁 孔子适齐。	鲁三桓氏攻鲁昭公，鲁乱，昭公出奔。

周敬王五年，鲁昭公二十七年（公元前五一五年）	孔子三七岁 孔子可能在此年返鲁，或稍前。孔子返鲁以后，不仕而教授，弟子益进。	吴公子光杀僚自立。
周敬王十四年，鲁定公四年（公元前五〇六年）	孔子四六岁 言偃生。去年，卜商生。	吴破楚，入郢。
周敬王十五年，鲁定公五年（公元前五〇五年）	孔子四七岁 阳货欲见孔子，馈孔子豚，当在此时稍后。曾参生。	鲁阳虎执季桓子，与盟而释之。
周敬王十九年，鲁定公九年（公元前五〇一年）	孔子五一岁 孔子仕鲁为中都宰，转任司寇。	
周敬王二〇年，鲁定公十年（公元前五〇〇年）	孔子五二岁 鲁公会齐侯于夹谷，孔子相。	
周敬王二十二年，鲁定公十二年（公元前四九八年）	孔子五四岁 见信于季氏，堕三都。	齐人馈鲁女乐。
周敬王二十三年，鲁定公十四年（公元前四九七年）	孔子五五岁 孔子去鲁适卫。	
周敬王二十四年，鲁哀公十四年（公元前四九六年）	孔子五六岁 孔子过蒲（即子畏于匡）。	
周敬王二十七年，鲁哀公二年（公元前四九三年）	孔子五九岁 孔子去卫。	卫灵公薨。

周敬王二十八年，鲁哀公三年（公元前四九二年）	孔子六十岁 孔子过宋，至陈。	
周敬王三十一年，鲁哀公六年（公元前四八九年）	孔子六三岁 自陈如蔡，被兵绝粮，在蔡，见叶公，遂返卫。	时吴王夫差七年，楚昭王二十七年，吴伐陈，楚救陈，因而构兵。
周敬王三十六年，鲁哀公十一年（公元前四八四年）	孔子六八岁 鲁人以币召孔子，孔子返鲁。孔子离开鲁国已经十四年了。	
周敬王三十七年，鲁哀公十二年（公元前四八三年）	孔子六九岁 孔鲤卒。	
周敬王三十九年，鲁哀公十四年（公元前四八一年）	孔子七一岁 西狩获麟，颜回卒，宰我死于齐田常之乱。	
周敬王四十年，鲁哀公十五年（公元前四八〇年）	孔子七二岁 仲由死。	
周敬王四十一年，鲁哀公十六年（公元前四七九年）	孔子七三岁 孔子卒。	

附录三　孔子后裔世系表（取自杜呈祥著《孔子》）

世代	姓名	事　　　　　　　略
一代	孔丘	
二代	孔鲤	宋徽宗崇宁元年（公元一一〇二年）追封泗水侯 明英宗正统二年（公元一四三七年）赠公爵 明世宗嘉靖九年（公元一五三〇年）称先贤
三代	孔伋	宋徽宗崇宁元年（公元一一〇二年）追封沂水侯 宋理宗端平二年（公元一二三五年）升位十哲 宋度宗咸淳三年（公元一二六七年）封沂国公升配享 元文宗至顺元年（公元一三三〇年）封述圣沂国公 明世宗嘉靖九年（公元一五三〇年）去公爵称述圣子思子
四代	孔白	
五代	孔求	
六代	孔箕	魏文侯相
七代	孔穿	
八代	孔谦	周赧王五十六年（公元前二五九年）鲁侯仇十五年壬寅魏安厘王以为相封文信君
九代	孔鲋	秦二世嬴胡亥元（公元前二〇九年）陈涉起义兵为天下报秦强为博士太师　与仲弟腾藏《古文尚书》《论语》《孝经》《家语》于阙里祖宅旧壁中
十代	孔忠	汉博士
十一代	孔武	汉博士
十二代	孔延年	汉博士转太仆迁大将军

十三代	孔霸	汉博士 宣帝地节三年（公元前六七年）甲寅诏以大中大夫授太子经迁檐事元帝即位（公元前四八年）癸酉拜太师赐爵关内侯号褒成君给事中册赠列侯谥曰烈君
十四代	孔福	袭封关内侯居阙里奉祀　此袭封世爵奉孔子祀之始也
十五代	孔房	袭封关内侯
十六代	孔均	袭封关内侯改封褒成侯 己巳新莽元年（公元前九年）王莽拜为太尉不受并失爵
十七代	孔志	汉建武十四年（公元三八年）戊戌光武皇帝中兴以大司马椽密令袭封褒成侯谥元成
十八代	孔损	汉明帝永平十五年（公元七二年）壬申袭封褒成侯 汉章帝元和二年（公元八五年）乙酉章帝复赐孔子庙五供器命以郎中校书东观 汉和帝永元四年（公元九二年）壬辰徙封褒尊侯
十九代	孔曜	袭封褒成侯
二十代	孔完	袭封褒成侯
二一代	孔羡	魏主丕黄初二年（公元二二一年）诏以议郎袭封宗圣侯
二二代	孔震	袭封宗圣侯 晋泰始三年（公元二六七年）改奉圣亭侯拜太常卿黄门侍郎
二三代	孔嶷	居阙里当世鲁县陷于石赵又陷于慕容燕《唐书》称袭封奉圣亭侯当是僭国之封
二四代	孔抚	当世鲁县陷于慕容燕又陷于苻秦又归于晋《唐书》称举孝廉为豫章太守当亦在僭国（懿、鲜仿此）
二五代	孔懿	奉圣亭侯兼从事中郎
二六代	孔鲜	奉圣亭侯改崇圣侯

二七代	孔乘	元魏拓跋氏廷兴三年（公元四九六年）癸丑魏主焘以为崇圣大夫
二八代	孔灵珍	为元魏秘书郎 太和十九年（公元四九五年）元魏孝文帝诏封崇圣侯
二九代	孔文	泰袭封崇圣侯
三十代	孔渠	袭封崇圣侯
三一代	孔长孙	北周封邹国公 北齐纂东魏改封恭圣侯 北周纂西魏后灭北齐至大象二年（公元五八〇年）庚子封孔子为邹国公使袭爵
三二代	孔哲嗣	隋纂北周灭陈南北一统应制登科授泾州司兵参军迁太子通事舍人炀帝封为绍圣侯
三三代	孔德伦	唐高祖武德九年（公元六二六年）丙戌封为褒圣侯
三四代	孔崇基	袭封褒圣侯
三五代	孔璲之	袭封褒圣侯 唐明皇开元二十七年（公元七三九年）己卯为文宣公兼兖州长史　安禄山叛遣贼攻陷曲阜避乱宁陵遂家焉
三六代	孔萱	唐文宣公　移家宁陵
三七代	孔齐卿	唐文宣公兖州司马 遭兵乱陷于东平
三八代	孔惟晊	唐宪宗元和十三年（公元八一八年）戊戌袭封文宣公授兖州参军　唐宪宗元和时乱定归阙里修祀事
三九代	孔策明	经及第历少府监主簿国子监丞袭封文宣公迁国子尚书博士
四十代	孔振	唐懿宗咸通四年（公元八六三年）癸未赐进士第一人及第除秘书省校书郎仕至水部员外郎袭封文宣公
四一代	孔昭俭	仕至秘书郎 袭封文宣公兼曲阜县令

四二代	孔光嗣	唐昭宣帝天佑二年（公元九〇五年）乙丑以斋郎授泗水县主簿 梁朱温篡唐遂失封爵干化三年癸酉被害
四三代	孔仁玉	唐明宗长兴元年（公元九三〇年）庚寅授曲阜县主簿三年壬辰迁袭邱令袭封文宣公 后晋高祖天福五年（公元九四〇年）庚子授曲阜县令 后周太祖广顺二年（公元九五二年）壬子幸阙里诏以曲阜令兼监察御史赐五品服 宋太祖建隆元年（公元九六〇年）庚申卒赠兵部尚书曲阜孔氏家谱序宗支之分始于此称中兴祖
四四代	孔宣	宋太祖干德四年（公元九六六年）丙寅诏为曲阜主簿后由推官迁司农寺丞知星子县事 宋太宗太平兴国三年（公元九七八年）戊寅诏擢太子右赞善大夫袭封文宣公
四五代	孔延世	以父死事赐学究出身授曲阜主簿迁长葛令 宋太宗至道三年（公元九九七年）丁酉真宗即位诏授曲阜令袭封文宣公 宋真宗咸平三年（公元一〇〇〇年）庚子诏本道转运使及州长吏待以宾礼见勿庭趋 宋真宗大中祥符元年（公元一〇〇八年）戊申真宗幸曲阜谒庙授其长子圣佑太常寺奉礼郎 真宗天禧二年（公元一〇一八年）戊午赐家祭冕服
四六代	孔圣佑	真宗天禧五年（公元一〇二一年）袭封文宣公兼知仙源县事
四七代	孔若蒙	神宗熙宁元年（公元一〇六八年）戊申袭封衍圣公 哲宗元佑元年（公元一〇八六年）丙寅高太后摄政改封衍圣公为奉圣公不预他职
四八代	孔端友	徽宗崇宁三年（公元一一〇四年）袭封衍圣公 建炎二年戊申随宋高宗南渡

四九代	孔璠	金宋刘豫封爵如宋制既而金废豫璠爵亦夺 金熙宗天眷三年（公元一一四〇年）庚申仍封爵如宋制
五十代	孔拯	金熙宗皇统二年（公元一一四二年）壬戌袭衍圣公 金主亮天德二年（公元一一五〇年）初定封衍圣公俸加于常品又加承直郎
五一代	孔元措	金章宗明昌二年（公元一一九一年）袭衍圣公 六年乙卯赐三献法服及登歌乐一部 承安二年（公元一一九七年）兼县令仍世袭 癸巳（公元一二三三年）蒙古主克金汴都获元措命袭爵如旧
五二代	孔之全	蒙古曲阜县尹
五三代	孔治	蒙古世祖中统元年（公元一二六〇年）庚申袭曲阜县尹八年辛未蒙古主始定国号曰大元十三年以治尹曲阜权主祀事 元世祖至元二十二年（公元一二八五年）乙酉升曲阜尹为单州防御使 成宗元贞元年（公元一二九五年）乙未封爵如金制
五四代	孔思晦	仁宗延佑三年（公元一三一六年）特命袭封衍圣公主阙里祀事谥文肃
五五代	孔克坚	元顺帝至元六年（公元一三四〇年）封衍圣公 元顺帝至正十五年（公元一三五五年）同知太常礼仪院事
五六代	孔希学	元季代父主祀事袭封衍圣公 明太祖洪武元年（公元一三六八年）赐衍圣公又赐袭文冠带
五七代	孔讷	明太祖洪武十七年（公元一三八四年）二月庚午封衍圣公班文臣首
五八代	孔公鉴	惠帝建文二年（公元一四〇〇年）袭衍圣公

五九代	孔彦缙	成祖永乐八年（公元一四一〇年）诏袭衍圣公 景帝景泰元年（公元一四五〇年）庚午赐三台银印玉带织金麒麟衣
六十代	孔承庆	未袭爵
六一代	孔宏绪	景泰十二年（公元一四六一年英宗天顺五年）诏袭封衍圣公
六二代	孔闻韶	孝宗弘治十六年（公元一五〇三年）癸亥袭封衍圣公
六三代	孔贞干	袭封衍圣公
六四代	孔尚贤	袭封衍圣公
六五代	孔衍植	由五经博士袭封衍圣公定六十六代以下辈次十字 清世祖陛见班列阁臣之上
六六代	孔兴燮	顺治五年（公元一六四八年）袭封衍圣公七年晋太子太保八年少保兼太子太保
六七代	孔毓圻	圣祖康熙六年（公元一六六七年）丁未袭衍圣公 十四年（公元一六九五年）晋太子少师赐谥恭悫
六八代	孔传铎	圣祖康熙四十年（公元一七〇一年）授二品冠服 世宗雍正元年（公元一七二三年）袭封衍圣公
六九代	孔继濩	二品冠服二十三卒赠衍圣公
七十代	孔广棨	世宗雍正二年（公元一七二四年）授二品冠服九年袭衍圣公
七一代	孔昭焕	高宗乾隆九年（公元一七四四年）以二品冠服袭衍圣公 十三年（公元一七四八年）春赐貂裘蟒
七二代	孔宪培	高宗乾隆四十八年（公元一七八三年）由二品冠服袭衍圣公
七三代	孔庆镕	高宗乾隆五十九年（公元一七九四年）袭衍圣公

七四代	孔繁灏	仁宗嘉庆授二品冠服 宣宗道光二十一年（公元一八四一年）袭衍圣公 文宗咸丰三年（公元一八五三年）癸丑加太子太保衔 定祥字辈后续十字赐谥端悫
七五代	孔祥珂	二品冠服 穆宋同治二年（公元一八六三年）袭衍圣公
七六代	孔令贻	袭封衍圣公
七七代	孔德成	袭封衍圣公中华民国二十四年特任大成至圣先师奉祀官

（按此表系由曾任大成至圣先师奉祀官孔德成先生供给，谨此志谢。——著者）

孙子

徐文助　著

目　录

一、孙子的生平和作品

孙子，《史记·孙吴列传》说是名武，齐国人，《吴越春秋》却说是吴国人。根据宋邓名世《古今姓氏书辨证》的说法，齐田完五世孙书为齐大夫，因讨伐莒有功劳，齐景公赐姓孙氏，书生冯，冯生武，因为齐田鲍作乱，逃奔到吴国，做吴王阖庐的将军，所以齐国应是孙武的本籍。《吴越春秋》又说他避世幽居，世人没能知道他的才能，后来伍子胥认识了他，推荐给吴王阖庐。阖庐见他时，他所著的《兵法》十三篇，已经相当出名，所以阖庐要他演示兵法看看。孙武要吴王的宫中美女一百八十人，分为二队，以王的宠姬二人作为队长，然后击鼓发令，两个宠姬大笑，孙武按兵法杀了她们，吴王无可奈何。这是史书唯一有关孙武的记载，就连《左传》虽提到推荐孙武的伍员，却没有提过孙武，因此引起后代人（如陈振孙《书录解题》）许多疑窦。

《史记·孙吴列传》在孙武的传记后面，又有孙膑，孙膑是孙武的后代子孙，两人相距百余年；《史记》记孙膑做齐威王的军师，帮助田忌用“避实击虚，攻其必救”的战略，大破梁军。十五年后，再帮助田忌攻魏救韩，利用兵法所说“百里而趣利者，蹶上将；五十里而趣利者，军半至。”的谋略，让齐军进入魏地，做十万个灶，隔天做五万个灶，又隔一天减为三万个，魏将庞涓中计大喜，以为齐兵伤亡过半，于是轻敌肆进，终于败死在马陵道上。这些和有关孙武的记载比起来，实在精彩多了，也较孙武能显现军事才华出来；加上东汉以后，《孙膑兵法》已经亡佚，所以近代就有人怀疑孙膑就是孙武，像日本人斋藤拙堂就认为武是孙子的名，膑是他的号。其他像武内义雄、佐藤坚司、钱穆等人，也都认为十三篇《兵法》的作者是孙膑不是孙武。

传统上一直认为孙武是十三篇的作者，唐宋以后，疑古风气很盛，从宋叶适《习学记言》以后，怀疑孙武是十三篇作者的人虽很多，但大都就章句释义上用功夫，一直未能拿出确切不移的证据，所以我们认为，仍以传统说法——孙武是十三篇作者较为妥当。大陆大肆挖掘古人坟墓，发现有西汉竹简《孙武兵法》和《孙膑兵法》，其中《孙武兵法》也和《史记》一样，是十三篇，这一点可说明唐杜牧注《孙子》序所说，魏武帝曹操削减篇数为十三篇，成为一编的说法，并不可靠。至于《汉书·艺文志·兵书略》所列的《孙武》八十二篇，可能包括上、中、下三卷，原来的上卷，张守节的《史记正义》说就是今传的十三篇，是很可相信的。后来因为十三篇内容较为纯正，才能独传后代，其他中、下二卷，唐代以后，都亡佚了。另一点可说明的是：既然《孙膑兵法》已出土，前人有关十三篇的作者是孙武还是孙膑，和孙武孙膑是不是同一个人，这些争论都可平息了。只不过正确性如何，仍需查证，不可轻易相信。

孙武的生卒年代，史书并没有记载，只知道他死后，埋葬在距离吴县十里的巫门外大冢。宋宣和五年时，曾追封他为沪渎侯。

二、孙子思想介绍

1. 泛论战争

（一）慎战论：孙子认为战争是有关国家存亡，及国民生死的一件大事，国君和将领在决定战争前，必须要有严正的立场，及深熟的谋虑。孙子既不是轻战论者，也不是厌战论者；轻战论者常因领导者错误的思想观念，或乖戾的性格，轻启战端，不顾国家前途和百姓死生，只为得到他本人的荣誉和地位，正如古人所说“一将功成万骨枯”，这是孙子所不取的。可是如果权衡情势，民族存亡已至最后关头，全国军民只好奋起抗敌，否则一味厌战，懈于战备，只有陷入亡国灭种的危机。孙子有关战争的基本思想，深受儒家中庸思想的影响，既不厌战，也不黩武，实在是古今中外最好的战争论。《计》篇说：“兵者，国之大事，死生之地，存亡之道，不可不察也。”战争既然是有关百姓生死，国家存亡的事情，就不能不观察清楚，所以要考虑的是，战争对国家人民是否有“利”，“利”实在是战争的最大动机，不为“利”而挑起的战争，孙子是反对的，所以《谋攻》篇说：“夫战胜攻取而不修其功者凶，名曰‘费留。’故明主虑之，良将修之。非利不动，非得不用，非危不战。主不可以怒而兴师，将不可以愠而致战。合于利而动，不合于利则止。”“费留”两字，“留”同“流”，曹操解释为像水流去不复还，是说虽打了胜战，不能保有战果，所花的财物像水流去而不返，打这种仗还有什么意义呢？所以身为将军，如果只一味想“每战必胜，攻无不取。”不管结果是否对国家有利，对百姓有福，那结局的悲惨是可想而知的。

（二）先胜论：战争是非常劳民伤财的事情，不管胜利或失败，国家元气一定大伤，这时如果另有第三国乘势觊觎，那么国家就危险了。所以孙子主张以未战先胜的方法，屈服敌国，保全我军的实力，《谋攻》篇所说“不战而屈人之兵”，自然成为孙子最高理想。至于在实际战场上每战必胜，孙子并不欣赏。《形》篇所说的“胜兵先胜而后求战”，就是这个意思。除“先胜”外，他又认为一个国家先要求得“不可胜”，以待敌人的“可胜”，要使国家处在“不可胜”，也就是“不败”的地位，就必须在战前运用政治战、经济战、外交战、军备战等，屈服敌国意志，以达到“不战而屈人之兵”的目标，因为在和实力相当，或相距不远的敌国相抗时，己方虽或可胜利，但一定也会付出相当的代价，总比不上“全国”、“全军”、“全旅”、“全卒”、“全伍”（“全”作“保全”解。）来得完美。所以孙子的战争观，实在含有悲天悯人的仁者胸怀，最能代表我国固有文化的精神。

（三）总体战论：战争不是领导者为遂个人野心的工具，而是以国家人民整体为利益的，因此，《孙子兵法》全文都是对敌国设谋，一点也没有谈到内战的事。他认为一旦战事发生，为全体人民的利益，政府应当全力以赴，不应有顾全个人私利而影响全局的事情发生，所以战争的方式是总体战的，举凡政治、经济、外交、军备等，都应事先加以准备，一旦和敌方对抗，才能获得未战先胜的效果。分述于后：

关于政治，使政治修明的重要条目是“道”和“法”，什么叫做“道”呢？《计》篇说：“道者，令民与上同意也。”意思是说要让老百姓的心意和国君的心意相同。什么叫做“法”呢？《计》篇说：“法者，曲制、官道、主用也。”“曲制”就是“军制”，军制的分划，曲曲折折，所以叫做“曲制”；“官道”就是“官制”；“主用”是说有关政府的一切财用制度。所以他所说的“法”，是指政府的有关的制度。要达到让老百姓和国君“同意”，就必须做到《行军》篇所说的“令素行以教其民”，和“令素信着，与众相得。”所说的“令素行”、“令素信着”，和商鞅的“赏厚而信”、“刑重而必”的意思相同，因为法令严明，制度缜密，就能朝无贪官，野无乱民，上下同意，民效死而弗退。孙子以“主孰有道？”列为五计第一，可见他认为“政治”是战争最重要的先务。

关于经济，开发经济是孙子最切要的主张，用为战争是最劳民伤财的事，开始的时候既需要谨慎，尤其不适合久战，更需在战前储备经济力，否则轻启战端，不能速战速决，就“钝兵挫锐，屈力殚货，诸侯乘其弊而起，虽有智者不能善其后”了，怎么可以不谨慎！《计》篇五计的第二计是“天”，“天”包括“阴阳、寒暑、时制”，“寒暑”是指冬夏不兴师，因为有碍农事；“时制”是指军事依农时而变异设施，如《周礼·夏官》所载春搜、夏苗、秋狝、冬狩等就是。古代农业社会，开发经济不过这些罢了，在现代，就应该振兴工商，才是开发经济的要图，时代虽不同，而原则却不变。此外，孙子又主张“因粮于敌”，利用敌国的粮食，以增加自己国家的作战能力。《作战》篇说：“取用于国，因粮于敌，故军食可足也，……故智将务食于敌。”“因粮于敌”不只可以弥补自己经济力，又可减低敌人的经济力，一举而两得。

关于外交，孙子特别重视外交战，《谋攻》篇所说：“上兵伐谋，其次伐交，其次伐兵，其下攻城。”“伐谋”指战前先使用谋略战，外交是谋略战的一种，可见孙子对外交战的重视了；孙子认为战争如果已到武力相接的地步，胜败双方一定各有伤亡，不是最好的办法，如果能使敌人屈服，而我方不费一兵一卒，才是上策，孙子把这种情形，尊称为“上兵”，而“上兵”却是以“外交战”为主的。实行外交战有三原则，就是《九变》篇所说“屈诸侯者以害，役诸侯者以业，趋诸侯者以利。”“业”曹操解释为“事”，是指利害的事情；给诸侯以害，他们一定会躲避，我方可因而得利；给诸侯以利，他们一定接受，我方就可找机会因而加以伤害，如此一来，主动在我，再强大的敌人也必屈服了。不过在实行这方法前，必须对敌我“利害”关系有透彻的了解和细密分析，《九变》篇所说“是故智者之虑，并杂于利害。杂于利，而务可信也。杂于害，而患可解也。”就是这个意思。

关于军备，孙子虽主张以政治、外交、经济等的充实，为战争先务，以达到“不战而屈人之兵”的目的，但并不排除武力战的可能。古人说“弱国无外交”，军备的充实，常为外交胜败的关键，所以平时一定要从事军备的讲求，使军备武器新颖、锐利，敌人必先知难而退，《形》篇说：“古之善战者，先为不可胜，以待敌之可胜。不可胜在己，可胜在敌。”所说的“不可胜”，也就是“不败”的意思，自己要先能不败，必须平时讲求武备，否则“形”移“势”转，敌人军备一旦超过自己，“不可胜”的情势一改，不只外交战无从做起，国家的前途也就危险了。至于加强军备的方法，当然需要发展尖端科学，和精密国防工业，这一点在科学不发达的古代，是很难办到的，但孙子说：“善守者，藏于九地之下；善攻者，动于九天之上。”这种见解，和现代战争的要塞战和空战，甚而太空战，却不谋而合。

2. 论庙算

古人在兴师命将前，一定要先在庙堂上计算敌我胜负的数目，成功数目多，就是“多算”，“多算”就能必胜，反过来说就是“少算”，“少算”一定失败，不可以兴兵。《计》篇说：“夫未战而庙算胜者，得算多也。未战而庙算不胜者，得算少也。多算胜，少算不胜，而况于无算乎！”可见战前计算胜负成数的重要。至于要如何算呢？以什么来算呢？孙子有未战先胜的主张，所以计算胜负成数，不只在战时要算，战前也要算。所要算的也就是《计》篇所说的“主孰有道？将孰有能？天地孰得？法令孰行？兵众孰强？士卒孰练？赏罚孰明？”“主孰有道？”是要比较敌我领袖谁能修明政治，能修明政治的就胜；“将孰有能”是要比较敌我将领，谁能具备五德（详见下文），五德具备的就胜；“天地”指天时地利；以上七种情况，是战前必先加以分析的，分析清晰后才发动，才能得必胜的战果。以上是平时所要计算的胜负成数，至于战时又如何计算呢？《谋攻》篇说：“故知胜有五：知可以战与不可以战者，胜；识众寡之用者，胜；上下同欲者，胜；以虞待不虞者，胜；将能而君不御者，胜。故曰：知彼知己，百战不殆。不知彼而知己，一胜一负。不知彼，不知己，每战必败。”这里所说的“识众寡之用”，就是《谋攻》篇所说：“十则围之，五则攻之，倍则分之，敌则能战之。”

的说法，意思是说，我方的军队如果十倍于敌人，就可采用包围的战术；如果五倍于敌人，就可采用主动的进攻策略，如果比敌人多两倍，就可分兵进攻，以分散敌人力量；如果和敌人兵力相等，就可以采取敌人进攻而我能迎战的策略，这些都是根据自己兵力的大小，而加以灵活运用的策略，懂这种策略的人一定可以胜。“上下同欲”就是《计》篇“道者，令民与上同意”的说法，也就是说国君的心意，人民都服从、接受。以上所说的“知己知彼”，是战时最需要计算清楚的。“知己”属军队统御，下文将讨论；至于“知彼”，孙子主张用间，《用间》篇说：“先知者，不可取于鬼神，不可象于事，不可验于度，必取于人知敌之情者也。……故惟明君贤将以上智为间者，必成大功。”“象”可解释为“意想”，“度”就是“法则”，意思是说，国君或将领，想要“先知”，求鬼神、凭事物推想、凭法则推想都没有用，只有依靠“人”去打探敌情，才能成功，用间的重要可想而知。时至今日，战争武器虽已改变，而用间以了解敌情的原则却不变，可知《孙子兵法》内容的博大了。

3. 论将才

战场上决定胜负的条件虽很多，但最重要的还是将才的优劣。孙子深知将才的重要，所以全文谈到将才和为将之道的地方很多。他为强调将才的重要，屡次提到“将能而君不御。”（《谋攻》）和“君命有所不受。”（《九变》）的道理，这是因为“主”（领袖）虽有权指导战争，但实际负起战争全责的是“将”，所以在战场上，“将”应有独断专行的权利；《地形》篇说：“战道必胜，主曰无战，必战可也。战道不胜，主曰必战，无战可也。”

将按作战道理析判，胜或者不胜已可知道，那么国君说战或不战，就不去加以理会了，这样的将，孙子尊为“上将”，可见其意了。

将具有这么大的权利，他本身应具有何种修养呢？孙子提到将应具备“五德”，否则有“五危”；五德就是《计》篇所提的智、信、仁、勇、严，五者缺一不备，就不够格作为将；孙子又加以解释说：“将军之事，静以幽，正以治。”“静”就是“镇静”，“幽”就是“深沉”，“正”就是“严正”，“治”就是“整治”，“以”作连接词讲；镇静、深沉、严正、整治四者是智、信、仁、勇、严的最佳表现。反过来说，如果将不具有五德，那就带来“五危”，什么叫“五危”呢？《九变》篇说：“故将有五危：必死，可杀也。必生，可虏也。忿速，可侮也。廉洁，可辱也。爱民，可烦也。凡此五者，将之过也，用兵之灾也。覆军杀将，必以五危，不可不察也。”胜战不一定“必死”，如果将军抱“必死”的心理，而不求“胜道”，他的死固然没有价值，甚至还会影响全盘战略，贻误国家人民；但是将如果抱“必生”的心理，就会临阵畏怯，不能奋死决战，怎么会得胜呢？“忿速”就会鲁莽冲动，不能使用计谋，可能有受侮的危险；廉洁原为美德，但将如果太注重廉洁的虚名，敌人可设计破坏他的虚名，使他心烦意乱，临阵不能指挥，怎么会不败呢？爱民原是仁义的事情，不过两国相抗，难民一定会很多，将如果只有妇人之仁，那照顾难民犹恐不及，怎么能作战？由以上的论述，可知将才的条件是复杂而难能的，既要他生，又需他不生；既要他死，又需他不死；既要他仁，又需他不仁；既要他义，又需他不义。古今良将难求，实在是很有原因的。

4. 论统御

良将需讲求统御的方法，否则士卒不从，率领一批乌合之众，如何在前线冲锋陷阵、击溃敌人呢？如果统御得法，那么士卒效死，就没有打不倒的敌人了。统御的最大原则是恩威并济，并且要用得各得其宜。《行军》篇说："卒未亲附而罚之，则不服；不服，则难用也。卒已视附而罚不行，则不可用也。"意思是说对军心未附的军队，擅加威罚，那么士卒就不服，甚至反抗，这时最好多加恩惠，以讨好他们；但对军心已附的军队，由于长久相处，最容易感情用事，刑罚不下，而引起溺爱姑息，这时应该多加威罚，以齐一军心。《地形》篇又说："视卒若婴儿，故可与之赴深溪。视卒若爱子，故可与之俱死。厚而不能使，爱而不能令，乱而不能治，譬如骄子，不可用也。"把带兵看成像教养儿女，恩威并济，用威或用爱各得其宜，才是统御最好的方法。如果用威过度，父子就容易绝情；用爱过度，儿子变成骄慢跋扈，就是亲生儿子也使唤不了，带兵如果如此，如何能打仗呢？

使军心归附的方法，是在平时施行教育，使士卒明礼知义，知道服从的重要，《行军》篇说："故令之以文，齐之以武，是谓必取。"这里所说的"文"，相当于现今部队里的政治教育，政治教育没有做完，士卒就礼义不知，敌我不清，军心自然不能归附。士卒明白了是非礼义之后，再以刑罚统一步伐，以求一律，就是"齐之以武"的意思，这时被处罚心悦诚服，军令自然可以行得通了。孙子又说"令素行以教其民。""令素信箸，与众相得。"意思是军令不分平时、战时，也不分贵贱、亲疏、阶级，凡犯军令的人，一律处以相同刑罚，这就是“与众相得”的意思，如此士卒士气自然可以提高，上上下下都心悦诚服了。

统御上另一个最重要的方法，是利用地理形势，和军队心理，以求士卒“死且不北。”孙子说：“投之无所往，死且不北。”“不得已则斗。”“投之亡地然后存，陷之死地然后生。”“北”的意思是“投降”，人性都有贪生怕死的弱点，当他发现已经进入绝地，除了搏斗外，就是死路一条，为了求生，他一定会奋起抵抗，在战场上，就可利用这种士卒求生的本能，把士卒放置在非常危险的战地，使他们能奋力作战，而得胜果。项羽就用这种方法，在巨鹿之战时，命令士卒沉船破釜甑，烧庐舍，只带三天的军粮，向士卒表示必死的决心，结果士卒为了求生，人人奋前，大破秦军。其他像韩信，也曾经率领士卒背水阵，假装丢弃旗鼓，走水上军，水上军都殊死作战，因此击败赵军，他自己说这种谋略是出自《兵法》“陷之死地而后生，置之亡地然后存。”和孙子的意思相同，可见这种策略，在军队统御上，是很值得采用的。

5. 论作战

两军相接，胜败始见，所以战斗时的原则和方法，是最应该讲求的，孙子在这方面提示了很多，可以说这些是《孙子兵法》的精华所在，而这些主张，散见《孙子》十三篇，为叙述方便起见，总括为数点，叙述如下：

（一）主动：战争发动以后，我方必须争取主动，掌握战场的支配权，才能陷敌人于被动，任予宰割。《虚实》篇说：“凡先处战地，而待敌佚；后处战地，而趋战者劳，故善战者，致人而不致于人。”“佚”是说“轻松”，如能先处战地，就可轻松地以静制动，等待敌人来袭；后处战地时，士卒劳累不堪，完全失去了主动，所以先处战地的目的就是为争取主动。“致”可做“控制”解，“致人而不致于人”是说可以控制敌人，而不被敌人所控制。《势》篇说：“故善动者，形之，敌必从之；予之，敌必取之。”“形”做动词“示”解；我方向敌人表示士卒治乱、勇怯、强弱的情况，敌人一定信以为真；给与敌人利益，敌人也必接受，而不知有诈，这种诈敌的方法，都是因为我方掌握主动才能办得到的。

（二）迅速：孙子是不战主义者，但如不得已必须作战，他主张“速战速决”，否则演变成长期战争，对国人的财物和生命，必有重大损失，不仅如此，可能还会引起第三国的觊觎，变成“渔翁得利”的局面。孙子说：“其用战也，贵胜，久则钝兵挫锐，攻城则力屈，久暴师则国用不足。夫钝兵挫锐，屈力殚货，则诸侯乘其弊而起，虽有智者，不能善其后矣。”这是战争需求速战速决的重要，在战术上的运用，必须做到“其疾如风，侵掠如火。”才能达到这种要求，现代战争所谓“闪电战”，正是这种方法的运用。

（三）胜利：儒家喜谈仁义，孙子则着重在利，认为“利”是一切战争的原动力，若抛开利不谈，那么士卒勤苦而没有收获，一定会有悖叛之心。《火攻》篇说：“非利不动……合于利而动，不合于利则止。”这是说战争的目的。《军争》篇说：“掠乡分众，廓地分利。”这是说以利激励我方士卒。《计》篇说：“利而诱之。”《军争》篇说：“故迂其途，而诱之以利。”这是说以利引诱敌人，使敌人中计。总之，“利”可说是一切战争的原动力。

（四）变化：战争是门综合的技术和艺术，战场的情况瞬息万变，主将若没有随机应变、当机立断的能力，决不能制服敌人，所以，在战术的运用上，主将需力求变化，而不可拘泥于一端，才可令敌人应付为难，达到出奇制胜的效果。《势》篇说："兵无常势，水无常流，能因敌变化而取胜者，谓之神。"又说："凡战者，以正合，以奇胜。故善出奇者，无穷如天地，不竭如江海。""正"就是正统的战法，"奇"就是出奇制胜的变化战法。古代奇正和虚实的变化运用，向为兵家殚精竭虑所研究的课题，《孙子》有《虚实》篇说明奇正和虚实的运用。奇正据曹操的解释是正者当敌，奇兵从旁击敌人的不备。《尉缭子》也说正兵在前，奇兵在后，两人的解释是一样的，只是文字不同而已。

（五）秘密：战争一切行动和措施，必须保持秘密，才能达"攻其无备，出其不意"的效果，所以《军争》篇说："难知如阴。"《九地》篇说："易其事，革其谋，使人无识；易其居，迂其途，使人不得虑。"这是说军事措施、谋略、住所和行军途径，要经常改变，严守秘密，才能使敌人难以应付。不只要守秘，并且要进一步探求敌人的秘密，所以孙子主张使用间谍，他有《用间》篇专门讨论间谍的使用方法。近代西洋战争，也很重视间谍的使用，像拿破仑的"别动队"，希特勒的"第五纵队"，都曾使对方感到很难应付。这种用间的主张和方法，几千年前的孙子大都已提到，他把间谍分成五种：一是乡间，一是内间，一是反间，一是死间，一是生间；乡间是利用对方乡人、百姓搜集情报，在我军进入敌境时最为重要。内间是利用敌国的公务人员，搜集敌国的政情，作为离间破坏用。反间是利用敌国的间谍，为我方所用，向敌人传达我方所供错误的情报，以破坏敌人。死间是我方故意以虚假的情报，让潜伏在敌境的间谍泄密给对方，使敌人误信，然后加以杀害。例如我方派间谍到敌方请求和解，让敌人疏于防备，再加以突袭，这时我方间谍必被杀，这是以死来误敌，所以称为死间。生间是奉令前往敌境侦察虚实，然后返国报告，这是较单纯的用间方法。就以上五间的运用方法看，虽到现代，战争武器已改变了许多，而用间的方法，却没有多大的改变。

三、孙子思想对后代的影响

《孙子兵法》是古今中外最伟大的军事杰作，他的影响是超乎时空的。在我们中国，凡是在政治、军事上叱咤风云的人物，如张良、韩信、邓禹、曹操、诸葛亮、唐太宗、李靖、岳飞、刘伯温……等，都曾经对《孙子》有过精湛的研究，并实际运用在战场上，而得到彪炳的功业。其中以韩信井陉口背水阵大破赵军，最为有名。事实上，我们可以说，《孙子》外的武学七书，如《吴子》、《司马法》、《尉缭子》、《六韬》、《三略》、《太宗李卫公问对》等，他们的思想，基本上还是不超出《孙武兵法》范围的。

在国外，日本人研究《孙子兵法》相当盛行，有关《孙子兵法》的著作也最多。追溯起来，远在奈良时代，《孙子兵法》已由吉备真备传到日本。据说八幡太郎义家在后三年之役（公元一〇八三——一〇八七年）看见雁列凌乱，想起《孙子兵法·行军》的“鸟起者，伏也。”一句话，知道敌人有伏兵，这是相当有名的一件事。他如日本战国时代的著名武将武田信玄，很崇拜孙子，他的旗帜所用的“风、林、火、山”，就是录自《孙子兵法·军争》“其疾如风，其徐如林，侵掠如火，不动如山。”四句的。一直到近代，日本最有名的军事家，也还受《孙子兵法》的影响，如日俄战争时，联合海军司令东乡元帅，在对马海峡大败俄海军，就是采用《孙子兵法·虚实》“以逸待劳，以饱待饥”的谋略，他在出发时，曾携带着《孙子兵法》随时翻阅。七七事变后，日军大举侵华，日政府曾加印五千册《孙子兵法》，分赠给侵华倭将。

在欧洲，从传教士把《孙子兵法》传到境内后，译本大为流行。据说拿破仑在战阵中，每手不停披阅着《孙子兵法》，他的战略得益于《孙子兵法》的地方很多。威廉二世于没落后，读到《孙子兵法·火攻》“主不可以怒而兴师，将不可以愠而致战；合于利而动，不合于利则止。怒可以复喜，愠可以复悦，亡国不可以复存，死者不可以复生”时，内心大为感动，深悔二十年前的作为。

孙子最伟大的思想就是他的“不战而屈人之兵”，这种思想，实在是融合儒家的人道精神而成的，因为既认为战争必不可免，那么求在战争中，比较仁慈的策略，应是人类前途所应该走的路。西方军事学家如德国克劳塞维兹《战争论》，主张战争要彻底消灭对方的战力，如此一来，战争的后果可想而知，人命的牺牲，文化的摧残，构成人类的浩劫，和孙子的“不战而屈人之兵”比起来，其价值的高低，判然分明。

《孙子兵法》的永恒性，表现在他的立体战争思想上，古代陆战固然没有话说，就是现代陆、海、空的立体战争，《孙子兵法》也是适用的，由此可见孙子眼光的远大，思想的卓越了。他曾说过：“善守者，藏于九地之下；善攻者，动于九天之上。”“九地之下”意思是地下极深处，这种思想，虽是现代的核子时代，仍有意义，因为应付原子弹的最佳办法就是“挖洞”，而且挖得越深越好。“九天”指天上极高处，用现代术语来讲，就是“太空”，在古代当然没有飞机，但孙子的“动于九天之上”，却不只适用于第一、第二次世界大战时飞机空战，甚至于未来的太空战、卫星战，都可适用，可见《孙子兵法》是超乎时空的，它的永恒性是无可置疑的。另外，日本有位史学家赖山阳氏，曾说《孙子》不只是一部伟大的兵学巨著，也是一部伟大的文学作品，因为这部书辞藻优美，对句工整，值得仔细加以推敲欣赏，这是古今思想家很难得有的成就，孙子的伟大由此可见。

《孙子兵法》的价值既然如上面所说，对这部伟大的文化遗产，我们应如何加以发扬，使能更符合现代战争的理论，是目前最切要的问题。这问题的解决，光靠学术界是不够的，更需赖对军事技术和策略有专门研究的军事界，大家共同研究，才有成就可期。

参考书目

《汉书·艺文志·兵书略》，班固，台湾，艺文印书馆。

《中国兵学大系》，李浴日，台湾，世界兵学社，一九五七年，一四册。

《孙子兵法新研究》，李浴日，南京，世界兵学社，一九四六年，三〇八页。

《孙子的体系的研究》，佐藤坚司，台湾，中台印刷厂，一九七四年，初版，三三七页。

《孙子兵法校释》，陈启天，台湾，中华书局，一九七二年，三版，二六七页

《竹简兵法》，夏学新，台湾，河洛图书出版社，一九七五年，初版，二六九页。

墨子

王冬珍　著

目　录

自序

战国的时候，儒墨并称为显学。战国以后，儒家日以盛大，墨学则渐趋衰微；自秦汉至清初二千年间，漫漫长夜，除韩昌黎的《读墨子》外，研究墨学而可考的只有晋朝的鲁胜与唐朝的乐台二人而已，鲁胜的《墨辩注》早已不存，乐台的《墨子注》也久绝流传，缺文错简，既无法校正，古言古字，更难以明晓，而墨学遂尘埋千古。

中国自汉至明，虽历经变乱，而社会的根本组织却无变化，所以流行的学说，也无更易，唯自明末与西洋接触，又经流寇的扰乱，满清的入关，清初以后，风气才稍微改变，而研究墨子的人也日渐众多。康熙初年有马骕，稍后有傅山，而自乾隆至道光初，则有武进张惠言、仁和卢文弨，阳湖孙星衍、镇洋毕沅、江都汪中、高邮王念孙、德清丁杰、大兴翁方纲等，至是途径既辟，奥旨粗窥，墨子的书，才稍称可读。

自鸦片战争，历经太平天国，以至于今，此百余年间，中国的改变，实二千年来所未有，而局限一隅的传统文化学术，也不得不求其变通，以为肆应，而实验实证的科学便为人所重视，然欲求与今世所谓科学精神相悬契的只有墨子而已。此一时期关于墨子的著述甚多，就其较著者言则有苏时学、俞樾、孙诒让、王闿运、曹耀湘及张纯一诸人，这是就全书加以校订笺注的。而就《经上下》、《经说上下》四篇加以籀绎的有梁启超、邓高镜、张其锽、谭戒甫、高晋生诸人。邹伯奇、陈澧用西来的数学、几何学、力学相沟会悬证，为读《墨经》的人开辟了一条新途径。章炳麟研究印度唯识学，也时引经义，以阐名相。胡适、冯友兰则好引近代哲学家言相缘饰，其自树新义，也都数十事。有栾调甫、伍非百也各有论列，虽有独见，而标举不多。有关墨子生平、墨学历史有所研讨考证的除孙诒让、梁启超外，则有钱穆、陈柱、方授楚诸人。

余幼读经书，除非圣人的言论从不敢窥。长大以后才见到墨子兼爱非攻的道理，后又从湘潭李渔叔先生研习《墨经》，对于当前有关墨子的书，终觉注释考据的多，有关思想的少，尤其作有系统的整理而用白话文写出的更少，本篇之作，期在对此偏缺，略有少补。

本篇所采的资料，以《墨子》书为主，后世研究墨子的著作以为参考。所用的方法，以叙述为主，时或也稍作批评，以抒己见。至于本篇的内容，首为墨子传略，分传略与时代背景述之。次为墨子学术思想，分社会思想、政治思想、经济思想、教育思想、宗教思想、非攻思想、非儒思想。有关《墨经》及《大小取》部分，专述的只有论德行、论知识及论辩，其他科学等缺略。《备敌》《守御》诸篇未作专论，再次为墨子著作，分五类说明其内容。再次为结论，除对以上各节作结外，并略述对后世的影响。余才疏学浅，读书又少，失漏之处，必所难免，尚祈诸先进不吝指教是幸。

一九七六年十月

嵩县王冬珍序于台北

一、传略

墨子姓墨名翟，战国初年的鲁国人，生于周敬王三十一年（公元前四八九年）左右，卒于周威烈王二十至二十三年（公元前四〇六年至四〇三年）之间，多则八十七岁，少则八十四岁。墨子出身工匠，善于制作车辖与车輗，并能在片刻的时间，斲三寸的木板，担任五十石的重量，且曾花了三年的时间，制作了一只木鸢，可是飞了一天就坏了，所以惠施说他巧于为輗，拙于为鸢。

墨子年少时读儒家书，觉得有许多不满意的地方，于是上承尧、舜、禹、汤、文、武一贯的道统，下察春秋战国百余年间政治的变迁，社会的不安，民俗的习尚，贵族的享乐，平民的疾苦，战祸的起因，自创一学派，授徒讲学。倡导尊天、事鬼、尚同、尚贤、兼爱、非攻、节用、节葬、非乐、非命等说，信徒众多，组织严密。曾周游齐、卫、宋、楚、越、魏，以平民谒见君相，谈论外交，高议战守，声势烜赫，与儒家并称为“显学”。

楚惠王时，公输般为楚王制造云梯，准备攻打宋国，墨子听到了，便从鲁国前往，裂裳裹足，走了十天十夜，才到达楚国的首都郢城，向楚王说明攻战的不义，并且解下衣带当城，取些小木札当守城的器械，公输般九次设下攻城的机变，墨子九次抵抗他，公输般器械用尽，墨子防守有余。且早已派其弟子禽滑厘带着三百多人，拿着墨子守围的器械，替宋国守城，所以楚王才停止了攻打宋国的计划。但当他自楚返鲁经过宋国的时候，天正下着大雨，墨子到一个里门内去避雨，却遭到守门人的拒绝。其后楚鲁阳文君欲攻郑，齐太王和欲伐鲁，墨子亦均不计一切的艰苦和危险，前往说以大义而作罢，墨子曾献书给楚惠王，王虽然称为良书，而却以老辞，仅将书社五里（孙诒让疑当作五百里）地封之，墨子则以“道不行不受其赏，义不听不处其朝”，辞王以归。越王使公尚过用车五十辆迎墨子于鲁，并请将故吴之地五百里封焉，墨子则谓若越王听其言，用其道，将度身而衣，量腹而食，自比于群臣，反之则为义粜，终辞而不受。

墨子生于春秋末年，长于战国初年，而春秋战国之际，实历史上一大改变的枢纽，无论在社会、政治、经济、学术思想各方面，也都起了空前的大变动，如：

（1）由于周代尚文的结果，当时的社会可以说是一个讲究形式的社会，虽然一些有心人如棘子成一派等甚为愤慨，但毕竟救不了时弊。而孔子又是一个中庸的人，固然不愿意“文胜质则史”，但也不愿意“质胜文则野”，而且他始终主张恢复周制，并未力求改革。

（2）平王东迁以后，周天子的名虽存，而实已无，各诸侯国互相攻伐，战争频仍，造成了天下混乱，社会不安，虽然向戌有“弭兵谈”，老子有“大军之后，必有凶年”，孔子拒绝卫灵公的问阵，但仍不能扭转当时的混乱，到了墨子更是“天下失义，诸侯力征”，“万有余国皆灭”。

（3）当时的政治，是父子相继，兄终弟及的世袭政治，也是贵族专权的专制政治，一般平民既无参政的机会，也不能享受平等的权利。这一种阶级政治，发达于春秋中叶，此后便盛极而衰，到了这一时代，更产生了许多流弊，使政治极为腐败。

（4）经济大权，可说完全操在贵富两族的手中，而贵富两族却相竞于奢侈，尤其国土愈大，物力愈丰，专制力愈强，奢侈的程度也愈甚，再加以经济上的兼并与政治上的兼并，同时并进，使平民的资产，被掠日甚，造成贫富极为不平的现象。

（5）因为受到社会、政治、经济各方面的影响，不仅老子“清静”、“自然”、“无为”的学说很占优势，就是厌世思想也相当发达，例如《论语》中所说的晨门、荷蒉、楚狂接舆、长沮、桀溺，《墨子》书中的故人、吴虞、巫马子一流的人，都是不满当时社会的现状，主张独善其身。再加上孔子的“居易俟命”，子夏的“死生有命，富贵在天”，更促成这一思想的发达。

（6）孔子虽然也言天，但孔子所讲的不是把天视为人格化的本体、实体的存在，就是近于自然哲学或道德哲学中的客观的最高存在，要不就是含着主观的原则或运行程序，而与宗教大相径庭。而且孔子对于鬼神虽然主张“祭如在”，但却说“敬鬼神而远之”，又说“不知生，焉知死”，因而造成信仰的淡薄，道德的低落。

（7）墨子生于鲁国，而这儿是周代旧式文明的代表，也是儒学的发源地，所以号称守礼之邦，儒学受了这个影响，本来已带几分保守的色彩，尤其孔子死后，诸大弟子相继沦丧，独子夏享高寿，又为魏文侯师，所以他这一派独盛，子夏本是规模最狭小，不能完全传孔子的真学，于是儒学专讲形式，渐渐腐败。

以上是对墨子的时代背景，所作的客观分析，至于他自己怎么说呢？他认为当时的时代，是一个昏乱、贫穷、务夺侵凌、喜音湛湎、淫僻无礼的时代，且又有儒家的弦歌鼓舞，治乱有常，天鬼不说，厚葬久丧所造成的弊端更影响了社会，所以他本着积极创造的精神，倡导独特救世的学说，以期打破当时社会、政治、经济的现状，建立平等自由的国家。

墨子曾说："万事莫贵于义。"又说："为义非避毁就誉。"因此，他虽然遭到许多的阻难和讽刺，仍是日夜奔波，以行义作为他一生的目标。孟子说："墨子摩顶放踵利天下为之。"庄子说："墨者多以裘褐为衣，以跂蹻为服，日夜不休，以自苦为极。"又说："墨子真天下之好也，将求之不得也，枯槁不舍也，才士也夫。"墨子悲天悯人，个性积极，为了救世救民不计一切的牺牲，而且博学多方，周为世用，不仅是战国时代实利主义的一大思想家，更是立志改革社会的实行家。

二、学术思想

墨子全部的思想，可大分为二：一是消极的匡俗，一是积极的救世。而在匡俗方面，主张非贵族专制、非攻、非乐、非命、非儒；在救世方面，则主张尚贤、尚同、兼爱、贵义、节用、节葬、天志、明鬼，至于他思想的产生，除有他的时代背景外，依《墨子》本书考之，实渊源于尧、舜、禹、汤、文、武，所以与儒家最为接近，但是由于他积极的个性、奋斗的精神，再加上出身于平民，因此建立了独特的学说，不是儒家官学所能包涵。现分别说明于下：

1. 社会思想

社会思想包括兼爱与贵义，也就是兼相爱与交相利，这是墨子的根本思想，其他经济、政治、宗教等思想都是由此演出。

·兼爱

墨子看到人与人之间所以发生战争、篡夺、乖忤、盗窃、诈欺，皆由于不相爱，不相爱则由于有远近亲疏的差别，因为有了远近亲疏的差别，一旦利害冲突，便可能亏人自利，所以提出了爱人之身若己之身，爱人之家若己之家，爱人之国若己之国的平等无差别的爱，但他又怕这种新的思想不被接受，便以天对人的一切作为兼爱的依据，因为天的运行广大无私，施人恩惠不求报酬，日月星照耀永不停止，可以知天对人是平等无差别的爱，平等无差别的利，平等无差别的拥有，平等无差别的养育，而禹、汤、文、武，又是最能够效法上天兼爱天下的仁君，所以我们应该上体天心，下法仁君，平等无差别的去爱所有的人。

兼爱的兼字，依照《墨经》中的解释是代表全体的意思，所以兼爱也是全体的爱，所谓全体的爱，就是对任何人都不遗漏或排斥，而且没有人我之分，才能爱人如己，爱己如人，人与我浑然一体，界限全无。而且不可受时间空间的限制，只要永存爱心，便可爱众世与爱寡世相若，爱上世与爱后世，一若爱今世之人，正如父母对子女的爱，无论是过去、现存、未来，无论在身边或在远方，甚至在不知道的地方，都是一样的爱他，而我们对任何人也要处处时时存着一份爱心。

兼爱是无条件的爱，若爱而附有条件，出于心计，希求利益，那叫做利爱，利爱不是仁，也不是兼爱。譬如我们爱自己，并非是自己有用或自己长得美才爱自己，只因为那是自己就爱自己，是没有任何条件的，不像是我们爱马，自己的马因为可供鞭策驱驰才爱，别人的马就不爱，骅骝因为可日行千里才爱，驽骀就不爱，像这种附有条件的爱，不是出自真心真爱，而我们爱人当如爱己，应出于真心真爱，而不求任何报酬。

兼爱是涵利的爱，《墨子》书中凡提到兼相爱，往往必提到交相利，因为爱是存在于内心的，是无形的，而利才是表现在外的，是有形的，所以主张实利主义的墨子，不仅要我们把爱永存内心，更要把爱完全表达出来，而表达爱的最好方法就是利，虽然在实行这个爱的时候，人的理智会判别利的先后远近，但墨子却主张利远人和利近人的程度是一样的，也就是墨子要把远人与近人放在同一个平面上，同时的爱他们，同量的利他们，唯在利的行为上以远近而分施之。

兼爱在我们一般人看来，虽然是仁、是义、是善、是完满无缺，但恐怕不可能实行，但是墨子认为只要它合于仁义，只要它完善无缺，便可以实行，因为：

第一，爱人就是爱己，兼爱就是自爱，所以把能实行兼爱的国君，称为兼君，能实行兼爱的士人，称为兼士，否则称为别君别士，而一般的人都敬爱兼君，信任兼士。

第二，兼爱不但不会像孟子所说的是“无父”，是“禽兽”，而且更是孝的表现，因为爱利人之亲，就是爱利己之爱，也唯有爱利人之亲，人才会爱利己之亲，所以孝子想要人爱利己之亲，必先爱利人之亲，若能使人人都爱利自己的父母，便是大孝，焉可称为不孝。

第三，从往古圣王之事证明，兼爱可以实行，例如《泰誓》中记载的文王，像日月一样光照四方；《禹誓》中记载的大禹，为兴天下之利，除天下之害，才远征有苗；《汤誓》中记载的商汤，虽贵为天子，富有天下，却不怕以身为牺牲，以词说于上帝鬼神，这都是能实行兼爱的圣君，所以他们享有天下，拥有万民。

第四，从与他事比较而言，兼爱亦不难实行，例如荆灵王好小腰，越王句践好勇，晋文公好苴服，这些都是难以实行的，而臣民都可以做到，何况有百利而无一害，又是最容易做到的兼爱？只要在上位者肯先行、肯提倡、肯鼓励，臣民一定可以实行。

总之兼爱是可以实行的，但只是看人肯不肯去实行。

·贵义

墨子除倡兼爱外，更主张贵义，而且认为义也是本于天志。所以无论为人、处事、从政，都应该以义为准，但是墨子对义的解释，与儒家不同，他是以利来解释义的，不过他所讲的利，是交相利的利，是利天下的利，决非孟子所说的上下交征利的利，个人私利的利。因为儒家重心性，所以孔子很少言利，而且把义利视为道德的标准，君子小人的区别。孟子更严义利之辨，董仲舒则进而说："正其谊不谋其利"。其实我们翻开《易经》看看，《易·文言》就说："利者义之和也。""利物足以和义。"就是《左传》也说过："义以生利。""义，利之本也。"荀子则说："勿以利害义。""利少而义多为之。"都如墨家一样义利是不可分开的（虽然荀子所解说的要旨不一样），也唯有与义结合的利，才是公利而不是私利，才是真正的利，而不是苟得的利。

墨子既这样重视义，所以在书中的每一篇几乎都离不开义，也都是为了实行义。例如兼爱天下是义，非攻他国是义，尚贤、尚同、节用、节葬、非命、非乐也都是义，因为这些都是为整个天下谋取利益，去除祸患。

至于义的实行：

第一，要分工合作，正如筑墙一样，能建筑的建筑，能运土的运土，能测量的测量，墙才能够筑成；而行义则能谈辩的谈辩，能说书的说书，能工作的工作，然后义事才能成功。

第二，要言行一致，绝不可言而不行，亦不可言行相悖，若言而不行，等于不言；言行相悖，则不能取得别人的信任，若不能取得别人的信任，别人便不肯和你合作，若不肯合作，一切事情便不易成功。

第三，要不计毁誉，凡事只要合于义，便勇敢去行，不可计较他人的毁誉，因为行义是自己做人的原则，也是做事的标准，所以即使遭受到别人的批评和不谅解，也不必去解释或说明，因为心底原是正大光明的。

第四，要不求报酬，要把行义看成自己分内的责任，出自真心，发自诚意，切实去行，不可贪求报酬，计较私利。

第五，不独善其身，独善其身，果然可以使自己成为品学兼修的完人，影响他人，但利天下者有限，唯有不计一切的兼善天下，才可使天下人受惠。

墨子不仅是要他人行义，而自己更是身体力行、日夜不休，譬如他周游列国，目的都是为了行义。

·结语

兼爱与贵义就是仁和义，不只是墨子的根本思想，也是相辅相成不可分开的，所以才完满无缺，譬如墨家言兼爱，而却主张杀盗，这不是与兼爱的旨意相违背吗？却不，因为盗窃的行为，不但是不合于兼爱，而且更与义相违背，正如《墨经》上说，唯伤害到无罪的人，所以才有罪，而盗贼正是伤害到无罪的人，也是亏人自利的人，所以有罪，既然有罪，就该接受惩罚，而“杀盗非杀人”，虽然有点强辩，但主张杀害伤仁害义的盗贼，却并没有错误，因此杀盗与兼爱的旨意并不相违背。

《管子·戒》曾说：“仁从中出，义由外作。”告子主张的仁内义外或本于此，而墨子则以仁内义内驳斥之。墨子说仁就是爱，义就是利，爱利属此，所爱所利属彼。爱利对我言，乃仁义之蕴于内者，是体、是能、是自动、是我所授；而所爱所利，是对彼而言，是仁义之发于外者，为用、为所、为被动、为彼所爱。所以爱与利不相为内外，所爱所利也不相为内外，也就是仁与义不相为内外，若一定要说仁内义外，是举爱与所利，是谓狂举，正如说左目司出，右目司入，是一样的不合理。后来孟子主张仁义均发自人的本性，也就是所谓的仁内义内，或受墨子的影响。

2. 政治思想

·政治的起源

墨子曾说在天下人民过着还没有行政的原始生活时，所说的话各人都有一番道理。所以一个人就有一种道理，两个人就有两种道理，十个人就有十种道理，人数愈多，所说的道理也就愈多，每个人都以为自己对而别人错，因此彼此之间互相攻击，在家庭里常常因为父子兄弟各人的看法不同，互相怪恨，使得亲戚离散，不能和睦相处。天下百姓，也都以水火毒药来损害别人，以致有余力的人，不愿替别人服务，家里的财货腐坏，也不愿分一些给别人，把好的学问隐藏起来，不愿教导别人，因此天下就乱得像禽兽一般。后来大家明白了，所以这样乱是因为没有行政长官，于是就选择天下贤能的人，立他为天子，由他来主管天下的行政。

至于天子是天选还是人选，墨子却未说明，不过从墨子赞美圣王“天鬼赏之，立为天子”，“故天使贵为天子，富有天下”

的话来看，是由天来选，当然天也就是众多的人民。而天子的传位问题，依照巨子的传位法和墨子的主张，绝不是世袭的，而是由前任提名，诸墨推举的贤者，然后再托之于天。

选出后的天子，地位是崇高的，全国万民都要上同于天子而不敢下比，也就是以天子所是为是，以天子所非为非。天子又是最高的发号施令者，也是最后执行赏罚权的人。但是天子本身必须始终是一个贤者，要顺从上天的意思爱人利人，同时还要接受各级政长及人民的建议和谏诤。

·政治组织

依《尚同》上篇与中篇观之，墨子将政治区域划分为天下、国、乡、里四级，而依《尚同》下篇观之，则似分为天下、国、乡或家三级，而未言及里，当是疏漏或省略，其确定之区划为：

天下——国{乡/家}——里

至于各级的政长，则是天下为天子，国为国君或诸侯，乡为乡长，家为家君，里为里长。此外辅佐天子的有三公：辅佐国君诸侯的，《尚同》中篇谓有左右将军大夫，《尚同》下篇谓有卿之宰。表示之如左：

天子（三公）——国君或诸侯{左右将军大夫/卿之宰}——{乡长/家君}——里长

如此天子统治整个天下，有三公辅助他；国君诸侯统治一国，有左右将军大夫、卿之宰辅助他；乡长统治一乡，家君统治一家，里长统治一里。凡此诸负统治责任的人，又总称之为政长。

各级政长的产生，三公由天子选立，国君诸侯，由三公辅佐天子选立，卿之宰与左右将军大夫，由国君诸侯选立，乡长家君，由卿之宰或左右将军大夫辅佐诸侯国君选立。而各级政长必须是天下的贤者，选立以后要为天下万民兴利除害，富贫众寡，安危治乱。

至于统治的方法，则为上同。天子以此方法统治整个天下，各级政长亦均以此方法统治其所辖区域。所谓上同，乃求同于上级，是对上而言。各级政长在所辖区域之内，求其区域本身之同，则谓之壹（亦作一）同，是对下而言。一方面欲达于上同，须先壹同，另一方面欲求一同，亦须依据上同，简言之，即各级政长藉赏罚之权，依上级意旨，以壹同其所辖之区域，并率其所辖区域上同于上级。政令最初由天子所发，最后又上同于天子，而天子壹同整个天下。

依照墨子的主张，以上对下来说就是各里长顺从天子之政，壹同一里之义，则一里治，各里长率其里之万民上同于乡长；各乡长再壹同一乡之义，则一乡治，各乡长率其乡之万民上同于国君诸侯；国君诸侯再壹同一国之义，则一国治；各国君诸侯率其国之万民上同于天子，天子再壹同天下之义，则天下治。所谓壹同一里、一乡、一国，以至于整个天下之义者，就是统一一里、一乡、一国，以至于整个天下的思想、观念、礼仪、法令和习俗。

而一里的人上同于里长、一乡的人上同于乡长，逐级上同，最后上同于天子。里长的见解作为如有不当，有乡长纠正他；乡长的见解作为如果不当，有国君诸侯纠正他。天子以下各级政长，皆由其上级纠正他见解作为不当的地方，所以其错均有改正的机会，而天子是政长中的最高者，其上再无政长，虽然天子是天下最贤的人，但人总是人，无论如何贤能，总不能完善无缺，永无过失，那么他上同于谁呢？万一有错误不当的地方，由谁来纠正他，约束他？墨子认为天子要顺从天意上同于天，且有错误不妥的地方，由天纠正他、约束他，但是天意是什么？天如何纠正他？天欲义而恶不义，若违背了天意，天会降灾害以示警诫，所以天子绝不可肆己以为政。

墨子这种统治的方法，不仅是天子发政于天下，诸侯国君发政于一国，乡长发政于一乡，里长发政于一里，而且还使里之百姓见善与不善，皆以告其诸侯国君，国之百姓见善与不善，皆以告天子。如此人民一方面可明白政长的命令，以便奉行，一方面又可知道政长行事的疏忽或不当，而提出谏诤建议，以便改进；政长一方面可明白人民的痛苦和需要，以便兴革，一方面又可知人民思想言行的善恶，以便赏罚。如此，上下情通，所赏与所罚，才能确切恰当，毫无错误。赏罚若确切恰当，赏其所当赏，罚其所当罚，则赏才能产生鼓励作用，使贤者更贤、不贤者勉力为贤；罚才能产生禁止作用，使暴者不敢为暴，不暴者以此为戒。

·政治主张

墨子的政治主张，一面为当时的贵族政治与私人政治所激发，一面又为其政治组织理论的引申，所以主张任用贤能，墨子常说："列德尚贤"，"尚贤使能"，"以德就列"，"有能则举之"。而所谓贤人，必须厚德行，辩言谈，博道术，有力量时赶快去助人，有钱财时相勉以分人，有良道时相劝以教人。所以只要贤人在位，便能早朝晚退，竭尽全力的审听刑狱，处理政务，征收关税，劝民耕种，使国家治，刑法正，仓廪实，万民富，且上能洁治酒食，去祭祀上帝鬼神，外能制造皮币，与四邻诸侯交易，内能使饥者得食，寒者得衣，劳者得息，各安其生，更可招徕天下的贤人前来效忠。

至于实行贤人政治的方法有四：

第一，众贤：所谓众贤，就是增加贤人，使贤人众多。但如何才能使贤人增多，就是只要是贤人，无论他出身如何，主政的人必须使他们富贵，并且尊敬他们，赞美他们，使个个勉力为贤，必可增加贤人。

第二，进贤：所谓进贤，就是用贤人为政。不分贫富贵贱，只要是贤者，就给他崇高的地位，丰厚的俸禄，充分的职权，使他尽量发挥他的才能，为万民服务，为天下兴利除害。

第三，使能：所谓使能，即量才任使。在位的听他的言语，察他的行为，量他的能力，谨慎的给予适当的职位，如此，不仅不会浪费人才、荒废政事，且可提高工作兴趣，增进工作效率，达成设官治事的目的。

第四，考核：以工作的成果，决定赏赐的多少、衡量功劳的大小，授予不同的禄位，所以做官的不会经常富贵，而人民也不会永远贫贱，有能力就举用，没有能力就罢黜，同时还要举公义，除私怨。

·政治理想

墨子的理想政治，就是世界大同。兼爱、非攻、尚贤、尚同各主张，不仅是实现世界大同的政治策略与方法，更可表现出墨子世界大同的政治理想。我们从《墨子》书中可以看出，墨子认为政治达于理想之时，应为：

第一，人人都有适当的安排；所谓人人都有适当的安排，就是人人都有均等的机会，发挥自己的长处，竭尽自己的能力，担任喜欢担任的职务，得到希望得到的一切。

第二，人人都能相爱相助；不仅为朋友像为自己，为朋友的父母亲，像为自己的父母亲，饥饿的时候给他饭吃，寒冷的时候给他衣穿，生病的时候侍候他，奉养他，死丧的时候葬埋他。而且只要有能力的就赶快帮助别人，有钱财的互相勉励着分给别人，有学问道德的互相规劝着教导别人。大家都耳聪目明，互相的看和听；手足坚强，彼此的相协助，使人与人之间互助互爱，进而国与国之间，也能“视人之国，若视其国”，“为人之国，若为其国”。

第三，人人都能安居乐业；不仅使饥饿的人有饭吃，寒冷的人有衣穿，劳苦的人能休息，一切混乱能治理，更进而使老而无妻子的人，能获得侍养，以善终他的天年，幼弱无父母的孤儿，能得到抚育，以长大成人。

·结语

墨子的政治思想，主要为尚同尚贤，而尚同尚贤之间必须相辅相成，不可分开，因为有了尚同，才可显出尚贤之用，有了尚贤，才能免除尚同之弊。

墨子的政治理想，与《礼运大同》所述的大同世界，极为相近，所以自宋朝吕东莱氏以来，甚多怀疑《礼运大同》系出于墨子，殊不知《礼运大同》之治，或受墨子思想的影响，但非完全出于墨子，因为墨子的大同世界是无远近亲疏之别，而《礼运》的大同世界却有远近亲疏之分。且墨子的大同世界在乱世与治世之间，并未有小康的阶段，而是求由乱世一步登向大同；《礼运》的大同世界，在乱世与治世之间，尚立一小康之世，认为欲实现大同之治，必先经过小康的阶段，逐步的求大同之治的实现，这是墨子的理想政治与儒家的大同世界不尽相同的地方。

3. 经济思想

墨子说："民无食，则不可事。"又说："食者，圣人之所宝也。"是墨子甚重视民生问题。然而当时贵富两族奢侈浪费，不事生产，人民生活极为困苦，所以墨子提出（1）节俭用度；(2) 努力增产；(3) 自行分配，以救当时之弊。现分别说明于后：

·节俭用度

墨子认为一切的生活必需品，只要适用即可，凡是浪费人力、金钱、时间，而又无特殊有利效果的不必做，所以在饮食方面：只要能充饥继气，强壮四肢，耳目聪明即可，不讲五味的调和，颜色的鲜美，更不去搜求远方奇异的食物。在衣服方面：只要冬天穿着轻暖，夏天穿着凉爽即可，至于刺绣文采，只能增加费用而又无实际用处的不必做。在住的方面：只要房屋的高度足以避湿气，四周可以御风寒，屋顶可以御霜雪雨露，墙壁的高度，可以分隔内外，使男女有别即可。在行的方面：车行陆地，船行水上，只要车船坚固便利，可以运重的东西，行远的路程即可。

至于在丧葬方面：墨子主张守丧三月，棺材厚约三寸，衣服只需三件，足以使死者的骨肉，在里面腐朽，而不发露出来；

掘地的深浅，以下面没有水和潮湿，上面尸气不发出为度；坟地的高度，能使人认识就可。在安葬的时候哭着送去，哭着回来，回来以后就开始照常工作，以求衣食之财，并按时祭祀，尽孝道于双亲。而厚葬久丧墨子所以反对，其所持的理由有七：

第一，国必贫穷：王公大人有丧，一定要数重棺椁，多领衣衾，繁为文绣，厚为埋葬，巨为丘陇；平民有丧，则倾家荡产以葬；诸侯有丧，一定把府库用空，以金银珠宝装饰死者，陪葬的东西不计其数，送葬的人车水马龙，同时因为长期守丧，忍饥忍饿，受寒受暑，必至身体病弱，不能从事生产，如此，既浪费又不生产，国家必定贫穷。

第二，人民减少：安葬天子，殉葬的人，多的数百，少的数十；安葬将军大夫，殉葬的人，多的数十，少的数人；加上长期守丧，生病而死的；且在守丧期间，败男女之交，又妨碍生育，所以人口自然减少。

第三，刑政混乱：因为厚葬久丧，在上位的遵行了不能治理政事，百姓们遵行了不能努力生产，便会造成刑政自乱，财用不足。财用不足，父子、兄弟、君臣之间便不能固守常伦，而盗窃乱贼也会因而发生，使刑政更加混乱。

第四，国与国相攻：凡大国所以不攻小国，是因为小国财用充足，城郭完固，上下团结。若国家贫穷，人民减少，刑政混乱，必会引起其他国家的侵略野心，因而发动攻势，引起战争。

第五，鬼神降罚：国家贫穷，祭祀上帝鬼神的酒醴粢盛，必不丰厚；人民减少，参加祭祀的人也必减少：刑政乱，祭祀上帝鬼神也必不能依时节举行，如此定激怒上帝鬼神，而降灾祸以惩罚。

第六，非圣王之道：厚葬久丧不仅不可以使贫穷的富有，寡少的增多，危险的安定，混乱的治理，而且也不是先王制定的礼法，如从前尧北教八狄，舜西教七戎，禹东教九夷，都是教以薄葬，由此可知厚葬久丧并非先王之道。

第七，只是一种形式：墨子以为厚葬久丧只是一种形式，而这种形式乃是由风俗习惯所造成，如越国的东方，有輆沐国，以为头生婴儿，必须杀而食之，才可使以后生的婴儿容易长大，这叫做宜弟。又父亲死了，必须把母亲丢到野外，说鬼妻不可以同住。楚国的南边有炎人国，父母死了，必须等到肉腐烂后，取下丢掉，再收其骨葬埋之，才称为孝子。秦国的西边有仪渠国，父母死后，必须聚积柴薪，焚烧尸体，使之“登遐”（登仙），才称孝子。

总而言之，厚葬久丧不但对生者无利，对死者亦无益，因为人死后形体是无知觉的，而且又不是先王之道，凡为父母亲着想的孝子，为天下兴利除害的仁人，都应该主张薄葬短丧。

墨子不但主张短丧薄葬，而且反对音乐，而他所以反对音乐，主要是推行他的节俭主义，从他仅存的《非乐上》及《三辩》两篇可以看出，但他所持的理由有二：

第一，不中古圣王之事：墨子曾说：“圣王不为乐。”又说：“乐愈繁者，其治愈寡。”譬如周成王治理天下不及周武王，周武王治理天下不及成汤，成汤治理天下不及尧舜。就是因为成王为乐愈于武王，武王为乐愈于成汤，成汤为乐愈于尧舜。所以乐不可以治天下，乐既不可以治天下，当应废除。

第二，不中万民之利：人民有三患，一为饥饿时得不到食物，二为寒冷时得不到衣服，三为疲劳时得不到休息。而撞巨钟，击鸣鼓，吹竽笙，舞干戚，并不能解决这些问题，反而更引起了这些问题，因为制造各种乐器，养活演艺人员，都是需要许多的财力，而这些财力又是向万民去征敛的。同时演奏音乐的人，必是年轻力壮者，若是男的则废耕稼，若是女的则废纺绩，如此岂不是浪费人力，妨碍工作，减少生产。再者有了音乐，必定大家共同欣赏，那又必定妨碍官吏的治理政事，荒废人民的从事生产，官吏不治理政事，刑政一定混乱，人民不从事生产，国家一定贫穷。刑政混乱，国家贫穷，则大国攻小国，大家乱小家，强的劫弱，众的暴寡，诈的欺愚，贵的傲贱，寇乱盗贼并起，天下益不可收拾，所以仁人在位，欲兴天下大利，除天下大害，乐不可不废除。

·努力增产

墨子不仅主张一切节俭，更提倡努力增产，而增产的方法有四：

第一，努力从事：人人都应努力勤勉的从事一种工作，决不可偷懒懈怠或不劳而获。

第二，分工合作：人人都应按照自己的能力和兴趣，或劳心地治民治国，或劳力地从事百工，以共同为万民服务。

第三，以时生产：人人在从事工作的时候，要看工作的性质，气候的变化和国家的需要，以时生产，并要掌握时间，爱惜光阴。

第四，增加生产力：要想增加生产力，就必须增加人口，而增加人口的方法，是反对蓄妾和提倡早婚。同时墨子主张节葬与非攻，也是一面为了减少死亡，一面为了增多人口，以增加生产力。

·自行分配

墨子仅提出节用、节葬、非乐、非命，劝人一方面节俭一切用度，一方面努力增产，但增产后如何分配，却未加说明，只是要人人本着相爱相利的立场，“有力相营，有财相分。”

·结语

墨子谈论经济，虽兼顾生产、节俭与分配，但三者之中再三申说的，却以节俭问题居多，例如《节用》、《节葬》、《非乐》、《辞过》、《三辩》诸篇，均以节俭为其要旨，而墨子所以在食衣住行方面主张尽量节俭，在音乐方面主张完全废除，并不是墨子以为钟、鼓、琴、瑟、竽、笙的声音不好听；也不是以为雕刻文采的颜色不美丽；犓豢煎炙的味道不鲜美；高台、厚榭、深宇的居所不舒适；而是当时人民生活困苦，贵富两族又过于奢侈，所以一切主张以实用为先，以节俭为要。

4. 教育思想

·教育原理

孔子虽然说“有教无类”，“诲人不倦”，但却又说：“自行束修以上，吾未尝无诲焉。”所以孔子在施教的时侯，便有厚薄之分了。而后世的儒者更遵照了这个原则，例如《礼记·曲礼》说：“礼闻来学，不闻往教。”公孟子则说：君子应当拱手等待，问到就说，不问到就不说，像钟一然，扣到就响，不扣到就不响。而墨子则认为人性如素丝，因其环境与教养的不同，而结果或善或恶，所以主张凡言皆用于教诲，而视“有道者劝以教人”为至善，“隐匿良道不以相教”者为大恶，以勉励有道的人，随时随地遍从人而教之。

·教材内容

墨子教学所用的教材，在他的书中并没有明白地说出，但从他对《诗》、《书》、百国春秋的熟悉情形看来，他必定用《诗》、《书》、百国春秋教导他的学生；礼则随时代的不同而有所改革，至于乐墨子是反对的，《易经》则未见提起。而《墨经》是墨家重要的一部经典，也是墨门弟子必诵的书籍，而它的内容则有墨家的根本思想，道德论，知识论，宇宙论，以及辩学、算学、光学、重力学等。

·教学方法

墨子教学的方法则可分为数点，兹说明于下：

第一，分科教育：视学者的智慧、能力、兴趣而分别给予适当的教育。例如墨子曾说，能谈辩的谈辩，能说书的说书，能从事的从事；而所谓谈辩，就是今天所说的哲学，是思想的陶冶；说书就是今天所说的文学，是主义的宣传；从事就是今天所说的理工，是实力的运用。

第二，注重力行：墨子屡戒“荡口”，认为话要是能做到的，或是有利于行为的，就不妨常说；否则就不必多说，若是做不到，而又无利于行为的话，还要常常去说，那就是徒敝口舌。尤其为政的人，凡有所令，一定要身先行之，若是知道它的道理，又能说出它的道理，却不能躬行，就不如不说。

第三，注重动机：一个人的为善为恶，或出于一时的冲动，或为了达到某一目的，或由于善性的发挥，只要我们合他的“志”“功”而加以观察，便能分明白，所以我们无论做任何事情，志意一定要善良、观念一定要正确。

第四，劝惩并行：墨子教育弟子，一方面是随时诱劝，使善者更善，不善者勉于善；一方面还予以适当的惩罚，使不善者改过，善者有所警惕，而对于资质较高，努力较勤，墨子特别器重的学生，教导也特别严厉。

第五，言有三表：墨子认为立言必依三表，何为三表？有本之者，有原之者，有用之者；而所谓本之，是上本于古圣王之事，这是利用过去的经验，收为今后施政行事的借镜；所谓原之，是原察百姓耳目之实，这是重视耳目的经验，也是科学的根本。所谓用之，是发以为刑政观其中国家百姓人民之利，这是实际的应用。

第六，知循三路：知识的获得，必循闻、说、亲三路，并且要三者并重。所谓闻，是由传闻而得的知识，例如读书、听讲所得的知识；所谓说，是由推论所得的知识；所谓亲，是由亲身经验所得的知识，亦即我们能知的才能与所知的事物相接，经过明审的研讨而得的知识。我们获得知识最多的是由闻知，最真的是由亲知，而说知却是由闻知与亲知推论而来的。所以闻知必须要闻之真，不可闻之伪。

第七，求所以然：我们无论做什么事情，不能只求其当然，而不求其所以然；也就是不能只高悬一个理想，而不求达到这个理想的步骤和方法。

第八，注重义理：读书的目的，在揣曲直，明是非，能掌握要领，举一反三，而不必斤斤计较文字之末。

· 结语

墨子既重视教育，又注重教育的方法，所以其弟子个个文武双全，显荣天下，而且随时受墨家组织的指示，实行墨道，捐赠团体，这是他教育的效果，也是他教育的成功，所以将他和古代的大教育家孔子相比，亦毫无愧色。

5. 宗教思想

宗教与哲学都是探索宇宙万有的大本大源，然作理智的抽象研究者是哲学，重天人之具体交际者方为宗教。墨子乃顺天志而兼爱而贵义，因此实富有宗教的思想。而墨子的宗教信仰是尊天、事鬼、而不信命，现分别申述其义：

· 尊天

尊天的思想，并非墨子所首创，实源于古代的宗教信仰，自黄帝、尧、舜，即信仰天；夏人更称天为至上神，且天之外又有鬼神；商时则有天、帝、上帝、鬼神的称呼；到了周代，天、上帝、天命的记载，不可胜数，并且还说明了天可以赏善罚恶。孔子所言的天虽有多重意义，但也有和宗教思想类似的例如："欺天乎……"，而在《墨子》有《天志上中下》及《法仪》四篇，皆论天有意志，可见墨子对天的尊敬。但墨子对天的看法究竟是怎样的。

第一，天是宇宙的创造者：万物莫不由天而来，日月星辰的分别照耀，是由天安排的；春夏秋冬四时的不同，是由天制定的；霜雪雨露的陨降，是由天布施的；甚至五谷丝麻、山川溪谷、金木鸟兽、王公侯伯，也皆为天所长所设。所以无论是宇宙的结构与运行变化、宇宙间的动、植、矿物及人事关系，皆由天而来，为天所造，自然天是宇宙的创造者。

第二，天是全知全能的：天无所不知，无所不能，人若有罪，即使藏在最隐蔽幽微的地方，天也能明察无遗，虽逃到偏远无人的地方，天也能够惩罚不失，所以只要不奉行天的意志，兼相爱，交相利，天必定会知道而加以惩罚。

第三，天是最善最义的：天的恩惠普及于万物而无所偏私；天对万物的恩惠虽然很厚，但不自以为有德；天的光辉永远的照耀，不受任何时间的影响。而且天对天下的人同样的爱，同样的利，没有远近厚薄之分，也没有贵贱亲疏之别，所以天是人类师法的标准。

第四，天是天下最高的统治者：天不仅创造宇宙，生养万物，而且统治整个的天下，而为天下的最高统治者。所以政治组织中由庶人而士、而大夫——逐级而上，以天为最高层，且天能领导天子，纠正天子，而天子在天的监督下，也不敢任意施政，田为天是天下最高的统治者。

第五，天是有意志的：天的意志要人兼相爱，交相利；在上的努力听政，在下的努力从事；有力量的互相帮助，有道的互相教诲，有财的互相分予。而不要人别相恶，交相贼；大国攻打小国，大家侵夺小家；强的劫弱，多的暴寡，诈的欺愚，尊的傲贱，以期达到国家富，刑政治，万民和，财用足。

第六，天能赏善罚恶：天既然要人相爱相利，而不要人相恶相贼；人若顺从天的意志，兼相爱交相利，便可得赏；反之别相恶交相贼，便会受罚。古代的帝王最能顺从天意的是禹、汤、文、武，所以天降福给他们，并立他们为天子，以受诸侯的服侍，而违反天意的是桀、纣、幽、厉，所以天降祸给他们，使他们国亡身死，还要受辱示众。

墨子所谓的天志，实指民意而言，其主张顺从天意，实即主张尊重民意。而且墨子的天志，也是墨子本人的意思。墨子主张兼爱、贵义，天亦兼爱贵义，且希望世人兼爱贵义，不要互相攻伐亏害，而要努力从事，彼此相助。是天以墨子的主张为志。而墨子所以将自己的主张托之于天，是想借天的无形力量，帮助其主张的实现。

·事鬼

墨子的明鬼是由天志演出，而其主要动机也和天志一样，想借鬼神的力量，使其主张易于实现。墨子认为当时天下大乱，伦理失坠，道德沦丧，寇乱盗贼到处发生，攻战争夺随时而有，完全是人们不相信鬼神，不明白鬼神能赏贤伐暴，设若天下的人都相信鬼神为实有，明白鬼神能赏贤罚暴，天下便不会混乱了。所以当权为政的人，要想兴利除害，便应当相信鬼神为实有，明白鬼神能赏贤罚暴。

墨子既认为信鬼神有利，不信鬼神有害，便欲人人皆信鬼神，同时还证明鬼神的确实存在，以坚定人民的信仰，而其证明的方法有三：

第一，由众人的见闻证之：墨子列举周宣王之于杜柏、秦（原作郑）穆公之于句芒，燕简公之于庄子仪，袾子之于祏关辜，齐庄君之于王里国、中里徼等，都是当时的人看见的、听见的，而且还分别记载在《周春秋》、《燕春秋》、《宋春秋》及《齐春秋》。

第二，由古代圣王的事证之：古代圣王行赏必在祖庙，行罚必在祖社。武王灭殷诛纣后，命诸侯分掌祭祀，并使亲的受内祀，疏的受外祀，以及虞夏商周三代圣王，置宗庙，重祭祀，皆可证明鬼神为实有，若鬼神非为实有，赏何必在祖庙，罚何必在祖社，何为而分祭，何必置宗庙、重祭祀呢？

第三，由古书的记载证之：《周书》、《大雅》、《商书》、《夏书》等，均有记载有关鬼神的事情，也可由此证明鬼神是实有的。

其实以上的三点，全是经验论而已，而且是间接的经验，并非直接的经验：且系他人的经验，并非自己的经验，又均由传说或记载而得知，并非得经验者的亲自称述，所以其可靠性实甚薄弱，但是我们要知道墨子的目的，并非研究鬼神是否真正实有，而只是要人们相信鬼神的存在，而行善去暴。

《墨子》书中，有时单称鬼，有时单称神，有时合称为鬼神，其实鬼、神、鬼神，均泛指各种的鬼，各种的神。而鬼神的地位，在天之下，在人之上，介乎天与人之间。而且鬼神也是全知全能的，无论幽间、广泽、山林、深谷，鬼神都能够知道，甚至数百岁以后的事情，鬼神也能够知道，所以鬼神的明智远超过圣人。且无论富贵、众强、勇力、强武、坚甲、利兵，均不能抗拒鬼神之罚，所以鬼神是全能的。鬼神不但是全知全能，又能赏贤罚暴，鬼神看到人们行善或为恶，或遵照天意，或依照自己的意思，实行赏罚。

鬼神既是全知全能，又掌握赏罚之权，则人必因惧怕鬼神之罚而不敢为恶，因希望得到鬼神之赏而努力为善，如此淫乱、暴虐、偷窃、抢劫的事情，便不会发生，且官吏廉洁，政治修明，天下大治。所以墨子说：“实所以治国家利万民之道也。”

墨子既以鬼神为实有，自然注重祭祀，或以为这样不合父母的利益，而有害于孝子之道，但墨子认为古往今来的鬼，有天鬼、有山川鬼神、有人死而为鬼的，依照常理，先生的先死，那么鬼神之中必有若干为自己死去的父母兄姊长辈等，祭祀不过准备一些清洁的酒醴粢盛，以供给父母兄姊等长辈来享用，岂不是更厚利于父母。或谓鬼神若真的没有，祭祀岂不是一种浪费，墨子则认为祭祀不仅可以酒醴、粢盛、牺牲之财供给已故的长辈享用，而且可以使宗族、邻居们聚在一起，一方面食用供祭祀的酒醴粢盛牺牲，一方面又可借机交换意见，联络感情，所以祭祀不仅有益于鬼神，而且有益于生人。

墨子的明鬼之说，虽有许多疑问，但墨子的立意是正确的。

·非命

命，一般有定命论与宿命论两种说法：所谓定命论，在伦理学上谓人类之行动，莫不受内外情势所限定，如遗传、教育、境遇、地位及一切先行事态，凡足以直接诱起其动作及执意者皆是。而宿命论则谓一切事务皆依照一预定之命运而发生，非人力所能变更，似较定命论更为武断，而通常所说的有命，往往是指凡事前定的宿命论。

墨子是力行主义者，自然对有命之说大加反对，所以他大声疾呼："执有命者不仁。""是覆天下之义。"因为执有命者谓贫富、众寡、治乱、寿夭、赏罚，均有命定，不可更改，如此所造成的后果有三：

第一，道德沦丧：赏罚既由命定，并非人的为暴为贤，则人必不努力为贤，或极力避暴，于是为君不义、为臣不忠、为父不慈、为子不孝、为兄不良、为弟不弟，甚至坐处出入的礼节也荡然无存，如此人人道德沦丧。

第二，国家贫穷：贫富由命的观念若深入人心，则农夫必怠于耕种，妇人必怠于纺织：农夫不耕种，妇人不纺织，则衣食不足，衣食不足，国家必陷入贫穷。

第三，刑政大乱：道德沦丧，国家贫穷，必致刑政混乱：再加上治乱由命之说影响人心，王公大人必怠于听狱治政，大夫必怠于治官府，更会加重刑政的混乱。

墨子既反对有命之说，则必须证明命本无有，贫富、众寡、治乱、寿夭、赏罚，全由努力决定，而其所用之证明，即其三表法：

第一，上本于古圣王之事：桀为王，天下大乱，汤伐之而治；纣为王，天下大乱，武王伐之而治，时代环境没有变更，人民没有改变，桀纣时天下就乱，汤武时天下就治，可见有道义的人在上位，天下一定平治，没有道义的人在上位，天下一定混乱，所以治乱乃决定于人，非决定于命。而且先王的书、宪、刑、誓中，亦均无命的记载，可知命是没有的。

第二，下原察百姓耳目之实：凡天下的事物，听到的、看到的，就是有，没有听到，没有看到，就是无。自古到今，生民以来，不曾有人看到过命的东西，听到过命的声音，即使考之于诸侯的传言流语，自古到今，有生民以来，也没有看到过命的东西，听到过命的声音，足证命是没有的。

第三，发以为刑政观其中国家百姓人民之利：王公大人所以早朝晚退，听狱治政，整天利用时间，不敢怠倦，是他们以为努力必治，不努力必乱；努力必安，不努力必危。卿大夫所以竭尽智能，内治官府，外征关市、山林、川泽之利，充实仓库而不敢怠倦，是他们以为努力必贵，不努力必贱；努力必荣，不努力必辱。农夫所以早出晚归，努力耕田种菜，多聚豆粟，而不敢怠倦，是他们知道努力必富，不努力必贫；努力必饱，不努力必饿。妇人所以早起晚睡，努力纺纱织布，多治丝麻葛纻，捆束布匹，不敢怠倦，是他们知道，努力必富，不努力必贫；努力必暖，不努力必寒。由此可知一切决定于力，非决定于命，也就是唯有努力才能获得安定、富裕、显贵与光荣。

命既然不存在，为何又有有命之说，墨子认为其因有二：

第一，暴王作之：三代暴王，桀纣幽厉，贵为天子，富有天下，不仅不节制情欲，努力治国，反而外则驰骋田猎，内则荒于酒色，不顾其国家百姓，以至于亡失国家，倾覆社稷，仍不肯承认自己的错误，反而说“命固将失之”以卸其责。

第二，穷人述之：三代罢不肖之民，不能善事亲戚君长，不能努力节俭，勤勉生产，而贪于饮食，惰于从事，以至于衣食之财不足，陷于饥寒冻饿之忧，仍不知自我检讨，反而说“命固将穷”以诿其过。

墨子以为有命的产生与流传，由于“暴王作之，穷人述之”，可谓对信有命之说者当头棒喝，吾人当不可不深思之。

·结语

墨子的宗教思想，只想借着天鬼的力量，劝人勤勉、行善，戒人怠惰、为恶，更进一步以努力可以克服一切困难以加强人们的信心，所以从表面看非命与尊天事鬼好像是矛盾的，其实是相一致的，而且正因为墨子信天信鬼，就不可不非命；也只有不信命，才能顺天之志，中鬼之利，兼爱交利，为善避恶。

墨子虽然重视宗教的力量，以作为道德政治的工具，确为卓见，但每一种宗教往往都有他界的安排，如佛教有西天与地狱，基督教也有天堂与地狱，并具在佛书与圣经中，对于西天与天堂的快乐与幸福，地狱的如何痛苦，都有详细的描述，以劝人为善死后可以升天，不要为恶以免下地狱，而《墨子》书中除了说明为善可得天鬼之赏，为恶便得天鬼之罚以外，并没有任何他界的安排。而且因为墨子主张功利主义，所以也忽略了良心的自觉与谴责，但无论如何墨子的出发点仍是正确的。

6. 非攻思想

·非攻的基本理由

墨子既主张兼爱，就必须要非攻，因为只有兼爱，才能实行非攻，也唯有非攻，才能达到真正的兼爱。墨子主张非攻的理由有二：

第一，攻是不义的：通常一个人偷窃别人的东西，往往被称为不义，被当政的发觉了还要惩罚他，因为他做了损害他人的事情，且损害他人的程度愈深，他的不义也就愈甚，所犯的罪过也就愈重。如果杀死了一个人，叫做不义，而且有一重死罪，若以此说推论，杀死十个人，是十倍不义，必有十重死罪，杀死一百人，是百倍不义，必有百重死罪，试想攻人国的时候，该损害多少财产，死伤多少人民，所以攻人国家是最大的不义。

第二，攻是不利的：攻战的时候，不仅使对方损失财产，死伤人民，就是自己也同样的损失财产，死伤人民，即使战胜了，表面上似乎有所得，但所得的不能偿所失。例如：其一、劳民废事；为了攻战，必须兴师动众，大事征调，参加的官兵，动辄数万，同时还要附随相当数目备粮饷、供军需的人，历时久的数年，快的也要几个月，如此，凡参与的人，自必因参加攻战，离开了他的工作，荒废了他的事业。其二、损失财产；攻战时，必须用大量的攻击武器，大量的交通工具，以及大量的粮食、帐幕与其他装备，而在攻战中，或消耗、或丢失、或损害，往往不计其数。其三、死亡人民；攻战中，除作战死者不计其数外，还有因衣食的不继，居处的不安，气候的不适，水土的不服，致患染疾病而死亡者，亦不计其数。其四、亡失国家；攻战既有劳民废事、损失财产、死亡人民的弊害，久之必可使国家灭亡。如莒、陈、蔡及中山诸国，皆因攻战而亡失了国家。

墨子说义便是利，因为义是名，利是实，义是利的美名，利是义的实用，所以《非攻上》只说得攻国的不义，《非攻中下》只说得攻国的不利，因为不义，所以不利。

·国际间应有的关系

墨子认为国与国间应有的关系，自然是和平互助，永无战争，但如何才能达到这种关系，依照墨子的意思有四：

第一，提倡兼爱贵义：攻战最大的原因，是不相爱与好利。不相爱，则只顾自己，不顾他人，进而为己而损人。好利，则为了求利，必相互争夺，相互亏害，所以要想弭止战争，最根本的办法是提倡兼爱与贵义，若人与人，家与家，国与国，能彼此兼爱贵义，互助合作，为谋天下的公利而努力，便不会互相争夺，互相侵害，攻战便无由发生。

第二，讲求防守：墨子非攻并不非战，也就是反对攻战而不反对守御，因为攻是主动的、侵略的行为，守是被动的、自卫的方法，试观今本《墨子》自《备城门》至《杂守》的十一篇，都是与禽子讨论防守器械的制作，与防御之术的运用，且曾派其弟子禽滑厘带着三百人，拿着防御的器械，在宋城上助宋守城，其本人还和公输般作攻守的演习。因为墨子知道，若以“不义”“不利”不能劝止人攻战，那就只有以坚固的防守来抵御了。而所谓防守，也就是国防上的自卫措施，最重要的是粮食充足、兵力强大、城郭完固，若能如此，就不怕他国的攻打，他国看无机可乘，也就不敢发动攻战了。所以墨子力劝当时的国君节省不必要的开支，多注意国防建设，就是为了阻止侵略，达到和平。

第三，建立邦交：国与国间，应以皮币、珠玉、环璧等互相赠送，并以卑辞令礼访他国，以避免积怨结仇，彼此攻伐。同时更应建立邦交，共谋天下列国之利，若大国发动不义之战，以侵略小国，则各国应联合起来救助小国以制裁侵略的大国，但制裁的方法只是从事守御，而不是从事攻战，因为守而不攻有三种利益，一是人劳我逸，则我军之战力必较敌国为强，二是宽厚待人，可使人心归服，三是以正义为名，可无敌于天下。

第四，救助贫弱：墨子一再提倡“有力相营，有财相分，有道相教”，所以救助贫弱的小国乃是义不容辞的事情，而救助的办法他曾提出三项原则，一是协助贫弱的小国，修筑城郭，使其城郭完固，二是供给贫弱的小国以衣食，使其衣食饱暖，三是供给贫弱的小国以金钱，使其财用充足。

国与国之间，若能遵照墨子的主张，彼此相爱相利，互助互救，则必大国不攻小国，贵者不轻视贱者，强者不暴虐寡者，诈者不图谋愚者，而达到天下太平，民生乐利。

·结语

墨子反对攻战，是因为攻战不义不利，而这两个理由不仅在《非攻上中下》三篇说得非常明白，并且他每次劝止诸侯不要攻战时，也是先说以不义，后说以不利，譬如他劝止楚王与公输般不要攻打宋国，是先以义劝说，后以利劝说，劝止齐王不要攻鲁，则是以不祥说之。而儒家反对攻战则仅提出攻战的不义，这是儒墨的相同处，但也是不同处。

墨子反对攻战，而却赞成守战；也就是他虽反对侵略，却注意国防、重视自卫，因唯有国防建设完固，自卫力量雄厚，敌国才不敢侵略。儒家亦复如是，孔子曾说："足食足兵"，又说："善人教民七年，亦可以即戎矣。……以不教民战，是谓弃之"，可见儒墨两家都是主张巩固国防，培养自卫力量，以供守备之用，不过儒家只在原则上作如此主张，而墨家除在原则上劝各国充实自卫力量外，且实际上制作守备器械，讲究防御战术，并率领弟子助人守城，故其备战求和的精神，似较儒家更为切实。

7. 非儒思想

根据《淮南子·要略训》的记载，墨子本来是"学儒者之业，受孔子之术"，后来因为觉得"其礼烦扰"，"厚葬靡财"，"久服丧生"，终于"背周道而用夏政"。孔子与墨子都是鲁国人，墨子受儒学的影响是绝无问题的，可是自孔子死后，其大弟子也相继沦亡，只有子夏享高寿，而子夏又是孔门中较琐碎的一个，所以墨子一部分思想应是由反儒而来，不过综观今本《墨书》五十三篇，墨子很少有攻击孔子个人的言论，而他所非难者乃儒家的学说与主张，例如在《公孟》篇中公孟子称孔子博览诗书，精察礼乐，详究万物，若孔子生当圣王时代，孔子便可以作天子了，墨子则说凡是智者，必定尊天事鬼，爱人节用，合起来才叫做智，现在你说的好比数人家的契齿，自以为富贵一样。另一次墨子与程子辩，还称赞孔子，程子说你非儒，为什么称述孔子呢？墨子说只要说得有理而不可更动，我都会称述的。

· 非儒的要点

今就《墨子》书中，将墨子对儒家的学说与主张不满的地方举出数点，说明于下：

第一，非礼：老子反礼，是因为礼违反自然，所以他主张破坏一切的礼制，复归于朴，一切任其自然。墨子非礼，则是因为礼与实用原则相悖，所以他最反对的一是表面服饰，因为他觉得服饰并不能代表一个人的仁暴，而一个人的仁暴，是决定于他的行事。二是反对讲究形式，他认为孔子的“席不正弗坐，割不正弗食”，是“伪行以自饰”，并曾说“繁饰礼乐以淫人”，“盛乐修饰以蛊世”，而他主张礼以敬为根本，而且没有阶级之分。

第二，非乐：礼与乐，在儒家有同样的重要性，因为儒家认为乐除属于艺术外，还有教化的意义，所以习称乐教，例如在《论语》里，孔子不但视礼乐为刑政之本，而且也是完成人格的依据，墨子则根本无视于这些价值，所以采取反对的态度，至于他反对的理由，我在前章已详细说明过，且从他反对的理由中，可知他所以非乐，仍是实用原则的坚持，和“以自苦为极”的人格特质。

第三，非命：在《公孟》篇里，公孟子曾说贫富寿夭，确系天定，是无法可以增减的，又说君子必须要学，墨子认为这是矛盾的，人如果能由学而成就，则人生非由命定，反之，如果人由命定，则学亦无效。其他有关非命之说，在前章已详细说明，此不多赘。

第四，非不说天鬼；孔子对于天的观念及墨子的尊天事鬼，在前章已讨论过了，现仅说明儒墨两家对于天鬼看法的不同。儒家虽然也敬畏天，但他思想的重心仍在人，而墨子则把天视为他思想系统中的总枢纽。至于鬼神，孔子虽然说："祭如在，祭神如神在"，但却又说："未能事人，焉能事鬼"，可知孔子仍视"事人"重于"事鬼"，墨子主张明鬼，不仅要人民相信鬼神是真实的，同时要人民相信鬼神还有"赏善罚暴"的功能，而且鬼的地位，仅次于上古的天或上帝。

第五，非厚葬久丧；厚葬久丧，是礼的重要部分，也是送死的大事，孔子曾因宰予欲改三年之丧为一年，而斥其不仁，但却又说："丧与其易也，宁戚。"是孔子主张久丧，至于丧事则孔子最重哀戚之情，厚葬与否，倒在其次。但是儒家主要的工作是相礼，如果贵族不久丧，不厚葬，哪里有礼可相，所以墨子讥笑儒者说："富人有丧，乃大悦喜曰：此衣食之端也。"此诂虽嫌刻薄，但也是事实。墨子既不主张厚葬，也不主张久丧，因为厚葬于死者无益，于生者亦无益，"久丧"更"伪哀以谩亲"。其他厚葬久丧之弊，于前章已经说明。

第六，非不问不告：孔子曾说过"不愤不启，不悱不发"。后来《荀子》的《劝学》篇，《礼记》的《学记》篇，都曾以扣钟为喻，加以发挥，而《墨子》的《公孟》篇，身为儒家的公孟子亦主张君子若钟，扣则鸣，不扣则不鸣。可知君子若钟已形成了儒者们教学或应世的方法。墨子是一个积极的力行主义者，所以他反对这一种保守的行为，而主张事上竭忠，事亲务孝，有善就称扬，有过就谏阻，绝不可隐藏智力，冷静地等待问才答话。

第七，非不重方法：儒家无论谈什么，往往只说出理想，而没有说明达到这个理想的方法，譬如谈政治，他们就说："君君、臣臣、父父、子子。"或说："近者悦，远者来。"这都是理想，而不是进行的方法。再如谈人生哲学，他们则悬一个"止于至善"的目的，却不讲怎样能使人"止于至善"。而所说的细目，"为人君，止于仁；为人臣，止于敬；为人父，止于慈；为人子，止于孝；与国人交，止于信。"都不问为什么，只是认为应如此。而墨子则不然，他无论做什么，先要问为什么，因为知道了为什么，然后才知道怎样做，也才能把所希望的做得好。

第八，斥儒者无用：墨子尝借晏子的口批评儒家说，凡儒，都是很倨傲而依着自己的意思行事的，不可以教导下面；喜好音乐而淆惑人，不可教他直接管理政治；主张命运而懒于工作，不可教他担任职守；重丧久哀，不可教他保育人民；高冠卑容，不可教他领导大众；所以他们虽然学问渊博，却无济于事，思考劳苦，却无补于人。总而言之，儒者是无用的。司马谈论六家要旨也曾批评儒家"劳而少功"。虽然这些批评有些过分，但也是实情，就是放在今天，我们也应该深长思之。

·孔墨的不同

以上是墨家对于儒家的批评，不管这个批评是否出于墨子的手笔，但却属于墨子的思想，何况非儒的言论除《非儒》篇外，更见于《非命》、《耕柱》、《公孟》等篇。韩愈曾说："儒墨同是尧舜，同非桀纣，同修身正心，以治天下国家，奚不相悦如是哉？畲以为辩生于末学，各务售其师之说，非二师之道本然也。孔子必用墨子，墨子必用孔子。不相用，不足为孔墨。”依照孔子的修养，当然会容纳人格超越的墨子；依照墨子的公正，当然也会尊重热心救世的孔子，但在思想上两人仍是不相侔的，因为两人的出身与个性不同。

孔子出身于贵族家庭，幼时就喜欢陈俎豆，学祭礼，因此养成了一派书生习气，注重繁文缛节，甚至于“割不正不食，席不正不坐”。而墨子出身于平民的工人，每天所接触的都是贫苦的人，所以他最能体会到贫苦者的生活，因此他反对贵族的专制，反对贵族的任用私人，也反对贵富两族的奢侈浪费，虚文缛节，甚至于他所反对儒家的，几乎都是与贵族有关，所主张的也是希望贵族所改进的。

至于孔墨性格的不同，王昌祉在他所著的《诸子之我见》一书中，说得最为明白，他说孔子的性格，温和中庸，谨慎小心，循规蹈矩，少言语，多柔和的情感，比较上退让消极，欠积极活动，不喜欢冒险，更喜欢“浴乎沂，风乎舞雩，咏而归”，优游自得的生活。墨子的性格，喜欢活动，积极进取，情感激烈，意志刚强，望准目标，向前奋斗，不怕苦干，不惜牺牲，甚且喜欢冒险，大胆尝试，有灵活的双手，有科学的头脑，更有雄辩的天才，吸引人的能力，做领袖的资格。

孔墨不但是出身的环境不同，天生的性格不同，所处的时代也不同，孔子时虽然已有“臣弑其君，子弑其父”，但到底还有所顾忌，到了墨子更是“天下失义，诸侯力征”，因此造成了各方面的混乱，而儒学又无法挽救，所以墨子才提出了儒学许多不合乎时代的“弊端”，一一加以反击，以期建立一个新的国家、新的社会。

·结语

以上所谈非儒的要点，仅就《非儒》、《公孟》等篇所述及者加以说明。而孔墨的不同是对其学术思想影响较大的出身、个性、环境的不同加以说明，至于其他方面的不同，此处从略。

8.《墨经》及《大小取》

·论德行

墨子的论德行可分道德、为人、行为、作为四方面说明于下：

第一，在道德方面，墨子主张仁、义、礼；所谓仁，以爱为本，不以报酬为鹄，例如地兼爱万物，长养万物，而不求报酬，墨子便以为仁。我们爱人，也应该出于真心真意，不可心存利用或求报而爱人。所谓义，就是利，但这儿说的利，是公利，而不是私利，是兼相利的利，而不是上下交征利的利。而是要把天下国家看成自己的责任，努力为国家造福，为人民谋利，而不求任何报酬，所谓礼，以敬为本，没有贵族平民的分别。

第二，在为人方面，墨子主张忠、孝、信；所谓忠，就是凡对于国家人民有利的事情，都要尽自己的力量以达到成功，正如国父所说的，做一件事情，总要始终不渝，做到成功，如果做不成功，就是把生命去牺牲，亦在所不惜，这便是忠。所谓孝，就是利亲，并把利亲看成自己职分以内的事情，至于是否能得亲心，则不在孝的界说之内。至于如何利亲，墨子并未明言，要之当与《论语》孔子所说的无违、几谏、能敬、色难及《礼记·祭义》曾子所说的尊亲、弗辱、能养相同。所谓信，要心口如一，言意相合。

第三，在行为方面，墨子主张行与实：所谓行，就是努力去做，而且不是为了虚名，若好名而行，便不是真行，是沽名钓誉，是取巧，若由取巧而得名，犹盗而得物，可斥之为盗。所谓实，就是荣，因为实存于内，荣现于外，有实才有荣，无实便无荣。墨子尚质弃文，故以实为荣。而且实是志气的实现，所以荣华奋发，足以感人，以致使人效而则之。

第四，在作为方面，墨子主张佴、詷、廉、令、任、勇；所谓佴，就是辅助，也就是自作，我们生活在世界上，不能一天离开群众，而我们所需要的一切，由百工合作而成，因此我们应该尽自己的力量从事一种工作，以相交利，相济达。这虽是各自从事，实亦辅助他人，我们亦唯有持此和人相遇，才能使人众顺善而行。所谓詷，就是狷。狷者做事谨慎小心，洁清节制，若做此事有欺骗他人的地方，就不做，亦即"有所不为"。所谓廉，就是廉洁。所谓令，就是使人奉行，而不自为。但一令既出，必须以身作则，否则其令便不能通行。所谓任，就是甘愿牺牲自己，以求有益于自己的所作所为。也就是捐财出力，赴汤蹈火，杀身舍生，以拯救他人的患难。所谓勇，就是凡志之所在，便不计个人一切，以达成功，若不合义不合理则不为，如蔺相如叱辱秦王是勇；退让廉颇，并不害于勇，所以名重泰山，适见其为大勇。

·论知识

墨子的知识论可分知识的成立、知识的来源及知的对象三方面说明于下：

第一，论知识的成立：知识的成立，首须有觉官的本能，觉官的本能，《墨经》称为材。有了觉官的本能，其次须有求知的念头；求知的念头，《墨经》称为虑。有了求知的念头，而后觉官便与物相接触，觉官与物相接触，则心有所知，而在心中印一物象。再进而心有所明，也就是知的明审，如此所得的知识，才能正确周详，能正确周详，才能称为“恕”。所以墨子论知识成立的要素及过程，一为觉官的本能；二为求知的念头；三为觉官与外物相接；四为知物明审。而除由以上四种步骤获得的知识外，还有得自于往日经验的，也就是由推断记忆所得的知识，例如眼睛始能看物，但有暗中摸索，也能了知，这便是由推断记忆所得的知识。

第二，论知识的来源：知识的来源有三：一为闻知，就是由传授所得的知识，例如由读书、听讲所得的知识，都属此类。二为说知，就是由推论所得的知识，所谓演绎的论理学，就是此法。三为亲知，就是由我们亲身经验所得的知识，也就是我们能知的觉官与所知的事物相接，经过明审的研究而得的知识。

按人所以能够博学，多恃“闻知”，然后由“闻知”而求“说知”。“闻知”愈广，则“说知”亦愈广，然“闻知”有二：一为闻之真，一为闻之谬误。若以真知求“说知”，必可成为博学的人。反之，若以谬误的“闻知”求“说知”，不仅无所收获，且更得最错误的知识，而贻害个人、贻害社会，故我们在“闻知”的时候，不可不慎。至于“亲知”，虽甚可靠，但所知必少，若我们的知识，全靠“亲知”，文明便不能进步，社会也无法繁荣，所以我们必须“亲知”、“闻知”、“说知”三者并进，才能获得丰富的知识。

第三，论知的对象：一为知名，即对于名的知识。凡物必有名，名可分达名、类名、私名。达名是万物的通名；类名是同类物的共名；私名是一物的专名。二为知实，即对于实的知识。实即名所指的个体，有名必有实，有实则人有所谓，无实则人无所谓。三为知合，即对于名实相合的知识。名副于实，实副于名，此名之所以表此实，此实之所以当此名。而合则有正合、宜合、必合。所谓正合，即志、功相当。所谓宜合，即合于义。所谓必合，即得此始成。四为知为，即知所以做一事情的知识。我们作一件事情，必有作此事情的目的，和作此事情的行为，前者叫做“志”，后者叫做“行”；志是存于心，行是见于事：志是所以为，行是所为；志是动机，行是动象；志是蕴于内，行是发于外；相为表里，因动而知。而为有六义：一为存、二为亡、三为易、四为荡、五为治、六为化。例如甲台以成为目的，故以存为为。治病以愈为目的，故以亡（同无）为为。买卖以交换为目的，故以易为为。消除以罄尽为目的，故以荡为为。顺民而长养，故以治为为。 鼃鼠变化为鹑，故以化为为。

·论辩

“墨辩”两字，用现在通行语解释，就是“墨家论理学”，“辩”就是论理学，也就是西语的逻辑。《大小取》两篇，虽在经的范围以外，但是讲论理学的应用。兹分辩的界说、辩的功用、辩的方法说明于后。

第一，论辩的界说：辩，是彼此以言论争一对象或命题。彼主肯定，所主者当，其辩乃胜；所主不当，其辩不胜。但所辩论的，必须以同一的对象或命题为范围。此命题或对象，甲方肯定之，乙方否定，而后生辩，只能有一，不可有二。如甲方所持为此命题，而乙方所持为别命题，便不能生辩。例如我说："甲非牛"，你说："乙非牛"，此在辩学上不成问题，因为对象有两造所持之说，可以俱是，可以俱非。反之，我说："甲是牛"，你说："甲是犬"，你我同争一个对象，这就辩论起来了。这种辩论，不会两方都对，若是这个"甲"实在是犬，你辩胜了我，便是你对，我不对。

进而言二人各有所谓，而其谓则有同有异，同谓则不辩，异谓则或辩或不辩，兹为易明，列表于下：

- 同谓
  - 狗
    - 甲谓之狗
    - 乙谓之犬
    - 俱当——无辩
  - 非狗
    - 甲谓之狗
    - 乙谓之犬
    - 俱不当——无辩
- 异谓
  - 牛
    - 甲谓之牛——当——胜
    - 乙谓之马——不当——不胜
  - 马
    - 甲谓之牛——不当——不胜
    - 乙谓之马——当——胜
  - 非牛非马
    - 甲谓之牛
    - 乙谓之马
    - 俱不当——俱不胜——无辩

第二，论辩的功用：辩的功用有六：其一、明是非之分：是非的分界，原有定轨，唯经过明辩，才能分别。其二、审治乱之纪：由兼爱与尚同观之，兼相爱则治，交相恶则乱；得下情则治，不得下情则乱。此唯有辩始能明审。其三、明同异之处：明同异是辩学最重要的部分，墨家于此，论列甚多，如："同，异而俱于之一也。"是同的定义。"同：重，体、合、类"，是同有四种。"异：二、不体、不合、不类"，是异有四种。其四、察名实之理：察名实的方法，则为"以名举实"。于知识论中已详，此不复举。其五、处利害：国立于大地，人生于世界，所与生存奔竞的，利害而已，但利害的到来，变化无端，取舍不明，适得其反，墨辩于此，特别重视，是以首先提出欲，认为智若不被物欲所蔽，便可逆睹现在行为的结果，亦即可引导我们趋利避害；或舍目前的小利而避将来的大害，或受目前的小害，而趋将来的大利。继而提出权，而权有两要：一是欲正权利；二是恶正权害。所谓欲正权利，就是我有所欲，应该权衡我所欲的是否有利；若有利则欲之，无利则勿欲，有利则取之，无利则勿取，才不失其宜。恶正权害，就是我有所恶，应该权衡我所恶的是否有害；若有害则恶之，无害则勿恶；有害则除之，无害则勿除，才不失其宜。且权利即利中取大，权害即害中取小。但如何能利中取大，害中取小，则非辩莫能。其六、决嫌疑：宇宙广阔，万物并生，人处其间，对于未知未定的事物，皆当置疑，而加以辩察，始可改进利用，所以墨家以决嫌疑为辩的目的之一。

第三，论辩的方法：《小取》篇："摹略万物之然，论求群言之比；以名举实，以辞抒意，以说出故；以类取、以类予；有诸己，不非诸人；无诸己，不求诸人。"前两句总论辩的方法，是说论辩的人需要搜求观察万物的现象，比较各种现象交互的关系。然后把这种现象和这种关系，用语言文字表达出来，就是"以名举实，以辞抒意，以说出故"。种种的事物，都叫做"实"。实的称谓，便是"名"。在文法上与法式论理上，实便是主词，名便是表词，合名与实，才称为“辞”。所以单有名，或单有实，都不能达意，只有“辞”才可以达意。意便是概念，故用名与实表达概念，即墨家所谓“以辞抒意”。但在辩论上，单有了辞还不够用，必须说明我所以持此辞的理由，这个理由便叫做“故”。明故的辞便叫做“说”。而所谓“故”，《墨经》说：“所得而后成也。”“说：所以明也。”“以类取，以类予”，是“以名举实，以辞抒意，以说出故”的根本方法。“取”即经上“法取同”及“取此择彼”的取，今所说的举例。“予”即《说文》：“予，相推予也”的意思，今所说的断定。凡一切的举例及断语，都以类字为根本。例如此是一匹马，凡是和这匹马相同的，都可以称为马。又如：

墨子亦有死。为什么？

因墨子是一个“人”。

因凡人皆有“死”。如下图：

此三辞与三辞间相互的关系，全靠一“类”字始能连系。又如印度因明学的例：

（宗）……声是无常的。

（因）……因声是做成的。

（喻）……凡是做成的，都是无常的，如瓶。

“声”与“瓶”同属于“做成的”一类，“做成的”又属于“无常的”一类，这叫做“以类予”。在万物中单举“瓶”与“声”为喻，此叫做“以类取”。一切推论无论归纳或演绎，均将一个“类”字做根本，所以《大取》篇说：“夫辞以类行之者也，立辞而不明其类，则必困矣。”“有诸己，不非诸人”，是说在举例与论断时，自己所有的，亦必使别人有之，而不非议别人。“无诸己，不求诸人”，是说自己没有的不可任自己没有，而要反过来自己去探求，不可向别人求取。前者即儒家的“己欲立而立人，己欲达而达人”，后者即佛家的“仗自力不仗他力”。

以上是一切论辩的根本法则，现在再简单说明辩的七种方法。一是不完全这样的时候用“或许”。二是现在不是这样的时候用“假设”，三是要先明白一切事物或立论的“法则”，然后以此法则衡定一切的是非。四是列举其他的事物来说明这件事物时用“譬喻”。五是以彼辞比较此辞，使此辞旨意更彰明时用“齐辞”。六是有例可援时用“援引”。七是以没有举出的事物与已举出的事物同类而下断语时用“推求”。但在使用“譬喻”、“齐辞”、“援引”、“推求”时，要特别注意。因为举例时稍不谨慎就意思歧异。两辞比较时超越界限，就转离本题，于理不安。援引时不察原因，就会过失丛生。推理时以私意成见，就会丧失根本。

·结语

墨子论德论行，尚众而不谋私，好实而不崇文，仁就是兼爱众，义就是兼利众，礼就是兼敬众，忠就是尽己之力，孝就是全利其亲，信就是心口如一，不好名才叫做真行，能崇实才称为华荣。佴是各自从事以助众，狷是有所不为以养廉，廉是自奉菲薄以节财，令是以身作则以引导众人，任是损己以成人，勇是急公而忘私，都是墨家立身行道的要旨。论知识则亲知、闻知、说知并重，且析理明确而精微。论辩，则界说与功用并有说明，法则与方法同时并重，唯涉及范围太广，此仅简略说明。

三、著作

《墨子》书大部分为墨子弟子及其后学者所记述、缀辑而成。《汉书·艺文志》著录七十一篇，现在只存五十三篇，已亡佚十八篇，其中《节用》、《节葬》、《明鬼》、《非乐》、《非儒》等五篇，各有缺失，共计八篇外；尚有十篇并目已亡。只有《诗正义》曾提到过《备冲》篇的名目，大概是那十篇以内的了，其余则均不知是何篇名，无可考证。

现存的五十三篇，可以分为五类：

第一类是《亲士》、《修身》、《所染》、《法仪》、《七患》、《辞过》、《三辩》共七篇。毕沅氏谓《亲士》《修身》篇中，无“子墨子”字样，怀疑就是墨子自著，但并无充分理由。胡适之谓前三篇全无墨家口气，梁启超也说纯出伪托，其实《亲士》一篇除“今有五锥”一段杂有道家口气，且曾提到孟贲吴起，为后人伪托外，应为《尚贤》篇的余义。《修身》一篇，汪中谓其言淳实，与曾子立事相表里，为七十子后学者所述，故可谓儒家言。其实儒墨两家本甚相近，而修身又为两家所重视者，所以若说杂有儒家言或可信，若说纯为儒家言则不足信。《所染》一篇亦见《吕氏春秋·当染》，是墨子谈论性的学说，正因为墨子认为人性“染于苍则苍，染于黄则黄”，才主张遍从人而教之，唯其中将禽子之名夹在段干木傅说之中，似嫌不伦不类。且其中谓上染于下，亦与其尚同之旨相悖。其余《法仪》、《七患》、《辞过》、《三辩》，则为《天志》、《节用》、《非乐》等篇的概要，很能提纲挈领。

第二类是《尚贤》、《尚同》、《兼爱》、《非攻》、《节用》、《节葬》、《天志》、《明鬼》、《非乐》、《非命》、《非儒》共二十四篇。这是墨学的大纲目，也是《墨子》书的中坚，篇中皆有“子墨子”字样，乃门弟子记墨子学说，非墨子自著。每题各有三篇，文义大同小异，是墨学传人相里氏、相夫氏、邓陵氏，于墨子生前讲学时都有记录，所以每次记下来都是一式三篇。胡适氏曾以《墨经》非经，而以《兼爱》《非攻》为墨教经典，殊不知这是墨家思想的中心，为三墨所录，全为论体，绝不可称之为经。

第三类是《经上下》、《经说上下》、《大取》、《小取》共六篇。前四篇称为《墨经》，亦称为《墨辩》，共一百七十七条，五千七百余言。《经上》多属墨家根本思想，及简论知识构成次第，宇宙自然现象；《经下》则以辩学为主，旁及算学、光学、重学等原理。经文简要，《经上》颇似几何学之界说，《经下》则似几何学之定理，《经说》即系此界说与定理之引申诠释，其含义之深，立论之卓，推理之精，历物之博，揆诸先秦诸子，鲜无伦比。至于作者，《经上》当为墨子自著，《经下之下》与《经说》应为墨子弟子亲聆教言者纂辑而成，《经下之上》，或为墨子自著，或为弟子记录而成。《大取》、《小取》两篇，系墨家思想之阐释及墨家之名学，为墨家后学者纂辑而成。

第四类是《耕柱》、《贵义》、《公孟》、《鲁问》、《公输》共五篇，是墨家后学记墨子一生言论行事，体裁颇近《论语》，可作墨子言行录读。

第五类是《备城门》、《备高临》、《备梯》、《备水》、《备突》、《备穴》、《备娥传》、《迎敌祠》、《旗帜》、《号令》、《杂守》共十一篇，是守城备敌之法，为墨家后学因墨子防守御敌之术精研而成者，司马迁说墨翟善守御，大概就是指此。《汉书·艺文志·兵技巧家》注云："省墨子注"，则刘歆《七略》入《兵技巧家》者，当即此《备城门》以下诸篇。

《墨子》书的内容，大致如上，然七十一篇之本，乃由刘向校定，著于《别录》，而刘歆《七略》与班固《艺文志》因之，故其书自墨子至刘向，皆可能有增者也，不过无所依据，皆不足采信。

四、结论

墨子学说的全部内容，虽然包括很广，但简单地说只有两个字，那就是“爱”与“智”。《尚同》、《尚贤》、《兼爱》、《非攻》等十题，都是教“爱”的，《经上下》、《经说上下》、《大小取》六篇，都是教“智”的；爱，是发挥人类的感情，智，是发挥人类的理性。而今天我们最缺少的是爱与智，因为缺少爱，才互相攻击而不能团结一致，自私为我而不能牺牲自我；缺少智，才被权势欲望所蒙蔽而陷入痛苦，不能析理入微而不辨黑白。所以《墨子》是一部极其完整的救人类、救世界的宝典，而我们要想世界和平，人类幸福，唯有提倡墨学，发扬墨学，使其与儒学永远并称为显学。也唯有提倡墨学，我中华学术思想，才能更光辉，更充实。

综合墨子学说，可以发现他的基本精神有：救世精神、求实精神、力行精神、创造精神、团结精神、平等精神。至于他对后世的影响，可从国父与先烈张溥泉的一段话中明白：

国父说：

仁爱也是中国的好道德。古时最讲爱字的莫过于墨子。墨子所讲的兼爱，与耶稣所讲的博爱是一样的。

先烈张溥泉则说：

在此神圣抗战时期，尤宜昌明墨学。同盟会时代之《民报》创刊号，以黄帝、墨子、卢骚肖像同时登载，更足以表明吾党革命进行的方向。民国以来昌明《墨经》，而未明墨道。三民主义综合中外学说而成。取于本国者在能贯通诸子百家，如总理遗教、及总裁言论斑斑可考。先烈赴汤蹈火之行，及舍己救人之志，出于墨子任侠一派者多。

梁任公则说：

杨学遂亡中国，今欲救之，厥惟墨学。

我们奉行国父遗教，遵守先烈遗言，体认先哲苦心，不但细心研究墨子学说，更要努力发扬光大，使我中华文化复兴运动，早日完满达成。

参考书目

《墨子闲诂》，孙诒让，河洛图书出版社。
《墨子集解》，张纯一，文史哲出版社。
《墨子学案》，梁启超，台湾中华书局。
《墨子学说研究》，谢湘，香港上海印书馆。
《墨子简编》，严灵峰，台湾商务印书馆。
《墨学源流》，方授楚，台湾中华书局。
《墨学新论》，王寒生，“民主宪政”杂志出版社。
《墨学概论》，高葆光，中华文化出版事业委员会。
《墨经校诠》，高晋生，世界书局。
《墨经哲学》，杨宽，正中书局。
《墨经校释》，梁启超，台湾商务印书馆。
《墨辩发微》，谭戒甫，世界书局。
《墨辩新注》，李渔叔，台湾商务印书馆。
《名墨异同考辨》，王冬珍，嘉新文化基金会。
《墨子政治思想之研究》，孙广德，台湾中华书局。
《墨子思想之研究》，周长耀，中华伦理科学教育协会。

商鞅

甲凯　著

目　录

一、商鞅生平

商鞅，战国时卫人，为卫国公族庶出公子。姓公孙氏，史称卫鞅或公孙鞅。入秦为客卿，封于商，故又称商君或商鞅。其生平事迹，见之于《史记》的《商君列传》及《秦本纪》。《韩非子》、《战国策》、《吕氏春秋》亦载其事，大同而小异。唯在秦任职变法之事，各书记载之次序，稍有抵牾，大抵当以《史记》为主，考订其先后。

商鞅是我国战国时代前期的法家人物，《韩非子·定法》论法家，特举商鞅、申不害二人，可见其在法家中的地位。鞅少好刑名之学，曾事魏相公叔痤为中庶子。痤知其贤，临终时推荐之于魏惠王，王不信用，痤请不听用鞅，即予诛杀，惠王未采其计，商鞅遂入于秦。

秦献公死，孝公即位，下令国中求贤能，将修穆公之霸业。商鞅入秦，由孝公宠臣景监之介，四见孝公，上变法图强之策，得到孝公的信任，展开他实际的政治生涯。实际上，秦之变法，关键还在孝公。如孝公不积极求强，则商鞅以客卿的地位，实不能产生很大的作用。此观孝公一死，商鞅即去位失败，车裂以殉，可见秦国的贵族政治，根深柢固，商鞅虽立法变制，仍得不到保护。

孝公用商变法之始，恐天下议己，集群臣议事，甘龙、杜挚均持反对态度。鞅力排众议，以“治世不一道，便国不法古”，“反古者未可非，而循礼者未足多”为辩，孝公裁决变法，以商鞅为左庶长，下变法之令，其法为：

（1）令民为什伍，犹如今日的保甲法。

（2）令民有二男以上者分异，增加户数。

（3）赏有军功者，刑私斗者，便民勇于公战，怯于私斗。

（4）奖励农桑本业，以增生产。

（5）宗室无军功者，不得属籍，以抑贵族。

（6）无功者虽富不得芬华，以抑豪富。

以上六项为求富强之所需，皆属良法。可惜商鞅内刻刀锯之刑，外深𫓧钺之诛，步过六尺者有罚，弃灰于道者被刑，一日临渭论囚七百人，渭水尽赤，号哭之声振动天地，实未免严苛寡恩，流于暴戾，蓄怨积仇，难谓善政了。

孝公十年，商鞅为“大良造”（从《史记·秦本纪》），变法初步成功。孝公十二年，秦迁都咸阳，开阡陌，平赋税桶权衡丈尺。十五年以鞅为相。太子犯法，鞅以“法之不行，自上犯之”，虽不便施刑于太子，为求法令之推行，乃劓太子之傅公子虔，黥太子之师公孙贾。

秦孝公二十年，周天子致胙于孝公。明年，齐将田忌大败魏师于马陵（今河北省大名县东南），孝公用商鞅计，乘机命鞅将兵伐魏，鞅诈与魏将公子卬盟，袭而虏之，破其军。魏割地以和，遂去安邑（今夏县，属山西），徙都大梁（今河南开封），自是称梁惠王。公子卬之败，梁惠王始后悔自恨“不听公孙痤之言！”鞅返秦，孝公封之于商十五邑（今陕西省商州市以东旧弘农地），号商君。

商君相秦十年，宗室贵戚多怨望者。孝公卒，太子驷立，是为惠文王，公子虔告商君反，发吏捕之，商君逃之关下，欲投客舍，主人不知其为商君，辞之以“商君之法，舍人无验者坐之”，商鞅始叹“为法之弊，一至于此”！逃魏不纳，再度入秦，走商邑，发兵反，秦兵击破之，追杀鞅于郑之黾池（今陕西华县）。此一权重一时的秦相，终被车裂而殉于国，其成败之迹，令人慨叹。

综观商鞅生平事迹，以变古改制，富秦强兵最为可述，然鞅自恃威健，不修谦德，背公子卬之旧恩，弃故魏之明信，一意权诈行事，殊非大政治家之风度，较之管仲夺伯氏邑三百户而无怨言，远有不逮！唯商鞅变法亦有其成就，先就其背景论之。

二、商鞅变法的背景

商鞅之生年，已不可考，卒年则在周显王三十一年（公元前三三八年），亦即秦孝公二十四年——孝公最后的一年，大抵与秦孝公同时。当战国之初，齐秦最强，互相抗衡。秦国之形势，基本上优于齐。商鞅入秦，颇能利用秦固有的优势，以法令万能主义，不顾舆论之顺逆，驱秦民为积极之进取，今分析秦国所占的优势，约有三点：

（一）秦国的地利：顾亭林曾说："秦地华阴，绾毂关河之口，虽足不出户，而能见天下之人，能闻天下之事。一旦有警，入山守险，不过十里之遥；若志在四方，一出关门，亦有建瓴之势。"（《日知录》）这段话已足以说明秦国所处的地利。战国时山东诸国，六雄角立，国皆四战，日寻干戈，疲于奔命，民不得息，唯秦可以闭关固守，可以自由活动。内可以修政变法，厚植国力；外可以伺机出动，承人之敝，商鞅即利用秦国此一独特的地形优势，变法图强，奠定秦帝国的基础。

（二）秦国的民风：战国时代的民族，主要为黄帝子孙，同属汉族，然因所处方位不同，迁徙转移，浸相隔离，民风兴俗因而差异。秦国偏处西陲，与西戎接壤，民风朴质坚悍，有首功尚武之风，读《诗经》的《小戎》、《驷铁》诸诗可以知之。

秦国国民既时时立于与外族竞争之磨练环境中，稍加训练即可成为优秀的战士。商鞅利用此等国民，变法行军国民制度，宜乎其东出开土，所向无敌。

（三）秦国的农业：秦地的另一优势，则为适宜于农业。我国自周以来，农业本已日盛，秦拥关中肥腴之壤，农夫勤苦耐劳，农产尤丰。司马迁《史记·货殖列传》以为："关中自汧雍以东至河华，膏壤沃野千里。自虞夏之贡，以为上田，而公刘适邠，大王王季在岐，文王作丰，武王治镐，其民犹有先王之遗风，好稼穑，殖五谷。"可见秦国本有富强的条件。尤有进者，秦地绾陇西之钥，亦为通商必经之地，东通三晋，商车辐辏，更为秦国增加不少财源。虽然商鞅重农抑商，然而货通有无，贸迁频繁，实亦为强国之因素。此现象在商鞅死后，益为显著。

至于秦国的弱点，择要论之，均有两事：一为文化之落后；二为贵族之专擅。秦受封于东迁之际，建国较迟，且又避迩西戎，化于蛮族，父子无别，同室而居。男女混淆，伦理未备。内不足以言开化；外不足以与上国，此为秦国先天上的一大弱点。加以穆公以降，霸业中衰；桓景之世，屡败于晋，秦兵久已不能东出。此时的国政，全操于贵族之手，废君立君，任意而为，内忧既炽，不遑外事。秦孝公即位之初，实为秦国国势最式微迫促的时期。商鞅当此际会，行政用法，自有其极困难之处。变法近二十年，始有所成，最后仍难免以身殉之，可见大概了。

三、商鞅的思想

（一）主法治：儒家重礼教，法家主法治。法治主义可说是商鞅的基本思想。以法治国，在商鞅的思想中为适应时代潮流必然之路。《商君书·开塞》：“上世亲亲而爱私，中世上贤而说仁，下世贵贵而尊官。”其意是将社会的演化，分为三个阶段：一是上世，只知有家族，属部族分立的时代；二是中世，主中正、设无私，属禅让而有共主的时代；三是下世，土地货财，各自分立，设官立君，贵族秉政的时代。在下世为求天下之太平，便必须有法令以制之。《开塞》篇：“分定而无制不可，故立禁。禁立而莫之司不可，故立官。官设而莫之司不可，故立君。既立君则上贤废而贵贵立矣！”很明白的说明禅让的上贤制度，在下世已行不通，“古之民朴以厚，今之民巧以伪”（商鞅语），治理国家，非有强力的君主和法令不可了。

本来，儒家的言礼，以因革损益为重，本意也在整齐其民，然而教民循礼，人循之与否，完全依其道德责任心而定，执政者无法强迫。反观法家督民守法，如其不守，国家加以制裁，法令从于其后，建立秩序，效果即大。《商君书·开塞》大意指出：古代民蘩生而群乱处，时代演进，渐有君主加以治理。此种治理必须有法令以为根据，如无法令，则其害与无君主相同；

有法而不能执行，则与无法同，所以商鞅的意见是严刑峻法以求治。

商鞅的法治观念，另有两项特点：一是求国家的团结；二是求法律的平等。他说："守十者乱，守壹者治。"（《靳令》）是指国民必须团结于国家法制之下。他以为凡治国者，就怕国民不能团结，所以圣人作"壹"而抟之。什么是"壹"？其实"壹"就是法。商鞅指出古代不以法来论贤或不肖的人，只有"尧"为能，但世上未必有这样的领袖，所以必须立法，中程者赏之，不中程者诛之。

商鞅因秦太子犯法，而刑其师傅，此事在战国时代贵族社会中极有意义。他说："得天下者，先自得者也；能胜人者，先自胜者也。"（《画策》）又说；"明主慎法制，事不中法者不为也。"（同前引）指出法律平等的道理，不仅臣民应遵守，即君主亦当遵守。这种思想自今日论之，亦可谓进步，完全符合政治原理。春秋时代的管仲也曾说："有道之君，善明设法而不以私防；无道之君，既已设法，则舍法而行私。"可知古之君子，所见略同。证明我国古代法治思想发达甚早，商鞅则是能用之于实际政治的人。

（二）重功利：讲法治者本不一定归之功利主义，然以法图强者，往往充满功利思想，则又为古今中外的通病。商鞅为功利思想尤其强烈之一人。他在秦变法，极身无二虑，尽公不顾私，内使国民急耕织之业以富国，外重战伐之赏以劝戎士，凡此都是谋国的正途，未为不当。然而，进一步他却要把人类社会中，由于文化进步而发展出来的礼乐、孝弟等事，企图予以否定，则未免功利过甚，舍本逐末！他说："守十者乱，守壹者治，法已定矣，而好用六虱者亡。"（《靳令》）何谓六虱？解《商君书》者，其说不一，然大体指礼乐、诗书、修善、仁义、非兵与羞战等事而言。其实观商鞅之意，亦未尝不以仁义为高（初说孝公以帝王之道，当持仁义之说），然以其不能急功有利，竟断然废之。

商鞅的富国强兵，固然成就于一时，唯以长远的建国大计而论，绝对的功利主义是行不通的。商鞅最后失败逃亡，至不为客舍接纳。此情此景，他亦慨言为法之弊！可见其痛悔之意。昔人论周召善政，每有所谓甘棠之思，此非仁政不能致之。如商鞅之弃礼乐、背仁恩，难免背道而驰。商鞅初见秦孝公，先说之以帝王之道，孝公不许，鞅始改说之以霸道。如此看来，商鞅似乎并不以为“霸道”为最佳的行政方式，然而商鞅终朝此一方向行去，不得不说功利心太盛使然。

（三）任命令：《商君书·修权》说：“国之所以治者三：一曰法，二曰信，三曰权。法者，君臣之所共操也；信者，君臣之所共立也；权者，君之所独制也。”这里所说的权，就是君主命令之权。为在上位者所独制，故有其绝对的意义。此种思想形态，可名之为命令主义。

春秋战国之时，人民本缺乏参与立法的能力，政事全由贵族发号施令是可以想见的事。商鞅的法治思想即全由君主为出发点。他以为君主为法为上，人民议法于下，是以下为上，名分不定。名分既不能定，则法必不能彻底推行，所以在变法之初，即不许国民议法。反对变法或赞美变法的人，同样获罪。此种完全不准人们议法的理由，即是认定君主的意志为法令的渊源，神圣而不可侵犯，一般人是无资格讨论的。关于此点，后世论者指为专制之源。然章太炎于《訄书》论之云：“夫使民有权者，必其辩慧之士，可与议令者也。今秦自三良之死，后嗣无法，民无所则效。至鞅之世而冥顽固以甚矣。”由此可见，商鞅之专制固有不得已者。后百余年，荀子犹说：“秦无儒。”可知商鞅之专任命令，是可以理解的事。

（四）兴农业：商鞅曾说：“有土者不可以言贫，有民者不可以言弱。”又说：“地诚任不患无财，民诚用不畏强暴。”（俱见《商君书·错法》）此种意见，重农强兵，自为建国的根本，商君诚有卓见。《史记·商君列传》载：“大小僇力本业，耕织致粟帛多者复其身；事末利及怠而贫者，举以为收孥。”一方面奖励开垦荒地，增加生产；一方面制裁惰民末利，强迫劳动，都是重视农业的做法。商鞅说的“抟之以农”，是其行政的重心，不可不加注意。

中国以农立国，一向持重农主义，不仅法家为然，但商鞅是首先提倡废井田、开阡陌的人，他打破均产限制之法，予国民以产业自由，听民占田，世为永业。务使地尽为田，田皆为税，是以司马迁颂之为“开阡陌封疆而赋税平”。我国古代，自周衰以来，井田之法即日益弛坠。疆界漫漶，还授多弊。商鞅开阡陌、定疆界的办法，事出必然，极见智慧。垦草之令一下，富国之效立见，为我国经济史上开一新纪元。

商鞅既采重农政策，对于商贾即加以窘抑，他在《垦令》篇里说：“商欲农，则草必垦矣。”可见他要设法尽量使人从事农业。不仅如此，对于学问技艺之类的人，他也视之为分利而不事生产的人，不予重视。其《农战》篇说：“农战之民千人，而有诗书辩慧者一人焉，千人皆怠于农战矣！农战之民百人，而有技艺者一人焉，百人者皆怠于农战矣！”商鞅的政策，首在农战。他要把秦国全国的人力，完全投之于农业和战备。这种政策，以今日观之，未必合于政治和经济上的原理，但战国时代，土地荒旷，交通不便，劝农抑末，自然是图强的有效办法。

秦国地广人稀，人力不足是一大问题，商鞅因而有徕民的计划。《商君书》有《徕民》篇，大体上指出秦国已开垦的农田不过占全国土地的五分之二，田数不满百万，山泽溪谷，材物货宝，很多尚未开发，此所谓“人不称土”，必须招徕他国的人民来拓土垦荒。到哪里招徕移民呢？商鞅的目标是三晋。三晋与秦国相邻，土地狭小而人民众多，土不足以生其民，当然可以到秦国开土。此一办法虽好，但秦国反对的人不少。大抵以晋人入秦，到底有利于秦，还是有利于晋，殊堪考虑。商鞅则以为徕晋民以垦殖秦土，只会有利于秦而损晋，绝不会有利于晋而损于秦。理由是农业兴盛，劳力加多是强国之本。基于重农的政策，徕民的办法乃付之实行。

（五）尚军功：欲推行帝国的政略，必先造成军国的资格。对于这一点，商鞅一开始变法，即注意及之。他所公布的法律中，与此有关的是：

（1）斩首捕虏者赐爵受赏；退却畏敌者诛身没家。

（2）有军功者各以程度受上爵；从事私斗者各以轻重受重刑。

（3）宗室非有军功，不得属籍。

这三项规定，全在于鼓励军民勇悍轻死，提高战斗精神。商鞅的目的是使秦国国民每人皆具备军人的资格，首功尚武，全国皆兵，犹如西方古代的“斯巴达”。试看《商君书·赏刑》中说：“故夫当壮者务于战，老弱者务于守。死者不悔，生者务劝，此臣所谓一教也。”《画策》篇又说：“民勇者战胜……民之见战也，如饿狼之见肉，则民用矣。”又说：“凡战者民之所恶也，能使民乐战者王。强国之民，父遗其子，兄遗其弟，妻遗其夫，皆曰不得无返。”这些话都表示崇尚军功。商鞅也知民不乐战，但一定要训练到使“民见战，如饿狼之见肉”，真可说是彻底的军国主义。经此训练，秦国国民闻战而相贺。起居饮食，歌谣演唱的都是战争，秦国后来之成为一侵略性国家，此当为主要的因素。

商鞅的军事教育，不得而详，然大体上他实行全国皆兵，则无可疑。他的《兵守》篇载：“四战之国，不能以万室之邑，含巨万之兵者，其国危。”定三军之制：壮男为一军，壮女为一军，老弱为一军，是商鞅所谓的三军。壮男之军，盛食厉兵，阵而待敌；壮女之军，盛食负垒，阵而待令，此种男女老幼都编为军队的办法，名之为“军国主义”，不谓不宜。

四、立法制度

商鞅变法不师古，所以他的立法因形势而定。商君是个不法古，不修今，因世而为之治的人（见《商君书·壹言》），其立法的标准基于时俗和民情。他以为观察世俗去立法则国必治，不了解民情去立法，则事剧而功寡。这种看法是相当进步的。因为法家的缺点，本来就是立法的立场未能厘清，立法的利益不能普及于民，为人所病，今商鞅能注意到时俗和民情，当然值得推扬。

古代立法，既无民间之立法机关，当然所立之法，能否必行是一大考验。商鞅为此，特于新法公布之前，立三丈之木于国都南门，募民有能徙北门者予十金，民不敢徙，乃提高为五十金，有一人徙之，则予五十金，以明不欺。此种办法亦见之于《韩非子·内储》，唯行其事者为吴起，立木变为徙车。可见古代行法者，多半是命令主义，立信的步骤十分重要。

立法必先立信，然而如何始能使法令公之于天下，并且使百姓明白法令的意义，仍是问题。于是商鞅又设主法令的官吏，使为一尺六寸之符，凡吏民不明法令者，可向主法令的官吏询问，法官即将答案书于符上公告之。如未经答复询问而绳民以法者，主法之官，即以所问的罪名反坐，是以秦在变法以后，吏不敢以非法遇民，民也不敢犯法以干官，孟子曾说："无罪而杀士，则大夫可以去！无罪而戮民，则士可以徙。"想不到法家的商鞅倒做到这点。

司法独立为民主法治的特点。商鞅的司法，设有专职，已能做到此事。《商君书·定分》："一岁受法令，天子置三法官，殿中置一法官，御史置一法官及吏，丞相置一法官，及诸侯郡县，皆各为置一法官及吏。"全国由中央到地方，都专置主法之吏，以执行法务，这种完整的司法制度，在两千三百多年推出实行，商鞅堪称法家之杰出人才。

立法、司法之外，行政制度影响于后世者，首推罢侯置守，废封建而改为郡县。一般人每以秦始皇夷灭六国，初并天下，始分天下为三十六郡，郡置守、尉及监，为郡县之始，其实郡县非始于秦始皇，而始于商鞅。李斯曾说："今海内统一，皆为郡县，易制置诸侯不便。"（见《史记·秦始皇本纪》）可见始皇之前已设郡县（商鞅之前亦有郡县，如秦武之县杜郑，楚庄之县陈，皆由征伐而来，故不论）。商鞅合并诸小都乡邑，聚定为四十一县，分划国家土地，以为行政区域。全国的土地人民无不直隶于中央政府，郡县制度始具规模。大县万户以上者置一令，不及万户者则曰长，令长以下，皆有丞尉。所有的令、长、丞、尉，皆受命于君主，守土为责，直隶于政府监督之下。这种制度，使中央集权日益巩固，秦之所以强亦由于此。

至于官爵等级的规定，根据史书所载，商君为法，战斩一首，赐爵一级。欲为官者五千石。爵名是：

（1）公士、（2）上造、（3）簪袅、（4）不更、（5）大夫、（6）公大夫、（7）官大夫、（8）公乘、（9）五大夫、（10）左庶长、（11）右庶长、（12）左更、（13）中更、（14）右更、（15）

少上造、(16) 大上造、(17) 驷车庶长、(18) 大庶长、(19) 关内侯、(20) 彻侯。

二十等爵都是为赏战功而设，自一等“公士”至“五大夫”为军吏。最高之爵位为关内侯与彻侯，唯彻侯，功高者食县，功小者食亭，可以臣其所食的吏民。关内侯则只有侯号，留居京畿，而无国邑。秦始皇命王翦将击楚，翦请赐宅田甚众，其理由是：“为大王将有功终不得封侯。”可见秦虽定彻侯之爵，但受封者极少，原因为秦法，不易以土地予人，至于关内侯之制，至汉时仍行之。

五、《商君书》

《汉书·艺文志·法家》有《商君》二十九篇，今存二十四篇。此书原称《商君》，《诸葛亮集》始名《商君书》，《隋书·经籍志》载《商君书》五卷，《新唐书·艺文志》云："《商君书》五卷，商鞅撰，或作《商子》。"《商子》之称始于此。郑樵《通志》仍称《商君书》，晁公武《读书志》则称《商子》，卷数相同，皆云："《汉志》二十九篇，今亡三篇。"今所传本，目录共有二十六篇，而有目无书者二篇（《刑约》第十六篇亡，第二十一篇并目录亦亡），实二十四篇。

《商君书》流传代淹，舛误甚多，清代学者严万里为之校正，稍稍可读。明代各校本，都不如严氏之精。此外，俞樾《诸子平议》、孙诒让《札迻》亦有校正，可参照考读。又有朱师辙《商君书解诂》一书，为近人治此书之详明者。

《商君书》是否即商鞅手著之作品？后世学者，颇滋疑问。《史记·商君列传》太史公曰："余读商君开塞耕战书"，则汉时司马迁已读此书。《韩非子·五蠹》："藏商、管之法者家有之"，《魏书·刑罚志》："商君以法经六篇入说于秦"，皆证古有此书，然是否即今日之《商君书》则未敢断言。《商君书·更法》，首句即称孝公之谥，又《徕民》篇："今三晋不胜秦四世矣，自魏襄王以来，野战不胜，则城必拔。”《弱民》篇：“秦师至鄢郢，举若振槁。唐蔑死于垂沙，庄跻发于内楚。”此皆秦昭王时事，非商君所及见，则此书与管子同，亦出于传学者之手。

什么人传商君之书？商君相秦，至十年之久，门下客自不少，其中值得注意者为尸子。《汉书·艺文志·杂家》有尸子，自注云：“名佼，秦相商君师之，鞅死，佼逃入蜀。”《史记·孟荀列传集解》：“商君之客有尸佼，商君谋事画计，立法理民，未尝不与佼规也。及商君被诛，佼恐并诛，乃亡逃入蜀。”尸佼既为商君之上客，又亡逃至蜀，自有资格传商君之书。杂家又有尉缭子，《隋志》以为梁惠王时人，《史记·秦本纪》十年却记有“大梁人尉缭来说秦王”。此人时代虽难考订，然刘向《别录》称“尉缭习商君学”，则尉缭也有可能传商君之书。总之，不论商君的门下客或后学，其能持商君之法令、言论以为根据，然后加以追辑者，皆可成《商君书》，唯此追辑者，今不可考而已。

严格讲，《商君书》是一部伪书。马端临在《文献通考》里说：“商鞅书亦多附会后事，拟取他辞，非其所论著也。其精确切要处，《史记》列传包括已尽……凡《史记》所不载，往往为书者所附会而未尝通行者也。”这是很客观而精当的看法。研究商鞅者，当以《史记》的《商君列传》、《秦本纪》为主，然后参以《商君书》，始能理解商鞅思想的究竟。

六、结论

我国立国垂五千年，法治思想发轫甚早。唐虞刑制，载于《尚书》，已开其端绪。至李悝厘订法经，始开法典编纂之基。商鞅承之，变法于秦，当为法家学说最见成效的一段事迹。《晋书·刑法志》："秦汉旧律，其文起自魏文侯师李悝撰次诸国法，着法经。……商君受之以相秦。"秦孝公变法，商鞅主之，最后虽车裂以殉，然而秦后世统一天下，实赖商鞅行政之效果，其一生功过，不可不论。

任何一个国家，欲求基础之稳固，首在法治之阐明，所谓："政府无法乃敢乱政，国民无法从而乱国。"（胡汉民序《商君书笺正》语）未有无法之国可以存于世者。战国时代的秦，远处而陲，民国强悍；贵族秉政，日相倾轧。商鞅相孝公十年，变法的结果是："道不拾遗，山无盗贼，家给人足。民勇于公战，怯于私斗，乡邑大治。"（《史记·商君列传》）似这样的政绩，当然是商鞅的功劳。其后，法家之学，秦人用之以成统一之业；汉人承其遗规，维持四百载的国运，皆可看出唯法制为立国的基础。商鞅在这方面的表现，是有其历史地位的。

然而，法治的过于严苛，以至于轻视了人类社会的道德因素，也是商鞅行政的偏缺之处。此观甘龙、杜挚的反对在前；

赵良的劝谏在后，即可知之。道德一事涵盖甚广，约而言之，伦理与情理而已。司马迁指商鞅为“天资刻薄人”，贾谊论商鞅为“弃礼义，背仁恩”，凡此皆为缺乏伦理观念所致。至于情理原在于良心之持平，商鞅主张轻罪重罚，武健严酷，在他以为“战必勇之民，行必听之命，为必治之政”（《商君书·画策》）为天经地义，殊不知“不为爱民亏其法，法爱于民”（《管子·法法》），法律既为爱民而设，宽严有度，应不失于情理之所容。过或不及，皆不能谓之平。商鞅之立法权从何而出？一言蔽之“君主”而已。立法既完全出之于君主，存废不过一事之两面。遇有酷吏，逢迎时主之意，枉法陷入，则人人有不能安枕者。《汉书·杜周传》：“三尺（谓法令）安出哉？前主所是着为律，后主所是疏为令，当时为是，何古之法乎？”商鞅用法正坐此弊。

商鞅生于公元前四世纪，距今已二千三百余年，我人自不能以今日民主政治的法理观念以衡量之。然而，章太炎在《訄书》中论商鞅时说的好：“鞅固救时之相而已，其法足以济一时。吾所为谳鞅者，则在于毁孝帝，败天性而已！”此言虽非创见，然不失持平之论。研究商鞅自当注意商鞅所处的时代及环境，然后始可论其变法的价值。至于他的为人，诚所谓智及之而仁不能守之者，不能令人无憾了。

参考书目

《史记》，司马迁撰，商务百衲本。
《汉书》，班固撰，商务百衲本。
《魏书》，魏收撰，商务百衲本。
《晋书》，唐太宗撰，商务百衲本。
《资治通鉴》，司马光撰、胡三省注，世界书局印行。
《战国策》，《四部丛刊》本。
《吕氏春秋》，高诱注，《四部丛刊》本。
《韩非子》，《四部丛刊》本。
《韩非子集解》，王先慎集解，时代书局印行。
《商君书笺正》，严万里校、简书笺，广文书局。
《管子校正》，戴望校，世界书局。
《绎史》，马骕撰，广文书局印行。
《日知录集解》，顾炎武撰、黄汝成集释，世界书局印行。
《读诸子札记》，陶鸿庆撰，艺文印书馆印行。
《汉书艺文志讲疏》，顾太实著，台湾商务印书馆印行。
《诸子通考》，蒋伯潜著，正中书局印行。
《国学概论》，傅隶朴著，中华丛书。
《文献通考》，马端临撰。

《訄书》，章太炎撰，“中央文物供应社”。
《先秦诸子系年》，钱穆著，香港大学印行。
《商子》五卷，《四部丛刊》影印天一阁刻本。
《商君书集解》，王时润集解，排印本。
《读书杂志》，王念孙撰，乐天出版社影印。

庄子

黄锦鋐 著

目　录

一、传略

1. 生平事迹

庄子，名周，宋国蒙地方人，有人说他是楚的蒙人，那是因为有许多书记载“楚有蒙县，俗称小蒙城，就是庄周的本邑”的缘故。其实当庄子在世时，那地方是属于宋，以后又属于楚，所以朱熹也说：“庄子自是楚人”。在汉朝时，蒙地隶于梁国，因此也有人说：“庄子是梁人”。根据庄子活动的年代，应该说他是宋国蒙县人比较正确。蒙县就是现在河南商丘市南方二十五里的地方。河南在战国时，是南北交通的孔道，山明水秀，风景宜人，虽然其间也曾遭受过齐国军队的攻击，但战争过后，一切又趋于平静，庄子就在这个环境中长成。许多人在饱受战乱的洗礼后，又忙着自己的生活去了，只有庄子，他一面孕育在优美的环境中，养成喜爱自然的个性，一面又在回忆着战争的经过，想起战争时，那满山满谷的死伤尸体，又陷入沉思了。他在想如何能够超脱这个现实世界，不受战争的威胁，不受功名利禄的束缚，那该多么逍遥自在呀！但这是不可能的，为了现实生活的压迫，他只好在家乡附近做一名管理漆园的小吏，取得微薄的粮饷，以求一家的温饱。在当时国君昏庸，臣下无能的政治下，以一个漆园小吏的所得，实在不容易维持一家的生活。庄子时常是在半饥饿状态下生活着，他自己倒无所谓，好几年前做的衣服，已经补了又补，还在穿着，脚上的鞋子，后脚跟已经磨光了，只好拖着走。但他不忍心看到在病榻多年面黄肌瘦的妻子，也跟着他挨饿。不得已，有一天，只好厚着脸皮到监河侯家里，想向他借点粮食回家济急，没有想到监河侯为富不仁，托辞说："可以的，等我收到市邑的租税后，就借给你三百金，你说好吗？"庄子听了，愤然变色说："你说的和我昨天在路上碰到鲋鱼的故事一样。我昨天来的时候，路上有人叫我，回头一看，原来在车轮压下去的地方，有一条鲋鱼在那里，我问它说：'鲋鱼呀！你要干什么呢？'鲋鱼回答说：'我是东海里的水族，你有斗升的水来救我吗？'我回答说：'可以的，我将到南方游说吴、越的国君，请他们想办法引西江的水来援救你，好吗？'鲋鱼愤然变色说：'我失去在水中的正常生活，只需要斗升的水就可以活命了，而你用这种话来敷衍我，等水来时，我已经挂在干鱼铺里面了。'"庄子说完这一段故事，连头也不回，就这样地走了。他的妻子就在这样无助的情形之下，终于去世了。庄子受了这个打击，忽然想通了人生的一切，不但功名富贵他不放在眼里，就是死生也置之度外。他看破了世情，彻底了解了人生。他想如何解脱社会给予人生的烦恼。他是殷商后裔的宋国人，当时的社会，对于宋国人，都要另眼看待，一切愚笨不合理的事情，都加诸宋国人的身上，像什么"揠苗助长"的，是宋国人干的；"守株待兔"也是宋国人干出来的傻事；其他等等，不说也罢。总而言之，宋国人是当时社会一般人取笑的对象。庄子在这样的环境中，心中的难受，是可以理解的，但是有什么办法呢？他哀怜世人的愚昧无知，整天只知道在辩论什么是呀、非呀！劳碌终生。所以，他更孤僻了，朱子说："庄子只是僻处自说"。是的，他是孤僻的，他不喜欢向人倾诉，不过，他即使要向人诉说自己的衷情，又有谁会听他的呢？

就在这样的环境中，他也更加努力研究，更深入的思考。司马迁说他任何学问都研究过，这是真实的纪录。他的理论，言辞很平易，道理却很深奥；说的都是人生的琐事，寄意却很高远。就这样，他的名气也愈来愈大了。许多王公大人，对于他的学说，给予很高的评价，相继在互相研究、讨论着，但都不能了解它的深意。渐渐的，楚威王也知道了他的声名。在他即位的初年，就派了两个大夫，带着一份很优厚的礼物去拜访他，想请他出来治理国事。那时他正在濮水旁边垂钓，当使者说明来意后，他笑笑地说："千金，是很贵重的礼物；卿相，也是很尊贵的地位。但是，你们没有看到郊祀时的牺牛吗？养它好几年，穿的是文绣，吃的是刍菽，但当太庙祭祀时，它想不被宰割，可能吗？你赶快走吧！我宁愿浪游终身，也不愿受富贵的拘束。"说完后，连看都不看，仍旧钓他的鱼。一场人人想求得的富贵，就这样很戏剧化的被他推辞掉了。从此，他便浪迹天涯，那时庄子已是四十岁左右的人了。有一天，他穿了一件靪补过的大褂，拖着没后跟的破鞋去见魏王。魏王说："先生为什么这么狼狈呢？"庄子说："我是贫穷，不是狼狈。读书人不能躬行道德，那才是狼狈；穿破衣服，拖破鞋子，是贫穷而已。这所谓没有遇到好时代，王你没有看到那爬树的猴子吗？当它在大树上面，手拉着树枝，神气得不得了，即使像后羿、逢蒙那么善射，也射不到它。但当它处在有棘的坏树木上时，缩着身子不敢正视，行动恐惧发抖，这并不是猴子的筋骨有什么不便，而是所处环境不便，不能施展它的才能呀！就像我现在处在国君昏庸臣下叛乱的时代里一样，要想不狼狈，怎么可能呢？”庄子说完，就不顾一切地走了。当然魏王被他抢白了一顿，对他没有什么好感，也是可以想象得到的。

从此，他更鄙视富贵。靠着自己织草鞋过生活，很少和朋友来往，尤其是在他去拜访在梁国做宰相的朋友惠施时，被误会是要抢夺他的相位以后，几乎就没有出门了，过着孤单寂寞的生活。就在这个时候，他的朋友曹商，奉宋王之命出使去秦国回来，领着秦王赏赐的车队，前呼后拥，好不威风，他看到庄子生活潦倒，不觉得趾高气扬起来，对庄子夸耀的说："要让我住在陋巷，面黄肌瘦的靠着织草鞋过生活，那我没有这个能耐。如果出使异国游说万乘的国君，深合他的心意，立刻得到百辆的车乘，那我有这个本领。"庄子听了，就说："传闻秦王有病，命医生治疗，能够消除他身上肿脓的，赏车一乘，替他舔痔的，赏车五乘，治疗越下，赏给车辆越多，难道你是替秦王舔痔的吗？为什么得车辆那么多呢？你去吧！"

庄子大概就这样放浪不羁的过了一生。他看穿世情，对于事物都抱一种相对的观念，有时甚至连这相对的观念也没有，任由自然去安排。当他自己临死时，他的学生商量如何安葬他们的老师。庄子听了，反对的说："我有天地做我的棺椁，日月像双璧，星辰像珠玑，做我的点缀品。宇宙万物，都是我殉葬的东西，我很满意了，你们不必替我操心了。"他学生说："如果没有棺椁，那乌鸦老鹰不会吃掉先生的尸体吗？"庄子回答说："抛弃在地上，送给乌鸦老鹰吃；埋在地下，不也是送给蛄蝼蚂蚁吃吗？你们怎么这样想不开呢？"因为他对宇宙的事物抱相对的看法，几乎连自己都没有一个“自我”的存在。所以有关于他的家世，我们都不很清楚，甚至他的名字，后人也很模糊。唐陆德明、成玄英说他字子休；近人王树荣说他字子沐，就是孟子所称的子莫；蔡孑民先生说庄周就是杨朱。其实我们称呼他为什么都可以，庄子并不在乎这些，你叫他牛他也会答应，你叫他为马他也会点头，名字在他看来并不重要。他注重的是人类回归自然，与自然同在，他认为这样，世界就没有战争了。因此他不主张用机心，因为人一有机心，心中就不会坦诚。他的纯真通达，甚至把死生的大事都看得非常的平常，那世间上还有什么值得他牵挂的呢？他像行云，又像流水，随遇而安，不留给后人一点的痕迹，度过寂寞的一生。不过，在他死后，却并不寂寞，他留下毕生观察宇宙所得到的体悟，创下一部不朽的巨著，就在他死后不久，就有人开始研究它、运用它，一直到现在，许多文学家都以他的经验作为自己写作的灵感。他的学说，汇成为中华学术思想的主流，这恐怕是他始料所不及的吧！

2. 庄子的个性

庄子的个性，和当时的现实社会距离很远，他所说的话，不一定有人欣赏，所以他只好用寓言。他希望独与天地精神往来，不与世俗同流。他像超出世俗之外的闲云野鹤，又像是个入山采药的仙人，我们只知道他在山中，但不能去发现他的真实去处，“只在此山中，云深不知处”，这两句诗很可以说明他的真相。许多人都以为他的妻子死了，鼓盆而歌，是个无情的人。其实庄子是个至情的人，他和朋友惠施，时常争辩，有时争得面红耳赤，几乎达到情感破裂的地步，但当惠施死了，他却非常的哀痛。一般人所认为的情感，只是人类平常的感情，庄子的情感，是对宇宙万物的至情，因此看似无情，其实他何尝无情呢？不过，庄子这种对自然界的至情，却是建筑在理智的基础上，并不是毫无理由的滥发的情感。所以他的妻子死了，他并不悲伤，惠施不了解，曾经批评这件事说："和妻子共同生活，替你生育扶养儿女，年老死了，不哭也就罢了，反而鼓盆而歌，不觉得太过分了吗？"庄子回答说："不是的，当她刚死的时候，我怎么能不哀伤呢？但是观察她起初，本来没有生命，不但没有生命，而且没有形体，非但没有形体，而且连气息都没有，以后掺杂在恍恍惚惚的中间，变而有气息，气息变化而有形体，形体变化而有生命，现在生命又变化而死亡，这种演变的过程，就像春夏秋冬四时的循环运行一样，她正安睡在天地的大房间之中，而我却在旁边哇哇地哭，那不是太没有理智了吗？所以我才不哭。"庄子在妻子死时，是曾经哀伤的，哀伤是情的表现，但当想到人死不过是自然的现象，自然的现象有什么可哀伤的呢？因此他就不哭了。后人都认为庄子妻死不哭而歌是无情，不了解庄子的情是寄寓在理里面。所以我们从表面看他是冷漠的，其实他是一个至情的人。

从死生的事情中，后人以为庄子是一个不修边幅、不讲礼教的人。有一次，子桑户死了，他的朋友孟子反、子琴张在旁边唱歌，去吊丧的人看了，很不以为然，就问说："对着朋友的尸体唱歌，合乎礼吗？"孟子反、子琴张相对笑笑说："你知道什么是礼的意义吗？"这里有两个"礼"字，一般人所认为人死当哭，是儒家的礼。孟子反、子琴张所问礼的意义是什么？那个"礼"字，指的是道家的礼，"礼"的本意是"理"，就是道理的“理”。儒家所说的礼，是人理，其本质是纯情，所以说，丧，与其易也，宁戚；道家所说的礼是天理，其本质是理智。按人理说，人死应该尽哀，父母之丧，要泣血三年；朋友之丧，要睹陈根才绝哭。按天理说，人死是自然现象，由生到死，由死到生，和春夏秋冬、白天黑暗的天理循环一样，所以人死不值得大惊小怪。对着朋友尸体唱歌，依着孟子反和子琴张看来，和世俗对着尸体痛哭，并没有什么不同，所以反问说：“你知道什么是礼的意义？”由此可见，庄子的感情是建筑在理智上，也因为太理智了，所以反把感情掩盖了，好像是没有感情，因此就认为他与世俗礼教相违背。其实庄子何尝无情呢？魏晋时人士不修边幅、浪漫放纵、肆情酒色、违反礼教，像阮籍就说：“礼岂为吾辈设哉？”其实阮籍所说的礼，只是逃避现实的礼，不是庄子所说的“礼”的本意。庄子认为“礼”是天道的自然，人死了，是天道的自然，所以认为“人死了，就像安睡在天地的大房间中，而人在旁边哇哇地哭，那是不通达性命演变的道理”，所以人死不哭也是礼。其实庄子因为贫穷常穿破补衣服，说他不修边幅，还勉强说得通，说他违反礼教，那是冤枉了他，庄子本身就没有立场，他是不反对任何东西的。

以庄子的博学、才辩，要想取得富贵，可以说是易如反掌折枝的事。在当时，游士得势，稷下辩士，个个列第为大夫，他的好朋友惠施，梁惠王尊他为“仲父”，就是吕不韦也有“珠履三千客”，但是庄子却不屑为，他宁愿推辞千金重聘，过着困苦的漆园小吏的生活。这固然是环境造成，但也和他的个性有关，不过这两者是有关联的。他之所以自甘淡泊，不慕显贵，是认为人之所以终日忧愁不安，都是因为有了富贵，终必招致系累，就像那皮毛丰美的狐狸，和身上有彩纹的豹子，在山林中栖止，在岩穴里藏匿，可以说是寂静了。夜晚出来，白天伏居，可以说是小心了。即使饥渴不堪，也要远到没有人的地方去觅食，可以说是谨慎了。然而还是不能避免罗网和机辟的祸害，那是什么原因呢？就是因为身上有好看的纹皮给它带来的灾害啊！庄子之不求富贵，就是不愿受到因富贵所带来的连累。他很坚决地告诉楚王使者说："你没有看到郊祭的牺牛吗？被人豢养了好几年，披着纹绣，牵入太庙，当要祭祀宰杀它的时候，即使想做一只自食其力的小牛，那可能吗？"富贵固然好，但因富贵而带来的灾祸降临身上的时候，那时恨当初不该贪图富贵也追悔不及了。富贵会带来祸患，是当时的时代造成的，在那个国君昏庸臣下悖乱的时代里，做官实在也不是一件容易的事，说不定就有料想不到的灾祸降临到你的身上。这样的环境，也促成庄子断绝仕途的意念。他要远离人间，过着孤独寂寞的生活。朱子说："是他见得方说到"。庄子确是有见，他体会到"有人者累，见有于人者忧"的道理，所以要到遥远的"无人之野"、"建德之国"去。当然，庄子并不是想逃避现实的人生，到一个荒山无人的地方去。庄子只是想从现实的生活中作自我的摆脱，现实只是寄寓而已。他所追求的故乡，是"无何有之乡"。从"送君者皆自崖而反，君自此远矣"的境界中，我们可以体会到一个孤单、清高、幽远、庄严、倔强的老人，乘着莽眇之鸟，游在"无何有之乡"。李白曾说自己是"天上谪仙人"，既是"天上谪仙人"，那人间便是寄寓，庄子则既不属于天上，也不属于人间，他是在"太极之先而不为高，在六极之下而不为深，先天地生而不为久，长于上古而不为老"，他像是在这世间之中，又像是在这世界之外，令我们无从去捉摸他，所以要说明他的个性是有困难的。从庄周梦蝴蝶的故事看来，庄子好像是一个风度翩翩的名公子；从庄周游雕陵之藩的故事看来，庄子好像是一个敏锐世故的感叹家；从庄周妻死鼓盆而歌的故事看来，庄子是一个乐天知命的达观者；从“庄子与惠子游于濠梁之上”的故事看来，庄子又是一个析理精微的辩论家。庄子是哲学家又是文学家，是辩士又是诗人，他是讽喻的能手，他又像儒雅的高士，我们实在不容易去说他个性的趋向。他去来如风，突然间狂风怒号，如波涛夜惊，使人惧栗；忽然间又风止云散，如秋空夜月，令人可亲。乍看他似是悲观消极，其实是乐观进取；初看是冷漠严苛，其实是恳切热情；初看是恣纵荒唐，其实是纯真平实；似乎是出世，其实是入世。近人钱宾四先生说：

庄周似乎是太聪明了些，他那一卮水，几千年来人喝着，太淡了，又像太冽了，总解不了渴，反而觉得这一卮水，千变万化的，好像有种种怪味，尽管喝着会愈爱喝，但仍解不了人的渴，究不知，这两千年来，几个是真解味的，喝了那卮水，真能解渴呀！（《中国道家思想的开山大宗师——庄周》）

这几句话可以作为庄子个性的写照。

3. 时代背景

要说明庄子的时代背景，我们得先了解他的生卒年代。关于庄子的生卒年代，后世学者议论纷纭，还没有一致的结论。现在我先把各家的意见列表出来，以便说明。

庄子生卒年异说表

主张者	生年	卒年	所见书刊	备注
胡适		公元前二七五年左右	中国古代哲学史	商务印书馆一九六六年十月二版
钱穆	公元前三六八年至三五九年之间	公元前二八九年至二七九年之间	庄周生卒考	一九五六年六增订香港中文大学出版《先秦诸子系年》
梁启超	公元前三七〇年左右	公元前三一〇年至三〇〇年之间	先秦学术表	一九五七年十月台一版《诸子考释》
叶国庆	公元前三六〇年左右	公元前二九〇年左右	庄子研究	商务印书馆一九六九年八月人人文库二五六号
郎擎霄	公元前三九〇年至三七〇年之间	公元前三一七年至二九〇年之间	庄子学案	台湾泰顺书局影印本
胡哲敷	公元前三八〇年左右	公元前二八六年左右	老庄哲学	中华书局一九六二年四月一版
马夷初	公元前三七〇年	公元前二九五年	庄子年表	
木村英一	公元前三七〇年左右	公元前三〇〇年左右	世界大思想第二集	日本河出书房昭和四十四年七月再版
小川环树	森三树三郎	公元前三七〇年左右	公元前三〇〇年左右	世界名著第四册
牧野谦次郎	公元前三八五年	公元前二九九年	庄子国字解	大正三年七月早稻田大学出版

福永光司	公元前三七〇年	公元前三〇〇年左右	中国古典第七册庄子内篇	

庄子生卒年《史记》本传没有记载，只说他与梁惠王和齐宣王同时。梁惠王就是魏惠王，据《竹书纪年》说他在位五十二年，自周烈王六年（公元前三七〇年）到周慎靓王二年（前三一九年）。齐宣王据《史记》说他在位十九年，自周显王二十七年（前三四二年）到四十五年（前三二四年）。《史记》又说楚威王派人敦请庄周出来为相，楚威王在位十一年，从周显王三十年（前三三九年）到四十年（前三二九年）。根据这些记载，我们可以说从梁惠王即位的那一年开始到齐宣王逝世时为止，也就是从公元前三七〇年到公元前三二四年，共有四十七年这一段时间，是庄子在社会上活动的时间。但在常识上说，庄子与梁惠王同时，不会在他即位的那一年出生，应该要早一点，现在假定庄子比梁惠王即位早十年出生（前三八〇年）。楚威王聘庄子为相的时间，根据焦竑说是在周显王三十年（前三三九年），那一年庄子是四十二岁。据钱宾四先生推定庄子约在周赧王二十六年至三十六年之间去世。朱子则说庄子大约与孟子同时，孟子年表说孟子寿九十七，现假定庄子寿九十岁，则当于周赧王十四年（前三〇一年）左右去世。这种推断，虽然不是十分可靠，但也颇合乎情理。

如上所述，庄子是活动在梁惠王和齐宣王在位的时候，刚好那个时代正是到处战争，社会极端混乱，所谓“杀人盈城，杀人盈野”的时代，加以连年荒岁，百姓流离失所，逃亡四方，而在上位的诸侯及大臣，只知道唯利是图，而且还自以为是仁君哩！就像齐国的田成子杀了齐简公，窃据了齐国，子孙世代做齐国的国君，小国不敢非议，大国不敢讨伐，他却像尧舜一样的安宁。庄子处在这种的时代，所以他一面讥笑所谓聪明人看守财物，却是替大盗在那里看守；一面又慨叹在位的人，抛弃淳厚朴实的百姓，喜欢狡黠技巧的人才，不用恬静淡泊无为的政策，反而喜欢表现才能去教诲别人，于是天下就大乱了。

由于社会混乱的结果，据说，当时百姓死亡的，满沟遍野。当然，也有许多仁人义士想要挺身而出替百姓做一点事。可是，当时的国君，大多数都是昏君。他的聪明可以发现别人的错误；他的智慧足以掩饰自己的罪行，使臣下开口不得。即使有少数敢直言劝谏的臣子，也会被国君挑剔他的错误，迷惑于国君的才辩，心意慌乱，于是屈服在国君淫威暴力之下，还能说些什么呢？在这种情势之下，臣下要是劝谏，必定会危害自身，要是不劝谏，又会危害自己的国家，真是进退两难，不知如何是好？庄子深深体会到时势的艰难，他想到夏朝的关龙逢，商朝的比干，不就是因为要爱护国家、爱护百姓，阻止国君残暴的行为，因而遭受到刑戮的吗？想要表现自己才能，为国家尽一点心力，又有杀身的危险；不表现自己的才能，在社会上立足也有困难，社会上许多人都要说什么干傻事的都是宋国人，环境如此，逼着庄子只好在僻处自说。庄子不是明显地告诉楚国的使者吗？做官有杀身的危险，就像祭祀的牺牛一样，终必会遭遇杀身之祸的。在另一方，做官的人，不是钩心斗角患得患失像惠施一样，唯恐被人夺去相位，就是像曹商一样的先有具备逢迎吹拍的手段，才可以得到车乘仆从的享受。这都是庄子所不屑为的。当时仕途的风气，也就不言而可喻了，在那种的情况之下，即使庄子要想做事，叫他如何去做呢？所以庄子考虑到人是要表现才能呢？还是不要表现才能的问题，表现才能与不表现才能一样的在世间留有痕迹，都有受到祸患的可能，那么处在“才与不才之间”好了。但是“才与不才之间”，像是迎合当时时代的环境需要，其实也不是最好的办法，那只是一个不左不右不东不西的调和者，调和者只不过是个乡愿罢了。而且就是调和者也还是留着痕迹，都有遭受祸害的危险，这都不是僻处自说的庄子所乐意做的，最后他才想出要“乘道德而浮游”。那是忘掉自我，随顺着自然去安排的境界。唯有这个办法，才可以应付那极端混乱无穷变化的社会需要。

在另一方面，政治混乱的时代，也正是自由思想萌芽勃兴的时期。在庄子的时代，因为战争的结果，兵家思想兴起，孙吴的兵法，就在那时流行着，因为要解决战争时国与国之间的复杂关系，纵横家也应运而生，为了想用重法治乱世，商鞅之法也因而产生。有人看着战争的残酷，人们只知道有自己，不知有别人，甚而君臣父子都不相爱，而兼爱非攻的墨家之学也正盛行着，与兼爱相反的极端自利的杨朱学说也跟着而起，庄子所处的时代真可谓是诸子并起，百家争鸣。庄子眼看这纷杂的百家思想，当然不能没有感触。他想各家之所以纷争，是因为只看到自己的“是”，没有看到自己的“非”，只看到别人的“非”，没有看到别人的“是”。都以自己的“是”去攻击别人的“非”。这样下去，永无了期。他认为宇宙间的事物，本来就没有绝对的看法，你认为好的，别人或许认为不好；破坏的反面或许就是成功，成功的反面也许就是破坏；以树木而论，被砍下来是破坏，把树木造成桌子又是成功。由桌子的立场看是成功，由树木的立场看是破坏，世间上本来就无所谓成功与破坏。世人在争辩不休那只是曲士之见，庸人自扰而已。所以说：

"辩也者，有不见也"。因此他主张要"照之于天"，照之于天就是任由自然，是者是之，非者非之，根本不必去辩论它。庄子就在这思想发展，也是思想纷争的时代里。庄子似乎是要建立一种学说以涵盖诸子百家，就像大风起时，树木的空窍、山陆的洞穴发出各种各样不同的声音，但当大风停止了，许许多多的空窍洞穴都寂静无声了。他的学说理论，就是要像大风一样，他要控制诸子百家的争鸣，使他们和洞穴一样的发不出声音来。所以他一面说明诸家争端的可笑，举那"朝三暮四"的猴子为例：给猴子早晨吃三升橡子，晚上吃四升，它就愤怒；早上给它吃四升，晚上吃三升，它就高兴，其实"朝三暮四"与"朝四暮三"名实都没有什么不同，而猴子却忽喜忽怒起来。那争辩不休的人，就和猴子一样，所争的结果，到头来还是相同的。另一方面他提出根本消灭争辩的办法，那就是教人无辩，所以说"大道不称，大辩不言"，任何事物都有它是非的两面，了解事物的本源，任由事物的是与非，不加以区别争辩，那就近于大道了。

庄子虽然没有提出一个具体的办法来涵盖各家的学说，但是他这不提出具体的理论也就是他涵盖各家学说的具体理论，因为庄子深深知道一提出具体的理论，就难免与各家对立，自己也变成争端的一分子，成为各家攻击的对象，就不能涵盖各家的学说了。庄子既与孟子同时，而攻击异端最激烈的是孟子，但孟子中却没有一字提到庄子，可以看出其中的原因。不单是孟子没有提到庄子，就是其他各家提到庄子也都寥寥可数，荀子批评他"蔽于天而不知人"，在某一观点或许是对的，但荀子哪里知道，"不知人"正是庄子学说的主要点，因为一提到人，就要参加争辩的纠纷，只提"天道"不涉人事，就不会有是非的纠纷，这是庄子聪明的地方，也是庄子想在战国诸子纷争最剧烈的时代，提出止息争端的唯一办法。一时代有一时代的思潮，一种思潮的产生，必有其背景，我们了解庄子所处的时代背景，了解庄子想要涵盖诸子百家的学说的心志，那对于庄子的思想，就不致隔阂了。

二、庄子的著述

庄子的书《汉书·艺文志》记录有五十二篇，其中内篇七，外篇二十八，杂篇十四，解说三。据《经典释文·序录》说是由淮南王的门下客编定的，晋司马彪和孟氏都替它作注，就是那个本子。以后其他诸家，有晋崔譔注的，《释文》说是二十七篇，内篇七，外篇二十，没有杂篇。向秀注的，《隋书·经籍志》说是二十卷，《释文》说是二十六篇，也没有杂篇。除此之外，据《释文》的记载，恐怕还有班固的本子，《北堂书钞》和《艺文类聚》都引有班氏难庄论残文。不过这许多本子，都已经失传了，无从了解其中篇章的次第，现在流传的，只有郭象注的本子，共十卷三十三篇，其中内篇七，外篇十五，杂篇十一。根据日本高山寺卷子本郭象的后序说："庄子闳才命世，文辞英伟，正言若反，所以一曲之士不能畅释宏旨，于是就妄窜奇说，其中一部分或似《山海经》，或似梦书，辞气鄙背，没有深意，所以就合并篇章，或是把它删掉了，剩下现在三十三篇的本子，比《艺文志》所著录的少了十九篇。"可见现在流传的郭象注三十篇的《庄子》，也不是《庄子》原书的本来面目了，而《庄子》分内、外、杂篇，恐怕也不是原书的样子，大概是在魏晋的时候了。把著述分为内、外两部分，汉魏六朝人有这种习惯，如《汉书·淮南王传》说“淮南王作内书二十一篇，外书甚众，又有中篇八卷”。后汉时把谶纬之学，叫做内学。据章怀太子说，是因为事情秘密，所以叫做内。后来释子自称佛经叫做内典，而一般学者称佛学叫内学；把佛经以外的经籍叫外典，或叫外学。晋葛洪把所著的《抱朴子》分内外篇。根据这些记述，所以后人认为，书分内外篇是两汉魏晋时的风气，把内容比较难懂隐秘，不是一般众人所能了解的叫内篇，可为一般众人所了解的理论叫做外篇。《庄子》成书的时候刚好受到当时风气的影响，而《庄子》的内容正是属于隐解、玄风一类的理论。因此把本来不分内、外、杂篇的五十二篇，也分为内、外、杂篇三部分。成玄英也说：“内篇专谈理论的本源，外篇则叙述事迹”，理论本源是比较难懂的一部分，叙述事迹则易为一般所了解。这种见解，显然是受魏晋时分篇风气的影响。不过，我们观察现存的《庄子》本子是否也受这种见解所支配呢？其实也不然，现存的郭象注本中，内篇不一定都是难懂的理论，外篇也不一定都是叙述事迹，所以成玄英接着又说：“内篇虽是说明理论本源，不无事迹，外篇虽是说明事迹，也颇有奥妙的理论。”所以依内容的难易作为《庄子》分内、外、杂篇的根据也是不可靠。后来许多研究《庄子》的学者，都受了内篇难、外篇易观念的影响，不去考证事实，千篇一律的以为外、杂篇不过是解释内篇的理论而已。例如：罗勉道在《南华真经》循本《逍遥游》篇首注说：“内篇命意已足，外篇杂篇不过敷演其说尔”。林西仲也说：“《庄子》全部以内七篇为主，外篇杂篇，旨各分属，而总不离其宗”。潘基庆《南华经集注》甚至认为只要解释七篇，其余就没有什么可解释的了。释性涌南华发覆更明白的划分内外，认为内篇论道，外篇论德，道之真以修身，德只是发挥道的绪余而已，就是颜师古《汉书注》也说：“内篇论道，外篇为杂说”。甚至有许多学者注解《庄子》，只注内篇，不解释外、杂篇。类似这些情形很多，不胜列举。然而这些意见，也都是各人主观的看法，虽不足用以说明《庄子》分内外篇的标准，但并不影响《庄子》内篇的重要性。我们假使换一个角度就内外篇的系统来说明其区分的原因，或者比较客观些。我们知道，庄书从汉代到魏晋，其中可能经过多次的编集，所以《经典释文》以及《隋书·经籍志》列举很多种篇数不同的本子，篇数既然不同，内容也不一定一致，郭象说“偏见的人，妄自窜入诡异的学说，其中奇巧杂乱的约十有二三”，可以想象到各本混乱的情形。这许多不同的本子，其中内容不知是经过多少次的删改收集，或是失而复集，集而复失，而成为现存的本子。我们就称现存的本子为庄学的论文集，也并没有什么不可以。但就形式说，内篇都是有题目的，外、杂篇只随便取篇首的二字或三字为标题。而各家的本子尽管不同，内篇七篇却还是一致的，所谓“内篇众家并同，其余或有外而无杂”，《庄子》的本子虽然混乱，内七篇却不会有多大的改变。这样说。内篇即使不一定都是深奥的理论，而被后人认为庄子所著述，大概是可以确定的。各家之所以重视内篇，并不是没有道理的。就内容上说，内七篇是一组很有系统的庄子哲学思想，说它是庄子所自著，应该是可以相信的。至于外、杂篇那就很难说了。自从苏东坡提出《让王》、《盗跖》、《说剑》、《渔父》四篇言辞肤浅，不合义理，不是庄子的作品之后，很多学者都赞同。像明代的罗勉道、宋濂、郑瑗。清代的王夫之、姚鼐、王先谦都提出令人可信的论证。

（1）罗勉道《南华真经循本·逍遥游》注说：“《庄子》

五十二篇，郭象已经辨其内容巧杂，有十分之三。现在所存的三十三篇，苏东坡氏又以《让王》、《盗跖》、《说剑》、《渔父》为伪作，而认为《列御寇》篇当接在《寓言》篇之后，合为一篇，论说很精审，但是我认为刻意、缮性文辞也很肤浅，不是原书作品，应该只能定为二十六篇。”

（2）宋濂《诸子辨说》：“《盗跖》、《渔父》、《让王》、《说剑》等篇，和前后文都不相似，疑是后人的作品混进去的。”

（3）郑瑗的《井观琐言》也说：“古书说《庄子》的《让王》、《盗跖》、《说剑》等篇，都是后人作品掺杂进去的，现在考察这几篇的文字、体裁，是可以相信的，如《盗跖》这一篇，非但不像先秦的文字，也不像西汉人的文字，但自太史公以前就有这几篇，这就令人不知道了。再看前面的《马蹄》、《胠箧》等篇，文意也平凡浅近，和《逍遥游》、《大宗师》等篇比较，很不相同。私意其中只有内七篇是《庄子》本书，其余外、杂篇等二十六篇，或是庄子门徒所写，附在后面，大概《庄子》一书并不是一个人所写的。”

（4）明人李贽《焚书》说：“外篇、杂篇是秦汉间道人的口气。”

（5）王夫之《庄子通》说：“《让王》四篇是伪作，文辞鄙信不可通。”

（6）姚鼐《庄子章义序目》说：“《庄子》五十二篇，固然有后人掺杂的部分，就是现在经郭象所删的本子，也还有杂入可以决定辞义不是庄子所自作的部分，这样说，被郭象所删的十九篇，恐怕也有庄子所写的被郭象删掉了。”

（7）焦竑《焦氏笔乘》说：“内篇非庄子不能写，外篇、杂篇则后人掺杂进去的很多。”

综合以上各种的说法，内篇是庄子自己写的，可以说是没有反对的意见。直到近代才稍稍有人对内篇提出怀疑，比较具体的，一个是叶国庆的《庄子研究》，认为《人间世》不是庄子所自作，列举几点理由，最重要的是说《人间世》的思想与庄子思想不类。其次是近人的《庄子探源》，列举司马迁所见的《庄子》，没有提到内篇是庄子写的，反而说外、杂篇的一部分是庄子写的，以及从《庄子》的篇名和题目上来说明内、外篇的先后。他认为较早的作品是没有题文的，以后才有贯穿全篇的题目。而《庄子》内篇都有涵盖全文意义的题目，外篇都是以篇首头两个字或三个字作篇名。可以看出内篇较外篇晚出。不过这许多意见不能令人相信，《人间世》是说明处乱世如何自全之道，宣颖说："《人间世》不外乎有二端，一是如何与人相处，一是自己如何处世。与人相处在于不见有人，不见有人则无往而不可，前三段就是说明这件事。自己处世在于不见有己，不见有己则任何地方可以藏身，后面四段就是说明这件事。"其实无论与人相处或是自己如何处世，其中心主旨不外乎一个"虚"字而已。如果了解"虚"的妙用，则一部《庄子》的主旨都在那里了，内容思想正与《逍遥游》"无己"的含义相符。叶国庆氏说《人间世》所述的"古之至人，先存诸己，而后存诸人，所存于己者未定，何暇至于暴人之所行"那几句和庄子意思不合，不是事实。"先存诸己"句虽似脱自《大学》，但庄子著书，本为寓言、重言、卮言，不必拘于何家字句。所以叶国庆怀疑《人间世》不是庄子的作品的理论，是不能成立的。至于近人认为司马迁未提到庄子作内篇，倒说到庄子作《渔父》、《盗跖》、《胠箧》等篇的话，这不足为内篇不是庄子所自作的证据，我们何尝不可以说司马迁是根据《庄子》外、杂篇的材料写成《庄子传》呢？何况司马迁所写的《史记》不一定就是信史哩！再说到篇名和题目，不能说最早的文章一般都用开首两个字作为篇名，以后才有顾名可以思义的题目，《墨子》的《兼爱》、《非攻》等篇，就是顾名可以思义的题目，而《孟子》的《梁惠王》、《公孙丑》等篇，却是以篇首的头三字为篇名，我们如何可以证明《墨子》的《兼爱》、《非攻》篇比《孟子》的《梁惠王》、《公孙丑》篇晚出呢？《庄子》内篇无论就各方面的观察，它是一个完整的哲学体系。《逍遥游》篇是庄子自述对于人生的看法，庄子的人生观，就是逍遥游，人之所苦，在于功呀、名呀、己呀，所以篇中提出“圣人无名，神人无功，至人无己”，而“无己”又是全篇的纲领，人能“无己”就逍遥自得了。这也是庄子一生的大本领，所以为全书之首。《齐物论》提出泯灭是非，玄同彼我为立论的前驱，也可以说是庄子的宇宙观和认识论，是庄子哲学的主要部分。《养生主》，主就是真宰，不是形骸，所以养生主就是养真君。至于养的原则是“以无厚入有间”，才能“游刃有余地”，实质上也就是游于虚。这样，才能处世而又不为物所伤。《人间世》是讨论处世哲学，和《养生主》恰好相为表里，《养生主》是谈出世之道，《人间世》是谈处世之道，要出世必于涉世，应接事物，触景生变而不受系累，那才算是真正的逍遥。《德充符》篇是庄子的道德论，所谓道德，也就是充满道德不在于形体。人世间的万端祸患，是由于形骸，如果忘掉形骸，那就没有祸患了。全篇都在说明“忘形”以全德的道理。《大宗师》篇是庄子论道和得道的纲领，得道的人，翛然而去，忽然而来，顺应天命，毫无牵挂安排，这才是可写可师的人，因此称为大宗师。《应帝王》篇说明治世本应无为，无为则可以游于虚而不可测，有为则凿破混沌反有大害，唯有无为之为，才是万物化生的枢纽。这篇是庄子的政治论。从《逍遥游》到《应帝王》篇，内容是一线相承的，换句话说，七篇文章可以一“虚”字贯穿起来。《逍遥游》是游于虚，《齐物论》是齐于虚，《养生主》是养于虚，《人间世》是处于虚，《德充符》是和于虚，《大宗师》是宗于虚，《应帝王》是治于虚。假使从庄子的道的观点来说，那《逍遥游》可以说是道之大，《齐物论》是论道之本，《养生主》是说道之功，《人间世》是明道之用，《德充符》是说道之验，《大宗师》论得道的人，《应帝王》体会道之治。从各方面来看，内七篇的思想体系都是一贯的，说不是庄子写的，谁能相信呢？在文章方面说，内篇文字汪洋浩瀚，气势衔接，义理的泓深，才思的精辟，不是庄子是写不出来的。不过，《庄子》经过后人多次的编集，难免有后人掺杂片段进去的文字，这大概是可以肯定的。

至于外、杂篇，许多学者都说是解释庄子的。除上面列举各家外，其余如：

（1）刘咸炘《子疏说》：“七篇相连贯，义已包举，外、杂都是敷衍内篇之义。”又说：“大抵内篇似庄子所著，外、杂则师徒之说混杂在一起，凡诸子书都相同。”

（2）梁启超的《伪书真伪及其年代说》：“《庄子》一书，内篇是庄周所作，外篇是后人注解庄周的书，抄书的抄了内篇，又把注解一并抄下，统名之为《庄子》。”

（3）清周金然《南华经传释》说：“谛阅南华，是自己写经，自己作传，其意在内七篇，至外篇杂篇；无非引申内七篇。”

（4）胡哲敷的《老庄哲学》说：“除内七篇确为庄子手笔外，外篇杂篇就有很多是庄子弟子，或庄子学派的学者所为。”

类似这些意见很多，值得注意的是清周金然氏的意见，他认为内篇和外、杂篇都是庄子所述，内篇为经，外、杂篇为传，把外、杂篇依性质分配在内七篇之下，这种肯定的见解，是不能令人相信的。外、杂篇固然有某些部分是在阐释内七篇的理论，但不是全部的，其中也有许多地方是在发挥老子的学说，譬如《胠箧》篇和《在宥》篇，篇中极力反对“圣人”、“仁义”，和庄子思想不尽相合，并且都是在解释《道德经》的思想。其他《刻意》篇、《缮性》篇，讲述“吐故纳新，熊经鸟甲”的动作，都是秦汉间导引之士的学说，和庄子思想不合。所以要说外、杂篇都是庄子所写，是有困难的。其中最复杂，后人讨论最多的恐怕要算是《天下》篇了，这当然是因为《天下》篇本身是篇重要的文献，它是先秦学术思想的总结，也是古代学术分期的标准，而又安排在全书最后一篇，所以很多学者都认为是庄子的后序，说是《庄子》书的后序，是可以肯定的，问题是这篇后序是什么人写的？是庄子自己写的呢？还是编《庄子》书的人写的呢？这就要费笔墨了。黄锦鋐的《庄子读本》曾经收集各家的意见，共有六十余种，其中除孙道升在《正风》半月刊说是郭象为他自己删定的《庄子》所作的后序，还有谭戒甫《庄子天下篇的研究》说：“自惠施多方以下为《惠施》篇，其余为淮南王《庄子要略》的改名”以外，一部分认为是庄子所自作。自林希逸、陆西星、罗勉道以及姚鼐、梁启超、胡远浚等有四五十家都是相同的意见，反对《天下》篇是庄子自作的大都不能明确地指出是谁的作品，这大概是因为年代久远资料不足，只能推测罢了。说《庄子·天下》是郭象写的，这是不可能的，因为郭象自己注《天下》篇庄子学术时说：“庄子通以平意说己，学说他人无异也。”郭象是肯定《天下》篇为庄子作品，并且替它作注的。说《天下》篇是淮南王《庄子要略》的改名，只是推测罢了，不能据为定论。其他说《天下》篇是庄子写的也好，不是庄子写的也好，都不能提出有力的证据。不过，就内容来判断，可以说是秦汉时儒家所写的，大概是可以相信的。

总而言之，要说明外、杂篇每篇的作者是谁，是不可能的，就各篇的内容说，有时会掺杂两种不同的意见，近人刘汝霖认为“《庄子》一书不止庄子一人的思想，包括自庄子以至淮南时的道家思想”。如果把内篇除外，用这几句话来说明外篇的情形，那就再确当没有了。

三、庄子的思想

1.庄子的道和得道

庄子的道，是不容许人称说的，所以说："大道不称"。而这个不能称说的"道"，却是在未有天地以前它就存在着，换句话说，道的境界就是"未始有物"，或且说是"物之初"，甚至可以说连开始的迹象都没有。这样说，那个"道"势必是个"非物"了，然而这个"非物"才是个"物物者"，才是创造宇宙万物的原动力。因为主宰物的，它本身必定是个"非物"，假使物出生以前还有其他物存在的话，那么，物出生以前还有物存在的话，一直推衍下去，就没有穷止的一天，所以，物出生以前的一定是一个"非物"不可。而这个"非物"，却是永恒存在的东西。庄子是肯定宇宙间必定有一个掌管万物生死的主宰，它一面杀生万物，一面又生生万物。既然是有一个杀生者和生生者，那就必须肯定杀生者不死，生生者不生了。为什么呢。如果杀生者死了，谁来杀生呢？生生者出生了，谁来出生呢？所以，那个"非物"是不生不死超乎生死之外的永恒存在的东西。这个永恒存在的东西，就是庄子所谓的"道"。不过，这个"道"虽然是永恒存在，但是我们看不见它，它是无为的，没有形状的，可以师传而不可以接受，可以体会而不可以看见，它自己就是自己的本、自己的根。它生出了鬼神和上帝，生出了上天和大地，在太极之上而不算高，在六极之下而不算深，先天地存在而不算久，长于上古而不算老。它是个超时间超空间存在的实体，然而又看不见，但确实是存在的，所以我们可以称它为“抽象的存在”。这个看不见抽象存在的道，却是普遍存在的，它在蝼蚁中，也在稊稗里，也在瓦甓中，甚至在屎溺中都有道的存在。虽然道遍存于宇宙万物之中，但要去体会它，也不是一件很容易的事。说是道存在于蝼蚁身上，蝼蚁本身却不是道。譬如我们人体具备有百骸、九窍、六脏，那谁是人体最高的主宰呢？是每个部分轮流着做主宰吗？是特定的一部分器官做主宰吗？都不是的，是另有一“真君”主宰我们人体的。可以说，主宰人体器官的，是人体器官的本身，但人体器官不是主宰。庄子就是认为道就是事物的本身，但事物的本身不是道，换句话说，道是不可分离的，分离就不是道。庄子认为那主宰万物的道，和万物是没有界限的，然而物和物之间是有界限的，那是物的界限，没有界限的道就是寄托在有界限的物中。但是我们要明了，道虽然寄托在有界限的物中，而道的本身却是没有界限的。道是整体的，和物是不可分离的，所以庄子说，天地万物为一体。说天地万物为一体，那道已经包括在天地万物一体之中了，不能与天地万物一体分离，分离便不是一体，那就不是道。这也可以说是庄子的本体论。从认识论的观点看，庄子的道也可以说是“全”，它的本体是什么都有，但也可以说什么都没有。既然什么都没有，当然就没有任何界限、任何区别了。但是我们也不能把“全”看得太死板，因为有“全”必有“不全”，我们不能以人为的立场去看庄子的道体。佛家曾经说过，“玄指妙谛，不落言诠，一落言诠，便已失真”，这两句话，很可以说明庄子道的真实情状。

我们不容易说明庄子的道体真实情状，这大概是因为庄子认为宇宙的本体是不断在变化的，不容易去把握说明它，我们刚说现在，马上就成过去。这个变动的规律，冥冥之中有一个主宰在支配着，春夏秋冬，白天黑暗，周而复始，循环不已。万物的种类，都以不同的形状流传后代，始终循环，找不出它的端倪。而万物在生长的过程中，像是快跑，又像是奔驰，没有一个动作不在变化，没有一个时刻不在移动。所以我们以为宇宙是没有变化的，哪里知道冥冥之中在迁移，无时停息呢？万物也就在这个变化的过程中生长。因为宇宙的变化有春夏秋冬，白天黑暗，也因为有春夏秋冬，白天黑暗，万物才会生长。所以庄子的道虽是遍在，但又不是孤立的，必须相互循环依存，才能显出道的存在，所以说“道通为一”。庄子的道，往往归结于抽象的概念领域之中，这种抽象的概念与本体又是有依存的关联性。因为道要依存于物的本体，所以说，“名也者，实人之宾也”(《逍遥游》)。因为有关联性，不能明确的区别划分，所以说，“庸讵知吾之所谓天非人乎？所谓人非天乎？”(《大宗师》)，因此，要认识庄子的道，并不是事物之外的形式，也不是概念之内的形式，而是要在现实之内的形式与概念之中，去认识的现实的反映。可见庄子的想象力又是惊人的伟大，我们有时难免会“惊怖其言，不知河汉之所极”。所以庄子的道必须用内在的慧眼去体悟它。

庄子的道，虽然是这样的难以捉摸，但对于得道的境界，却很容易明白，只需了解一句话，就是“与道化合”。但怎么样与道化合却不简单，这要从庄子对宇宙事物的看法说起。庄子认为宇宙事物都是有待的，必定要达到无待的境界，才能逍遥。在动物说，无论是蜩，是学鸠，是尺鷃，都不能逍遥，就是大鹏何尝能逍遥呢？大鹏要等待风才可以飞。而所飞也不过是九万里的高空而已，不能达到无限的高空。在人来说，那些“知效一官，行比一乡，德合一君而征一国”的许多人，固然也像尺鷃、学鸠一样的局限在自然的范围内，就是宋荣子虽能“定内外之分，辩荣辱之境”，应该可以说是逍遥了，但他“其于世未数数然，犹有未树”，换句话说，仍有所待，所以也不能算是逍遥。至于列子能够“御风而行，泠然善也”，但也还是“有所待者也”，都不能达到逍遥的境界。那怎么样可以达到逍遥的境界呢？庄子认为必须“乘天地之正，御六气之辩”，才能“游于无穷，而无所待”。这里的“辩”字，郭庆藩认为就是“变”字，“变”和“正”为对文，“正”是永恒不变，“乘天地之正，御六气之辩”的意思，就是要掌握天地永恒不变的“体”，还要顺应六气变化的“用”，这样才可以逍遥。“乘天地之正，御六气之辩”，可以说是一体的两面，就像是几何学上的圆规一样，一脚不动，一脚在动，两个脚要紧密的配合，才能画出圆形来。从有待达到无所待的逍遥境界，中间要通过“无己”的过程。所以说“至人无己”，能够“无己”，那就能达到得道的境界而逍遥无所待了。

所谓无己就是不执着自己，消除对立，消除各种对立的差别，无论是大小、寿夭、美丑、贵贱、是非、成毁、有无、可不可，都把它们等同起来，消除了对立的事物，超出了空间与时间，而其无待的宇宙主宰的道化合为一，简单说，就是与道同体，道就是我，我就是道，这就叫做得道，达到得道境界的道人，就叫做真人。得道，也可以说是掌握了宇宙间变与不变的枢纽，可以随心所欲，游于无穷，他“不知说（悦）生，不知恶死”，超出于生死之外。古代的帝王得了道，才可以大有为于天下；天上的星象得了道，才能够永恒的存在；仙人得了道，就达到“莫知其始，莫知其终”的境界。当然，得道也还是有步骤的。这个步骤，是要透过内向的探索，尔后达到大通的境界。开始是要静守三天，达到置天下于度外的境地；已经把天下置之度外了，又再静守七天，达到置一切事物于度外的境地；已经把一切事物置之度外了，又再静守九天，达到置生死于度外的境地；已经把生死置之度外了，心境就能够像黎明时的天气那么清明，达到清明的境界以后，就能真正得到那绝对的大道了。得到大道以后，就能够没有古今不受时间的限制，没有古今以后，就能够进入不死不生的境界了。所谓把天下、一切事物、死生置之度外，也就是消除对立，这种功夫，庄子也叫做“坐忘”。“坐忘”就是要人“隳肢体，黜聪明，离形去智”。使人忘形、忘智、身智俱灭、物我两忘，达到空冥玄同的境界，这种工作还是基于心的作用，因此庄子又提出了“心斋”的问题。告诉人不要用耳朵去听声音，也不要用心智去辨别声音，要用“气”去领会声音。耳朵与心智的活动，只是外界感官的活动，所听到有限的具体的声音，不能容纳无限的一切万物抽象的声音。唯有虚空的境界，才是大道存在的境界，心灵能够达到虚空的境地，就是“心斋”了。

无己、坐忘、心斋，都是得道过程的代名词，得道才能“与道化合”。从这些说明，可以看出庄子的道是整体性像环一样的，无始终的区别。在圆环上，任何一点都是起点，任何一点也都是终点。就像我们说太阳从东边出来，从西边落下去，其实从东边出来的也不是真从东边出来，从西边落下去的也不是真的从西边落下去，太阳的出与入，还是同一位置没有变动的，人的看法有出入的不同罢了。庄子的道就是这样的，不管人们的说法有万千，道的本体还是如一，所以说 ：“万物都是出于机，万物又都入于机”，又说 ：“天地与我并生，万物与我为一”，“天地一指也，万物一马也”。因此我们要了解庄子的道，不是离自心外在境界去探求，也不是依靠自心的智识而认识。因为道的本身是没有形相的，但它却显现一切的事物，我们又不可认为一切的事物就是道的本体，譬如说，冰的本体是水，但冰的形相不是水。明白了这一点，那就近于庄子之道了。

2. 庄子的生死观

庄子认为宇宙一切事物的现象，都是相对的关系，有白天，必有黑夜 ；事有始，必定有终 ；人有生，必定有死 ；不断的循环，这都是宇宙事物的自然现象，是一种人力不能改变的事实。换句话说，不能随人为主观的意志，去改变那客观的必然性。就像白天和黑夜的变化，那是自然界必然的现象，不能用人的力量去改变的。白天黑暗是这样，那死生又何尝不是自然界的必然现象呢？在逻辑上说，死生既然像白天和黑夜，白与黑，自不同的角度看，有白黑的分别，从相同的角度看，白的也是天，黑的还是天，本质上是没有区别的。我们常认为生是从无变为有，所以觉得可喜，死是从有变为无，因此觉得可悲。殊不知人未生之前是个无，死后还是无，从无处来，到无处去，就像春夏秋冬四时的运行一样，周而复始。那人的生，有什么可喜 ；人的死，有什么可悲的呢？

不过，庄子开始也曾说过，“死生亦大矣”（《德充符》和《田子方》都提到），认为死生是一件大事，可能以后觉悟到人生像做梦一样，有时梦中又在做梦，当梦的时候，不知道自己是在做梦，梦中又在占梦，醒了才知道是在做梦，必定到大醒的时候，才知道我们一辈子都是在做梦吧！在我们现实的人生过程中，或是富，或是贵，谁知一觉醒来，原来是在做梦，“黄粱犹未熟，一梦到华胥”，正是我们人生的写照，庄子大概看到了这一点，所以把死生看得更平淡了。有一次，他自己忽然在梦中变做一只蝴蝶，当真是一只蝴蝶，自己觉得很高兴的飞舞，根本就不知道自己是庄周。突然间醒了，又是一个实实在在的庄周，他不知道到底是庄周梦做蝴蝶呢？或且是蝴蝶梦做庄周呢？庄子经过了这一次的经验，悟出了死生如一的道理来。他认为庄周和蝴蝶，这是有分别的，但还有一个没有分别的本体。那有分别的，只是事物的幻象而已，他称为“物化”；那没有分别的本体，才是绝对的，是永恒不变的。所以梦为庄周也好，梦为蝴蝶也好，都是物象的幻化。人生死的变化，就像梦中的幻化一样。所以我们在忙碌着当前的生活，满意着当前的生活，不愿意死亡，忧虑着死亡，在庄子看来，那是非常可叹的事。他以为人不愿意死亡，就像少年时离家，长大后不知道回家一样。所以我们不必忧虑死生的问题。死生是自然界变化的规律，像日月星辰的运行一样，我们只要顺应着自然的变化，一切任由自然去安排，不必把死生的问题放在心中终日忧忧戚戚的就可以了。

庄子这种死生如一的观念，是基于他对生命变化的理论。他肯定万物的产生，是从无到有，由植物变为动物，由低级而高级，然后又转化为无。至于生命的来源，他认为是由一种“几”，碰到水了以后就变成像丝样的草，名叫做“𢄼”，得到了水土就变成了青苔，生在丘陵上就变为车前草，车前草得到了粪壤，就变成了乌足草，乌足草的根变成了蝎子，它的叶子变成蝴蝶，蝴蝶很快就变为幼虫，生长在灶下，形状像脱壳似的，名叫做“鸲掇”，鸲掇经过了一千日变成鸟，名叫做“干余骨”。干余骨口里的唾沫变为斯弥，斯弥变成蠛蠓。颐辂虫又从蠛蠓虫中生出来；黄軦虫又是从九猷虫生出来的；瞀芮虫是萤火虫生出来的。羊奚草合不箰、久竹两种草，就生出青宁虫；青宁虫生豹，豹生马，马生人。不过庄子又以为“人”还是返回微生物“几”中去。这种万物都是由“几”产生出来的，万物又返归于生命的化机中，是庄子对死生看法一致的理论根据。万物生于“化机”，万物又返归于“化机”中，这是一种科学的规律，人的生死就是受这种科学规律的支配，无可挽回的，因此我们对死生问题的看法，应该顺应自然的规律，不必去担心它，更不必要去动感情，所以他反对因死亡而悲哀。但这也不是说庄子没有感情，对死生的大事都无动于衷。其实庄子的感情，是被理智掩盖起来，所以在表面上看似是无情。就以他妻子死这件事说吧！他自己说开始的时候何尝没有哀伤呢？哀伤则是情的表现，但当想到人开始的时候本来就没有生命，从没有生命变而有生命，现在又从有生命变为没有生命，这不过是自然的现象，既是自然的现象，那有什么可哀伤的呢？所以妻子死可以不哭，这是理智掩盖了感情。按感情说，人死应该尽哀；按自然规律说，人死只是自然变化的必然现象，那就可以不哭，非但可以不哭，而且可以高歌，因为那是人类返归本源的乐地，是一件值得高兴的事呀！他比喻人憎恶死亡，就像女子不肯出嫁似的。古代有一个丽姬，是艾地守封疆人的女儿，当晋国刚迎娶她的时候，她哭得像泪人儿似的，等她到了晋王的宫里，睡的是舒适的大床，吃的是美味的牛羊肉羹，这才后悔当初不该哭泣。哀伤死亡的，就和丽姬当初哭泣出嫁是一样。恐怕也后悔当初何必求生呢？他不但以人不必哀伤死亡，而且进一步说明人死后是快乐的。他认为人死后，在上没有国君的统治，在下没有臣子的烦扰，也没有四时的人事，安然和天地同始终，即使是帝王的快乐，也不能相提并论的。当然，我们要特别说明的，庄子认为死亡以后是快乐，可以对着尸体歌唱，并不是歌颂死亡，鼓励人生加速死亡。他只是强调死生是人类不可避免的规律，我们要忘掉死生的关头，把死和生看为同样的平淡，那才是真正快乐的人生。所以说，要“以死生为一条”。其实，人自出生时，就向死亡的途径上走，生存一天，寿命就减少一天，也可以说是死了一天。假使说是生存，那无时不是生存，死也是生的另一种转换说法。假使是死亡，我们无时无刻不在死亡。怎样算是生？怎样算是死呢？死和生是浑然一体的，甚至根本就否定生与死的存在。就整个宇宙说，像是一个大洪炉炉中的柴薪，虽然烧尽了，火焰还是不断地延续下去。我们个人的生命是有限的，但宇宙的生命是无穷的，宇宙生命的无穷，也就是我们个人生命的无穷。庄子的生死观从消极方面说，是任由自然的安排，流入宿命论。但从积极方面看，他似乎是在告诉我们说，个人的生命是有限的，社会事业是无穷的，应当以我们有限的生命，投入社会无穷的事业中，那我们的生命也就无穷了。这又是庄子生死观另一面的看法。

庄子不承认死生的分别，是基于他对万物一体的观念，他认为万物的发展，或成为物，或成为人，是没有必然性的，我们出生为人，或为物，只是个偶然而已，全由造物者做主，造物者给予我们什么形体都一样，把我们变成鼠肝也可以，把我们变成虫臂也没有什么不可以，一任自然，无有区别。人与物的不同，只是形相的不同，实质上是一体的。人与物既然相同，那生与死也不过是形相的变化罢了。形体是精神寄托的异物，把精神寄托在何种形体都是一样的，死生只是形体的变化罢了。在我们现实的眼光看起来，死与生的变化，是一个具体而又显明存在的事实，是一种令人感到可惊愕、可喜悦的现象。在庄子看来，死生则是一种自然运动的规律，是不可避免的，但也是不可知的，没有人知道死后是快乐的，还是不快乐的。也没有人敢说生存就是快乐的，譬如在梦中饮酒作乐的，早晨起来却碰到伤心哭泣的事；在梦中伤心痛哭的，早晨起来却有打猎的快乐。梦中的事都不可预料，谁又如何知道死后的事情呢？我们又怎么能知道死了的人不懊悔当初不该求生呢？但不管梦中过着快乐的生活，醒时遇着痛苦的事情，或是醒时过着快乐的生活，梦中遇着痛苦的事情。生时快乐，死后痛苦，或是死后快乐，生时痛苦，自我还是一样。梦中的是我，醒来的也是我；生存着的是我，死后的也是我，我还是我，并没有改变。形象有变化，自我是永久存在的，所以死生的变化并没有什么可悲喜的。这又是庄子对死生的另一看法。

3. 庄子的伦理观

庄子对于伦理的理想，是求超出相对的世界，逍遥于无限的绝对世界，终极的目的，是要达到至人、神人，或是真人的境界。这种至人，任何外物都不能伤害到他，洪水滔天不会被淹毙，大干旱时金石融化土山枯焦他也不觉得热。疾雷破山，飘风震海，他也不会惊恐。他能够乘云气，骑日月，到任何地方遨游，不受到世间任何的阻碍。他不知道喜悦生存，也不知道厌恶死亡，生下来就顺着而来，对死亡也不会拒绝，忽然地去了，忽然地就来了。这样的神人，是庄子修养的目标。但是，要怎么样才能达到这个目标呢？简单地说，就是要与道化合，道又是无形不可见的，所以要与道化合，必先达到“无已”的境地，基本的工夫则是“吾丧我”。“无已”和“吾丧我”可以说是庄子修养的主要理论。无已是对物而说；丧我是就个人而说。无论宇宙形形色色、林林总总的万物，是如何的复杂、如何的繁多，但从道的立场看，它是浑然一体的，假使“有已”就与浑然一体的道分离了，分离就是对立，那浑然一体的道就破坏了。就像我们人体一样，我们人体是由百骸九窍六脏结合而成的，如果人体某一部分离开人体而独立，那分离的固然是不成其为人体，就是整个的人体也遭到破坏了。所以庄子主张要消除对立，忘掉自己的存在，与那混合一体的道化合。丧我则是自我的丧失，自我的丧失，则不见有我，物我一体，以达到无我无迹以至于物我双忘的境界。无已是理论的说法，丧我则是实践的工夫，是庄子修养的最高境界。

但是，要达到这种境界，必先通过“心斋”、“坐忘”的工夫。什么是“心斋”？我们说“斋”是物的禁忌，像饮酒茹荤，祭祀时的物忌，“心斋”则是心里的物忌。要专一心志，对于外界的事物，不要用耳朵去听，要用心去听，进一步的，不要用心去听，而要用气去听，因为耳朵只能听没有意义的声音，心也只能领会幻灭无常的具体现象，气才是空虚而能容纳万物，唯有空虚才能体悟宇宙间一切没有声音的声音，而大道就存在于虚空的境界中，所以虚就是心斋。其实心斋也就是无已，颜回曾经说过，他没有达到心斋的境界时，实实在在感觉有自己的存在。体悟了心斋的妙用后，就不觉得有自己的存在了。坐忘和心斋，都是达到无己的工夫，不过心斋是直接的体悟，坐忘则是间接的去智，达到无己的境界是一样的。所谓坐忘，是摆脱自己的肢体，排除自己的聪明，离开形体，去掉智慧，和大道化合，也还是消除物我对立的工夫。庄子认为消除物我的对立，然后才可以逍遥于无待的境界。

人不能消除物我的对立，其源在于不能去成心。所以庄子又主张“去成心”。成心和佛家的执着相同，人一有成心，就会惑于现象而迷于真理。现象只是表达真理的工具，得达真理，则现象可忘。譬如：鱼笱是用为捕鱼的工具，捉到了鱼可以忘掉鱼笱；兔罝是捕兔的工具，捕到了兔可以忘掉兔罝。但是人往往迷于现象，不知本源，是非得失，从此而起，看任何事物都不会正确了。所以说，大道为什么会有真伪的分别，语言为什么会有是非的争辩？大道就是被小成有偏见的人隐蔽了才有真伪的分别，语言是被浮华巧饰的人隐蔽了才有是非的争论。因此有儒墨的是非都以自己认为“是”的意见去批评别人的“非”，自己认为“非”的意见去批评别人的“是”。这些争论，都是由于“成心”。成心，用现在的话来说就是主观，亦即俗语所说戴有色的眼镜，于是看外界的事物，都是有颜色的，不能得到正确的看法。今人喜欢说，用客观的态度来观察事物，就可以得到正确的看法，但事实上还是免不了主观，因为你说用客观的态度去观察事物的时候，已经有了主观的成见了。当你选择认为是“客观”的，还是你主观的意见。如果去掉成心，就无所谓主观，无所谓客观，也就没有是，没有非了。庄子认为是非都是由于“有自”才产生的，“自”就是我的意思。没有我见，就没有什么可不可、然不然，天地万物浑然一体，哪里有什么是非呢？世间所以有是非，是没有站在浑然一体的立场上，而站在自我的立场上去看事物，自我就是成心，也就是主观。人有了成心，看自己都是对的，别人都是不对的，于是纷争就产生了，这是庄子要去成心的最大原因。去掉成心，才能与浑然一体的大道化合，达到无待的境界。

人之有成心，固然是产生是非的原因，另方面说，但人之有欲念，也是产生祸害的因素。所以庄子又主张去欲，人有名利心，最有害于心术。有时我们认为利的，说不定祸害就在后面，因此说，安危是互相转换的，祸福是同时并生的。为了说明这个道理，庄子自己现身说法的告诉弟子们一个故事：

有一天，正巧到雕陵果园里去玩，看见一只异鹊，从南方飞来。翅膀有七尺寸，眼睛直径有一寸，碰到庄周的额上而停在栗林里。心里想，这是什么鸟呢？翅膀大而不高飞，眼睛大而不看人。于是就提起衣裳赶过去，拿着弹弓等候着射它。当这时，看见一只蝉，正隐在树荫，忘记了自己，有一只螳螂躲在树叶暗处，想要搏杀蝉，但是只顾抓蝉而忘了自己，因此鸟鹊乘机而搏它。

庄子说完这段故事的经过，接着又感叹地说：“物类只顾目前的利益，而忘掉身后的祸害，利与害本来就是相对的呀！”事实上，有时我们认为利的，说不定祸害就在后面。你认为是害的，说不定利接着就来。所谓“祸害的里面隐藏着幸福，幸福的后面潜伏着灾祸”。幸福与灾祸，在庄子看来，几乎是同时并生的，螳螂要是不想贪心抓蝉，鸟鹊也就无从乘机去搏它，鸟鹊如果不是贪心想抓螳螂，也不会招惹庄子去射它，这种利与祸都是同时产生的。所以说："安危是互易的，祸福是相生的"。在庄子看利的反面就是祸，祸的反面就是利，利与祸是一体的，同时并起的。所以庄子的去欲，并不是要人去欲，而是要人修养到无欲的地步，人能够无欲，那什么是利，什么是害，都看成一样了。一切都须着自然去进行，把利害看成齐一，哪还有什么利害的区别呢？所以说：以刑罚为身体，从容任自然去杀戮；以礼仪为羽翼，顺着世俗去行事；以智识为应付时机的手段，把一切事情看做不得已而随宜应付。就像春生夏长秋杀冬藏，任自然的运行去适应，不知道利，不知道害，修养到这样的境界，那才是庄子修养的极致。

因为庄子修养的目标是无己，他所说的"去成心"，也可以说是不立是非的心，没有自己的意见。他主张去欲，也就是说无所谓利欲。其实我们说庄子修养的目标是"无己"，也是不很正确的，因为"无己"与"有己"也是相对的，不过姑且这么说罢了。庄子修养的境界是"无何有之乡"，可以说连"无"都没有，也唯有连"无"都没有，才可以齐是非、齐利害、齐生死、与万物化合而不违，任随万物迁化，这样才不会受到祸害。就像船与船在河中并行，有一只船被空船碰到，即使是躁急的人也不会愤怒，假使看到有一个人在船上，就会呼喊把船撑开，叫一次没听见，再叫没听见，于是第三次叫，必定接着就骂起来，起先不发怒，而现在发怒，就是因为起先是空船，现在船上有人了。庄子认为人处世，也和"虚船触舟"的情形一样，如果能够"虚己"去应接世事，那谁也不能伤害到他了。"虚己"也就是"无己"。

总而言之，庄子的伦理观是"无己"，无论"去成心"也好，"去利欲"也好，终极的目的都是要修养成为与道化合的至人、真人、神人的境界。在至人、真人、神人的境界中，道涵盖了一切，我与道浑然一体，没有自我的存在，没有时、空的限制，然后逍遥在无边无际的境界中，这才是庄子修养的终极目标。

4. 庄子的知识论

因为庄子主张相对主义，所以也反对知识，他认为事物的本身本来是没有什么是非、美丑、善恶，一切的是非、美丑都是人给加上去的名称，当你认为是“是的”事物，那“非的”名称也就产生了；你认为“美的”，那“丑的”的名称也跟着而来。所以庄子教人不要用知识去判别事物。而且宇宙间的事物太多了，人类不能遍知，我们认为知道的事物，其实只是和我们生活接触有关的一部分，还有和我们日常生活没有接触到的事物，不知道有好多。自己认为知道的事物，也只是个人所接触到的主观的看法，不是事物本身客观的标准，所以啮缺问王倪，四问四不知。其原因就是以为天下没有共同的是非标准，什么是知呢？什么是不知呢？说不定不知就是知，知还是不知哩！所以只好回答不知，假使自认为知道，那儒家有儒家的是非，墨家有墨家的是非，各人都执自己主观的意见，以自己认为的是去攻击别人的“非”,以自己认为非的去攻击别人的“是”，天下什么是“是”的，什么又是“非”的呢？俗语说：“公说公有理，婆说婆有理”。主观的知识，不足以判断宇宙间客观存在的事物，《齐物论》篇说：“假使和你辩论，你胜了我，我没有胜你，你的认识果然是对的吗？我的认识果然是错了吗？我胜了你，你没有胜我，我的认识果然是对的吗？你的认识果然是错了吗？是我们两人有一人对，有一人错呢？还是我们两人都是对或者都是错的呢？我和你是不能知道的。人们都有所蔽而不明，我们请谁来做公正的批评呢？假使请见解与你相同的人来评判，他已经和你相同了，怎么能评判呢？假使请见解和我相同的人来评判，他已经和我相同了，怎么能评判呢？假使请见解和我和你都不同的人来评判，他已经和我和你都不同了，怎么能评判呢？假使请见解和我和你都相同的人来评判，他已经跟我和你相同了，怎么能评判呢？那么我和你及其他的人都不能知道谁是谁非，还等待哪一个呢？”我们对事物的看法，事实上正是如此，人的知识都是片面的，不可靠的，就是各人认为自己学术的成功，在庄子看来，也是小成而已，说不定“成”的另一面还是“毁”的呢！所以庄子主张放弃知识，而任由自然。而常常提出“照之于天”、“以明”、“寓诸庸”的见解，来补救智识上偏差的缺点。“照之于天”、“以明”、“寓诸庸”都是舍弃智识任由自然的代名词。所以庄子知识论的本质是主张去知。他认为形象是我们看得见的，声音是我们可以听得到的，世人往往以为那形象声音就是事物的真实，那是很错误的事。形象和声音只是事物的表面形态，不是事物内在的真实，事物外在的形态可以用知识去了解，事物内在的真实就不是用知识可以了解的了。譬如我们读书，书本里记载着种种的事实，可是书中所记载的事实，却不是代表所写事实的本身。而书中的事实与社会上实际的事实，也不是绝对相同的。所以读书不一定能够了解事实的本身。就像走路时会留下足迹靴痕，但足迹靴痕不是靴的本身，同时靴更不是迹。书本中的事实，只是表面的形象声音罢了，我们都可以用眼睛去看，用耳朵去听得出来，换句话说，庄子是认为外界客观存在的事物和人类主观的感觉是不相一致的。例如人体，自表面看起来是停顿在没有变化的状态，但时时刻刻血液在循环，造化者在明抽暗换，由壮而老，由老而衰，由衰而死，这都不是从表面的认识可以理解的。所以庄子认为宇宙的真实，不是用智慧可以理解的。但这也不是说庄子否定真实的存在，庄子是承认宇宙有真实的存在，不过那真实的存在，不可得而见罢了。所以庄子认为自我与外界存在的关系，要经历冥合的过程，不是运用知识。因为庄子根本的思想是“天地与我并生，万物与我为一”。假使运用知识，就是自我与大体分离，所以《齐物论》提出“吾丧我”以表明离形去智的意见。不过要特别说明的，庄子也并不是否定智识，庄子只是说明智识的不可靠，叫人要真知，什么是真知呢？就是止于他所不知的，那就达到知的极点了。宇宙间的知识范围太广了，而我们所知道的太有限了。用我们有限的知识，要想去了解宇宙间无穷尽的知识，那不是不可能的事。所以止于所不知，就是知的极点了。另方面说，庄子认为宇宙万物无时不在变动，所谓“万物以不同形相禅，始卒若环，莫得其伦”。我们说是这样，马上又变成那样了。今天的我和昨天的我，在感官上或许没有觉察到有什么地方不同，但其内在是不断地在变。动物是如此，植物矿物也莫不如此，小的像大地的土石，大的像地球的外壳，都在因环境的不同、气候的冷热而有收缩和膨胀的作用，山岩的风化，滴水的穿石，都可以说明万物在变动的真实。有时虚空，有时充实，没有不变的形体。岁月不能再来，时间不可留止，万物永远在生长、死亡、盈满、空虚的变化，开始后到终结，终结了又开始循环不已。万物的生长，像是快跑、像是奔驰，没有一个动作不在变化，没有一个时刻不在移动。我们从何去说明万物的真相呢？运用知识只能说明固定的对象，但所说明的对象却是不断地在变动，我们从何去判断呢？因此庄子以为倒不如不用智慧，任由万物本身自然的变化。由此也可以了解庄子所谓的真知，是不求实用的知识。所以我说庄子并不否定知识，只是反对知识的运用而已。《大宗师》篇说："知道天的作用，知道人的作用，那就达到极点了。知道天的所为，就是说懂得宇宙万事万物，是天所生的。知道人的作用，以他智能所知道的知识去保护他智能所不可知的精神，使自己享尽天赋的寿命，而不至于中道夭折，这就是极高明的知识了。"可见庄子不是看轻知识，也不是反对知识，而是崇尚知识的绝对性，反对世俗谈论应用的浅薄知识。唯有了解知识的绝对性，他才能看到远的，也看到近的，虽然小也不以为少，大也不以为多。因为他已了解物量的无穷，古今没有差别，所以对遥远的事物不能看到而不觉得苦闷，对眼前的事物可以看到而不企求，知道时间的流逝是永远而不停止的，以及天道盈虚消长的道理。所以得到了也不高兴，丧失了也不忧虑，因为知道世间事物随时变易而没有一定。人所知道的有限事物，不如不知道的无限事物多。能够具备这种的知识，才是真知，而不是供辩论判是非的应用知识。换句话说，真知才能知道天地的究竟，可以"上与造物者游，下与外死生无终始为友"，使他的生活，入于没有系累的境地。

总之，庄子的知识论，是注重真知，不是有限的应用知识。真知可以启发人生，了解"道通为一"，破除己见，开拓自我的生活境界，逍遥于无拘无束的畛域。实用的知识则是是非争辩的工具，是人类自寻烦恼的祸根，是大道分裂的本原。庄子的去知，虽然过于偏激，但就另一角度看，也未尝没有他片面的理由。

5. 庄子的政治观

前人都认为庄子是超绝政治界的，像南宋时的朱子（熹），近世的蔡孑民（元培）先生，都有这种的看法。《朱子语类》卷第一二五说："庄子只是僻处自说。"蔡孑民先生在《中国伦理学史》上说："庄子是超绝政治而纯然研究哲理的大思想家。"这种说法，固然都有其片面的理由，但不足以说明庄子是一个超绝政治僻处自说的思想家。庄子也认为人不能脱离政治而独立，《人间世》篇说："天下有两大法则，一是命，一是义。子女爱亲，这是命，是人的天性固结在心而不能解除的；臣子事君，这是义，无论何时何地都要受国君的统治，是人生无法逃避的，这就是所谓大法则。所以儿女事奉双亲，不管什么境遇，都要使父母安适，这是孝道的极点；人臣侍奉国君，不管事情怎么样危险，都要为国君致命，这是尽忠的极致了。"可见庄子在观念中也是主张有政治组织，百姓应该接受国君的管理，这是人生不可避免的事。问题是在于庄子的政治目标和政治的措施是什么？庄子的政治目标是标榜无为，纯任自然，反对用任何方法和手段去治理百姓。《人间世》篇虽然也提出奉事暴君要"小心谨慎，先求自己站得住"，但其终极目标还是归于"忘己"，忘己就是与宇宙化合，消灭物我的对立。追溯到万物没有产生的境界，在那个世界里，没有人我的对立，当然也就没有是非，没有争执，那是一个充满祥和朴实平静的社会，在那个社会中，当然就不需要什么权谋诈术了，甚至连日常生活应用的机械也可以抛弃不用。庄子认为人一有机事，就有机心，心地就不光明正大，社会的纷争必因此而起，所以主张要彻底抛弃机事，这大概是后人认为庄子超绝政治的原因吧！但是，我们要知道，庄子的政治目标是“无为”，处世的手段是“忘己”，这并不表示庄子就与世隔绝。因为他基本的理论还是道不逃物，“忘己”是己在此道中，在此宇宙中，未尝离开道，离开这个宇宙。既然己在此道中，在此宇宙中，那所看到的无非是道，所处的也无非是这个整体的宇宙，把自己与道化合，与宇宙合一，没有自己的存在，也就不会有自己的意见了。所以庄子的政治原则是没有固定的，一切都要顺应宇宙自然的变化，寄托于不得已而行动。这种没有固定的政治原则，也是庄子最高的政治原则，可以说是一种政治上的艺术运用，我们不能说庄子没有政治的理想。

庄子政治的目标是无为的思想，那么，他政治的措施是什么呢？庄子政治的措施，是根据他的相对及均平的观念，他认为宇宙的事物都是相对的，一般以为好的未必就是好，以为坏的未必就是坏。就像人住在潮湿的地方就腰痛，害半身不遂的病，泥鳅还以住潮湿的地方为乐。人住在树上就恐惧发抖，猿猴却喜欢住在树上，他们谁知道哪里是正当的住处呢？人吃牛羊犬豕，麋鹿要吃草，蜈蚣喜欢吃蛇脑，猫头鹰和乌鸦喜欢吃死老鼠，他们谁知道什么是真正可口的味道呢？毛嫱丽姬是人们认为最美丽的美人，可是鱼见了就避入水底，鸟见了就高飞空中，麋鹿见了就赶快逃跑，他们谁知道什么是天下真正的美色呢？既然是非不容易去判断，倒不如任由各人自由的发展好了。这是庄子治政的理论根据，所以他主张“无为”，任天下自治。个人的想法与做法那只是人为的私心，无为任天下自治则契合于自然的大道。以人为的手段去治理天下万物，那万物必定会受到损害。所以庄子认为治理天下，应该心情淡泊，神气恬静，顺应万物自然的变化，不用自己的私心，那天下就太平了。也唯有能实现无为的目标，才是治理国家的理想人物，百姓才会拥护他。那怎么样才算是无为呢？简单地说是功盖天下似乎和自己不相干，教化普及万物而百姓却像没有他一样，有其实而不能用称谓说出来，使万物各自得，他自己立乎不可测的地位，游于虚无的境界中。换句话说，也就是不去治理，任由自然化育天下，所谓“动而非我之谓治”。这里要特别提出说明的，一般人都以为道家的政治理想是“无为而无不为”，这是针对老子的政治理想而说的。《庄子》书中虽然有一部分是在发挥老子的思想，但老子的政治思想和庄子是有若干不同的。老子曾经说：“治理大国，好像烹小鱼”（《道德经》六十五章），老子的政治理想是有具体的行为目标，不像庄子连行为的迹象都没有。所以欧阳修曾说：“老子的书籍，所说的虽然都是虚无，但对于治人的方法却是很高明的呢！”（见《老氏说》）班固也认为《老子》书是“君人南面之术”，和庄子虚无的政治思想是不一样的。庄子之所以和老子一样提出“无为”作为治政的原则，这大概和他所处的时代背景有关。庄子眼见当时社会混乱，各国国君都用严刑峻法、权谋诈术去治理国家，而社会却更加扰乱，人心日趋险恶，所以主张清静无为。而其根本是纯任自然，和老子“无为”转为“无不为”有实质上的差异。所以汉代初年实行黄老之治，而庄子的学说并不显著，其原因恐怕就是老子的政治理想有可行的轨迹，而庄子虽有政治的理想，而终是无迹可寻，这都是庄子相对观念所发展出来的结果。庄子认为事物是相对的，所以政治不能树立一个什么标的，有了标的，必须有为，那天下就不安了。所以说：“听说无为自在宽宥对待天下，没有听说有为去治理天下，使天下无为自在，是恐怕天下人忘掉他的本性，使宽宥，是恐怕天下人丧失他的本德，天下人不忘掉本性，不丧失本德，那还用去治理天下吗？”这种不干涉的政策，是庄子政治的目标，但也可以说是没有目标，这种没有目标的政治目标，是庄子政治的措施之一。其次由均平观念演变出来的，是个性自由发展主义。庄子认为“天地一指，万物一马”物类的形象有万千，其本质却是一体的。假使政治有所措施，势必不能周遍，那完整的一体就破坏了，一体破坏了就有各自的界限，是非争端必因此而起。倒不如任由万物各自发展，是者就以为是，非者就以为非，不必加以判断辨别，大家都在大一体的境域中自由自在的生长，所以说：“圣人和之以是非，休乎天钧”。天钧就是天地循环的自然之道，万物各任天地循环的自然之道去处置，人的生、老、病、死，物的盛衰消息，这是所不可避免的，庄子认为这是“无可奈何”的事，虽然人类有夭折的殇子，有长寿的彭祖，植物有八千岁为春八千岁为秋的大椿，有朝生夕死的朝菌，这都是天道循环的自然之理，谁都不能改变的事实，既然不能改变，那只好接受这自然的安排，这也是造物者很均平的安排。由这个观念发展到治政上，就是个性自由发展极端的不干涉主义。干涉会造成伤害，在人在己都是一种损失，就像小鸭的脚虽短，它不觉得不足，如果一定要把它接长起来，它反而要忧愁了。鹤鸟的脚虽然长，它也不觉得有余，要是砍断它一节，它反而要悲哀了。因此本性是长的，不可以砍断它，本性是短的，也不可以接长，放任它们本性的自然，那就没有什么可忧愁的了。据说古代有三个帝王，南海的帝王名叫倏，北海的帝王名叫忽，中央的帝王名叫浑沌。倏和忽常在浑沌的国土上会见，浑沌待他们很好，倏和忽商量报答浑沌的美意，说道：“人都有七窍，用来看、听、吃、呼吸，唯独浑沌没有，我们试着给他凿开。”于是就一天凿开一窍，到了第七天，七窍都凿好了，而浑沌却死了。这是庄子主张无为不干涉主义的最大原因。干涉就会产生不公平，放任自然不去干涉，从另一方面看，也可以说是一种很公平的政治方式。

庄子的相对和均平的观念发展出来的不干涉与放任自由的政治措施，实际也就是不去治理天下，让天下自治。所以说，宋国人贩运礼冠到越国去卖，没有想到越人风俗头上薙光头发，身上刺着花纹，那礼冠没有用处。这是政治上应该实施不干涉政策的最好说明。因为庄子的理想世界，根本就是一个无的世界，是无何有之乡，是建德之国，在那个世界里的百姓，愚笨而朴实，没有私心而很少欲望，只知道生产不知道收藏，给别人不希望报酬，根本用不着去治理。所以尧到了那个地方，不知不觉地就忘掉了去治理天下了。

总而言之，老子和庄子在政治上都是主张无为，但老子的无为却转化为一种达到目标的手段，其结果终变成“无不为”，而庄子的“无为”，其终连“无为”的名称都没有，不但是无名，而且是无功，最后达到无己的境界。

四、庄子的文学

关于庄子的一生，历史上的记述并不多，但他却遗留一部光芒万丈的著作。这部著作，不但在哲学上是中华学术思想的主流，在文学上也是罕见杰出的文坛奇葩。影响后世的深远，在先秦诸子中无与伦比。推其原因，大概和他天生禀赋的个性，和所受的教育，以及所处的环境有关。他的师承和受教育的情形，因为没有足够的资料，不能详细的了解，然据司马迁说他是“其学无所不窥，虽王公大人不能器之”（《史记》本传）。“其学无所不窥”正是一个文学家所必具的条件。文学的基础，是建立在丰富的学识和高度的艺术的配合上。我们看古人的作品，绝不是单纯地从文字的技巧上表现，它还有丰富的学识和艺术的配合存乎其中。例如唐人张继的《枫桥夜泊》，短短的四句诗中，包括诗人的想象力、表达力，以及他的丰富学识。以前中山大学入学考试时，命学生说明这首诗的物理现象，可为充分的说明。庄子在学识方面确是超人一等。他在《至乐》篇中说明万物变化的过程，曾一口气举出许多奇奇怪怪的名词，尤其是“万物皆出于机，皆入于机”是很合乎生物进化的原则，这很可以看出庄子学识的丰富。近人有以为庄子是一个不修边幅的浪漫者，但庄子却有科学的头脑，丰富的想象，《庄子》全书虽然都是想象出来的寓言，然而所想象的却合乎科学的推理。如《逍遥游》篇说：

我们所看到的深蓝的天空，究竟是不是天空的本色呢？或且是天空高远无穷不能看到它的至极深处呢？大鹏在天空往地面看，也不过是同样的情形罢了。

这种由地上看天空，在极高空中看地面，情况是一样的说法，在过去科学不发达的时代，完全是根据想象而来的，今天以科学的证明，在高空中看地球，和在地球上看高空中的星球，确实都是一样的，所以“从天空看地面，和从地面看天空是一样的”是非常合乎科学的推理。

文学的想象，必要合乎科学的推理，才能显出文学的真价值与文学的真实感，然后才能产生文学的功能。古今许多有价值的文学作品，没有不合乎科学推理的想象。一般文学理论家所谓想象，意思只是具体形象的思索或再现，因为他们认为凡是艺术的创造，都是旧经验的新综合，经验是材料，综合是艺术的运用。但是庄子的想象，却是超艺术的。《天道》篇说：

世间所珍贵的大道，是文字的记载。文字的记载，不过是语言罢了，所以珍贵文字，实是珍贵语言。语言所珍贵的是内容意义，意义有所在的地方，意义所在的地方，是不能用语言来表达的。然而世上因珍贵语言而传于文字，所以也就珍贵文字，其实，那不是应该珍贵的，因为珍贵的是在言外之意呀！那可以看得到的，只是形体和颜色，而形体和颜色是不能得到大道的真。

庄子的文学，不是根据具体形象的思索或再现，也不是凭旧经验的新综合，而是靠他丰富的学识与超人的智慧的结合，而产生超出形色名声之情的文学的奇葩。他文学表现的方式，本来就是寓言、重言、卮言。林西仲说：

寓言，是本来没有这个人这件事，凭空撰写出来的。重言，本来不是古人的事情和语言，而把类似的事情和语言去比附。卮言，是随口说出，不管是与非。庄子文章的境界就像镜中之花，水中之月，种种幻相，若认为真实，加以褒贬讥评，无异说梦。（见《庄子杂说》）

这是庄子文学意境之所以高人一等的最大原因。他的文学技巧，是可传而不可受的，眼可得见而口不可得而言。林西仲又论庄子的文章说：

须知有天地以来，只有这一种至理；有天地以来只有这一种至文，绝不许前人开发一字，后人摹仿一字。至于他文中之理，理中之文，能够了解的，是不很容易的呀！（同上）

《天道》篇有一段故事，也可以说明庄子文学的特质。

桓公在堂上读书，轮扁在堂下造车轮，放下砍轮的工具，走向堂上，问桓公说："敢问公（你）所读的是什么书呢？"桓公回答说："圣人的书。"轮扁说："圣人还在吗？"桓公说："已经死了。"轮扁说："那么你所读的是古人的糟粕罢了。"桓公说：

“寡人读书，轮人如何敢随便批评？有理由还可以，没有理由就要处死。”轮扁说：“我以所做的事来比喻，砍轮的手艺，慢了就松滑而不坚固，快了就滞涩而难入。要不慢不快，手下砍下去，自然和心中意念相应合，口里说不出来，有奥妙的道理存于其间。我不能告诉我的儿子，我的儿子也不能继承我的手艺，所以年龄已经七十岁了，还要在砍轮。古代人和他所不能传授的，都已经消灭了，这样说，君（你）所读的，不就是古人的糟粕吗？”

庄子就是具有那“得之于手而应于心”的文学技巧，所以别人“不能摹仿其一字”，而在他自已则可随心所欲，用他的笔，通过他的想象，没有写不出来的人物，所写的人物，也没有一定的造型，他可以用很简单的几笔，写出一个形体残缺不全的人：

支离疏者，颐隐于脐，肩高于顶，会撮指天，五管在上，两脾为胁。（《人间世》）

一个奇形怪状的人，他的头低下来缩在肚脐下面，两个肩膀高出在头顶，发髻指着天，五脏的脉管都在背脊上突起，两股几乎成了两胁。这种描写的技巧，真如林西仲所说的“绝不许前人开发一字，后人摹仿一字”。不但如此，就是形容动物，也非常的传神，如《马蹄》篇描写马说：

喜则交颈相摩，怒则分背相踶。

只用两句话，把马的情态，写得栩栩如生。这都是庄子具有独特的想象力之所致。

文学的要素，除了想象之外，另外一个重要因素就是情感。夏目漱石的文学论，认为“文学是思想加感情的总合”。但是感情不能无的放矢，必须有故事景物的依托，而后才能自然地流露而吸引读者，所谓情感不能在自然面前说谎（佐拉语）。庄子的文学，不但具有浓厚丰富热烈的感情，还有科学的推理的想象。所以他的作品，能够感动广大的读者。或许有人说，庄子是个无情的人，他的妻子死了，还鼓盆而歌，并且和惠施讨论过人有情无情的问题。惠施问庄子说：“人故无情乎？”庄子回答说：“然。”（《德充符》）那怎么说他具有浓厚热烈的情感呢？我们知道，庄子的情感，不是人类好恶占有物欲的情感。庄子所具备的情感，是超越利害是非观念和万物化合的至情。这种情感，正是文学家所不可或缺的最高情操。文学作品中所表现的情感，大致可分为热情和情操两种。热情的像《诗经》中所说的“哀哀父母，生我劬劳……欲报之德，昊天罔极”。人遇到极度伤心、悲愤或是高兴时，情感不可控制，他无暇细说，就把心中的积愫全部迸发直冲出来，这是热情。情操的表现则不然，他是不自觉的，在文学作品中，是一种含蓄的蕴藏的无形的流露，在人的行为中，是一种持久的德操。热情像潮水，来得快，去得也快。情操虽然是感情表现的最低度，但它却是持久的。庄子的感情，就是持久性的情操，看似无情，实是至情。他无论是表达自己的意见，或是慨叹人心之险诈，永远是那么的从容不迫、委婉有致，不是脸红脖子粗的和你争辩，要使听的人，自然的接受他的意见。所以，庄子的情，不是“相呴以湿，相濡以沫”的小情，而是“相忘于江湖”的大情。从前阮籍跟朋友下棋，有人告诉他母亲死了，他下棋如故，但当回家时，就大哭吐血数升（见《晋书》本传)。这和庄子妻死鼓盆而歌如出一辙，我们能说这是无情吗？前人诗中有句话说："此时无声胜有声"，庄子也是"无情胜有情"的呀！庄子的情，正如他自己说的：

吾所谓无情者，言人之不以好恶内伤其身，常因自然而不益生也。(《德充符》)

这几句话的意思，就是说："我所说的无情，是说人不因好恶的感情而伤自己的天性，常因自然的变化，不用人为增益自然的本性"。简单地说，庄子所说的情，是自然界的大情，不是对某一事物或某一个人的感情，而是对天地间无论有生命、没有生命的所发生的至情，是超乎个人的感情，因此反而像是无情的样子。文学家所具备的感情，正是这种对自然界的至情，才能创造出伟大的作品来，《齐物论》篇中，叙述自然界的声音说：

那大地吐出一种气息，它的名字叫作风，这风不吹则罢，风要是吹起来，那万物的孔窍都会怒号起来，你没有听过刮风的声音吗？那高低不平的山陵，百围大木的窍穴，像鼻子、像嘴巴、像耳朵、像瓶罍、像杯盂、像舂臼、像深池、像小池，被风吹发出各种各样的声音，像箭射出去的声音、像怒骂声、像吸气、像号哭、像欢笑、像哀叹，前面的唱，后面的应和，小风就小和，大风就大和，但当大风停止了，所有的声音就都静寂了。

宇宙万象中，惟风最为难画。山谷自赞云：诗成无色之画，画出无声之诗，天地间无形无影的风，可闻而不可见的声，庄子却就笔头画得出。今天我们掩席而坐，还可听到“翏翏”之在耳哩！但庄子的文学技巧，不仅是表现在形式上给人美的感觉，而尤具内容上情的动人。宣颖读过这一段文字后曾说：

读过子綦这一段，好像世间原来没有“我”的存在，风声刚停，那所有洞窍的发声都静寂了。就像万物真气将消灭，形骸自然枯萎，不但是大命到来，自己作不得主张，就是人生日常的行为，也像傀儡一样，不知暗中谁是提线人，我读到这里，不禁要大哭一场。我们还论长较短，争执些什么呢？

这岂但是宣颖被庄子所说的“大风停止了，所有的声音就都静寂了”那两句话所感染，慨叹人生的无常。就是任何人读过那如万马奔腾、波涛汹涌的风声，突然间变成秋空夜静四顾寂然的情景，也不能无动于衷吧？

庄子的文章，不但是科学的想象，至情的感人，而且又是理智的，也就因为太过理智了，所以有时觉得好像是无情。

但是，庄子的文章，不可能把它很明显的分为科学的、或是情感的、或是理智的。它是科学和感情、理智综合的艺术表现，我们很难给它下一界说。因为《庄子》一部书十九是寓言，寓言是譬喻的具体描写，它需要科学的推理，抽象的理论，隐含着突出的情景，用艺术的手法表达出来，而这几个特征，又是结合在一起，牢不可分。当我们读了庄子的文章，事实上也很难去区分它是形式结构的优美，还是内容情节的动人。因为他那丰富的情意，就寄寓在优美的文辞之中。看去像是显著忧愁，忽然又是喜悦，忽然又是忧喜两忘，我们实在无法去称美它。他又把科学的真、理智的善、感情的美，三者糅合在一起，创造出文学的极致，恐怕连庄子自己也弄不清楚，我们又将如何去区别他文学上的形式之美与内容之美呢？

庄子文学的本质是“通而为一”的，庄子的文学境界则是“乘天地之正，御六气之辩，以游无穷”的，是“上与造物者游”，下与“外生死无终始者为友”。他的文学境界，可以说是无边无垠的，与宇宙化合，与自然为一，说是合乎科学的，或是富于情感想象的，都可以；说是艺术的，也没有什么不对，其实庄子文学的意境是超科学、超情感、超艺术的。他是“寂寞无形，变化无常，死与生与，天地并与，神明往与，芒乎何之！忽乎何适？万物毕罗，莫足以归”（《天下》）的。我们从何去称说他呢？从前人评论颜回，居陋巷，箪食瓢饮，人不堪其苦，回不改其乐，这是乐贫。但“乐贫”还是见我之处贫，不足以为乐。或以为非乐箪瓢陋巷，而是“乐道”，但是“乐道”则是见有我之处道，也不足以言乐（详见《柳文指要》引）。庄子则是处其所以处，所以无贫之见，无我之迹，发之于文学，则如天马行空，飘忽无踪，不容易捕捉他的神理。

或且说：庄子的文学意境既然不可称说，那他文学的形式如何表现呢？我们知道，庄子虽然说“大道不称”，但“不言又不足以明道”，道还是要称说的。不过庄子表现的方式是“言无言”。王夫之说：“庄子之文，随说随扫，不予人可寻之迹”（《庄子解》）。前人评庄子文章的表现，像“蜻蜓点水，着而不着”（《庄子因》），大概就是指这方面说的吧！陶渊明最懂这个“言则离道，不言不足以明道”的道理，所以他在写《桃花源记》又添了一段说：

（渔人）既出，便扶向路，处处志之。及郡下，诣太守，说如此，太守即遣人随其往，寻向所志，遂迷不复得路。南阳刘子骥，高尚士也，闻之，欣然亲往，未果，寻病终，后遂无问津者。

这一段文章作法上说是余波，当然还有作者自述情怀的意味，但最大的作用是迎合桃花源这篇文章的题旨。所谓桃花源，就是与世隔绝的世外桃源，外人不可得而入的地方。假如每个人都可自由进出，那岂不变成观光地区了吗？就与桃花源题旨不合了。所以陶渊明特地安排这一段，并结以“后遂无问津者”，保存了一个完整名副其实的桃花源，既然是桃花源，应该连渔人都不该进去才对，但是如果渔人都不能进去的话，这篇文章又无从写起，这就是所谓“言则离道，不言不足以明道”的道理。但这渔人也只能进去一次，第二次绝不能再进去，这就是所谓“言无言”了。庄子的文章，大都是以这种“言无言”的方式表达出来的。所以像羚羊挂角，无处可寻。大凡意境高妙的文学作品，全是用这种“寄言以出意”的手法表现出来的。所以古人说当于无字处体会文章的含义，道理或即在此。

文学的技巧能够表现于“寄言以出意”，那才是文学的极致。所谓不着一字，尽得风流。文章最忌正面道破，必须侧面征引，则自然滋生，风韵盎然。后人评论柳宗元《永州诸记》，以《钴姆潭西小丘记》风韵差短，就是因为其中说到“兹丘之胜，致之澧、镐、鄠、杜，则贵游之士，日增千金”的缘故，这句话类似正面叫喊，使读者意趣立觉索然。李白诗云：“问余何事栖碧山，笑而不答心自闲”，此其妙处，在于不答，设若回答，不问答作何语，则将不成为太白的诗了（参见洪迈《容斋随笔》及《柳文指要》之说）。庄子文章的真意，就是寄寓于文字之外，如空中之音，相中之色，水中之影，镜中之象，透彻玲珑，不可凑拍。千载之下，读之立觉当时的人物似与己相会，因而古今人物彼此，都汇而为一，引吭微诵，其文字字沁人心脾，感受到一种无言的妙处，这是文学意境的最高表现。

近世美学家有所谓“移情作用”，就是把我的感情移注到物里面去，分享物的生命。人类感情的分享，不仅可以和鸟鹊齐飞、麋鹿共舞，也可以和一棵长芽发青的树木分享它新生的快乐。庄子不仅是感情与外物的分享，而是把整个生命熔铸于整个宇宙之中，所以凡是物存在的地方，也是他生命存在的地方。生命充满了宇宙，宇宙无一处不洋溢着生命，可以对髑髅论辩，可以与秋水共语。他曾与惠施游于濠梁之下，说道：

鯈鱼出游从容，是鱼乐也。

惠子不解文学上的“移情作用”，所以就反驳说：

子非鱼，安知鱼之乐。

惠施是名家，不是文学家，名家只知循名责实，不能分享宇宙间生命的乐趣，庄子则能体悟出宇宙间生物没有一件是没有生命的，所以才能创造出不朽的名著。惠施则只是一个辨析事物、劳精疲神、据梧而眠的诡辩者。从前法国女小说家乔治桑（George Sand）在她的《印象和回忆》里说：

我有时逃开自我，俨然变成一棵植物，我觉得自己是草，是飞鸟，是树顶，是云，是流水，是天地相接的那一条横线，觉得自己是这种颜色或是那种形体，瞬息万变，来去无碍。我时而走，时而飞，时而潜，时而吸露。我向着太阳开花，或栖在叶背安眠。天鹨飞举时我也飞举，蜥蜴跳跃时我也跳跃，萤火和星星闪耀时我也闪耀。总而言之，我所栖息的天地仿佛全是由我自己伸张出来的。（见开明书店编《文艺心理学》第三九页引）

这种说法，正和庄子的“万物与我为一”的理论相似。庄子在《大宗师》篇说

假使把我的左臂变成鸡，我就叫它报晓。假使把我的右臂变成弹，我就用它去打鸮鸟烤了吃。假使把我脊尾骨变做车，把我的精神变做马，我就坐着这辆马车，岂不是不用另外去求马车了吗？

不过，乔治桑的理论，还有自我的存在，庄子则是把自己的生命注入于宇宙万物之中，没有对立，没有物我，因任自然，与万化冥合，所以在文学的境界上说，似乎更高一层了。

总而言之，庄子的文学，给予后世文学家的影响是深远的，魏晋的阮籍、嵇康、向秀、陶渊明，唐代的韩愈、柳宗元，宋代的苏轼，不胜列举。即以崇尚经学的汉代诸儒，也或多或少的受了庄子的影响，贾谊的《鹏鸟赋》，其中心思想即根据庄子思想演化而来，其他如司马迁的《悲士不遇赋》，及董仲舒的《春秋繁露》，受庄子的影响也很大。吴经熊博士说：

庄子的散文在中国古代未有其匹，后代的陶渊明与李白都从庄子的散文中汲取灵感，但是他的影响不限于文学，而普及整个中国思想史，无论是佛教和儒教的第一流思想家，没有一个不用庄子的灼见来解脱他们的头脑，并用庄子的思想充实他们自己的思想。

这都可说明庄子在中国文学的思潮中，有一股巨大的影响力，但这还不能说明庄子在中国文学的地位，庄子给予后世文学的最大影响力，不在于文学的形式，而是在于文学的灵魂，当我们看到后世伟大的文学家与思想家，写下他光芒万丈的不朽巨著时，谁能知道那就是庄子思想的化身呢？

五、历代的《庄子》注

《庄子》的注解，一般的学者，都认为汉代很少，断自魏晋开始，其实汉代研究《庄子》也很多，只不过没有成书，或是原书遗失罢了。汉代的《庄子》注，最早的要推刘安的《庄子略要》及《庄子后解》，可惜都已失传，只有李善注《文选》时略有引用，现在不可知道它的全貌。不过据《淮南子》所引的《庄子》文句看来，大都是引《庄子》解释《道德经》的。司马迁《史记·庄子本传》说："庄子的书，是在阐发老子的学说。"这或且是汉人的共同意见吧！其中像《道应训》引《庄子·人间世》"坐忘"一般以证《老子》的"载营魄抱一能毋离乎？专气至柔能如婴儿乎"的意义。又引《庄子·天道》"桓公读书于堂上"一段以解释《老子》的"道可道，非常道，名可名，非常名"等都是。《淮南·要略》并且老庄并称，可见汉代虽然是重视黄老之学，但也不鄙弃庄子之学。而可以特别提出说明的，汉代自惠帝废除挟书的禁令后，广开献书的途径，设置写书的官吏，建立藏书的馆舍。诸子传记的书，都收集在秘府中。所以汉代儒生也研究诸子学说，造成儒道混合的趋势。像贾谊、董仲舒、司马迁的思想，多少受到庄子学说的影响。贾谊的《鹏鸟赋》、司马迁的《悲士不遇赋》，甚至董仲舒的《春秋繁露》，都可以看到或引用《庄子》原文或吸收庄子思想的痕迹。这种情势一直到后汉，有了更大的转变。西汉是以儒而兼习庄子，东汉则出现抑儒者而扬庄子了。《全汉文》卷五十六收的《报桓谭书》，可以为证明。当然这还得从时代历史的因素去说明，不是这篇短文可以说得清楚的，但可以了解的，从汉代的儒道兼修，发展到魏晋所谓的“儒道合一”，用老庄解释儒家的经典，汉代可以说是开创的时期。历史的变迁，常具有持续性，文化学术，虽然各朝代不一样，但因革推移，都是由于渐进。所以先说明汉代研究庄子学的情况，对于了解后来的《庄子》注，是有帮助的。

到了魏晋，庄子之学大为盛行，最早的何晏、王弼，接着有阮籍、嵇康，发展的有向秀、郭象，最后有陶渊明。社会的风俗，时代的思潮，也因跟着而转移。注释《庄子》流传到现在的，也是从魏晋时代开始，比较早的有司马彪、崔譔等的《庄子注》。

司马彪的《庄子注》二十一卷，现在已经亡佚，《经典释文》及其他的注释书、类书都有称引。现在有两种本子，一是孙冯翼辑的《问经堂丛书》本。这个辑本不采陆德明的《经典释文》，据说是因为已经有了专书，学者都容易看见，因而从《文选注》、《太平御览》、《初学记》、《一切经音义》、《殷敬顺列子释文》、《史记索隐》、《广韵》等书采辑一百十四条，和陆氏《释文》相同的有四十余条。另一本子是茆泮林辑的《梅瑞轩十种古逸丛书》本。这个辑本用冯氏的辑本做底本，略加更订编序。并增加佚文有十之二三。据《释文》和辑本的内容看，司马彪的注本是训诂音释之类，少有义理的发挥，似乎仍受汉代学风的影响，不是魏晋研究《庄子》的风气。从《经典释文·序录》看，司马彪的注本有五十二篇，内篇七，外篇二十八，杂篇十四，解说三。和《汉书·艺文志》所说的篇数相合，现在的郭象注本只有三十三篇，少了十九篇，除解说三篇外，还差十六篇，这十六篇篇名可考的有九篇，据《释文·序录》说有《阏奕》、《意修》、《危言》、《游凫》、《子胥》。据《北齐书·杜弼传》记载有《惠施》篇。后代学者有的说现在《天下》篇惠施那一段就是《惠施》篇。据《史记·庄子列传》记载有《畏垒虚》；据《南史·文学传》记载有《马捶》篇；据俞正燮的《癸巳存稿》说淮南王《庄子略要》也是司马彪注本的逸篇；近人《庄子义证》辑有《阏奕》、《游凫》、《子胥》等篇佚文。

其他还有孟氏的《庄子注》，崔譔的《庄子注》，孟氏的注本也是五十二篇，和司马彪注本相同，崔譔的本子只有二十七篇，内篇七、外篇二十，现在都已亡佚，不知道内容是怎样的。最能代表魏晋《庄子》注的思潮，影响后世最深的是向秀和郭象的《庄子注》。向秀的《庄子注》二十卷，据《释文·序录》说共二十六篇，一作二十七篇，一作二十八篇，陶振孙说向秀注在宋代已亡佚，现在无从知道确实篇数。《世说新语·文学类》注说："向秀平生没有什么著作，只喜好《庄子》，根据崔譔所注的记述，以备遗忘。"又《释文》引常称"向、崔云"，"向、崔本"，好像向秀的《庄子注》是根据崔譔的本子而来的。另一点是向秀的本子和郭象注本相同的问题，后世学者讨论的很多，但一直没有正确的结论。根据《世说新语·文学类》记载郭象的注本就是抄袭向秀的，所以《晋书》说："向、郭两种《庄子注》，其意义都是一样的。"因此有的学者就合称为"向郭庄子注"。郭象的《庄子注》共三十三卷，三十三篇，内篇七、外篇十五、杂篇十一。日本高山寺的卷子本，有郭象的后序，说原来的本子，内容太复杂，他把它删定为三十三篇，以后郭象的本子流行起来，其他的本子就逐渐的亡失，今天唯一保存下来的就是郭象的三十三篇本子。郭象注的意见，可以代表魏晋南北朝庄子思想的主流。不过，所注的内容和庄子的思想，却并不相合，像《逍遥游》注说“小大虽然不一样，如能物任其性，事称其能，各当其分，逍遥却是一样”。这并不是庄子的原意，庄子的本意是小的固不能逍遥，大的也不能逍遥，唯有“至人无己”才能逍遥。其他《齐物论》注否定“真宰”的存在，也和庄子所说的“道有情无形”的观念不合，因此支道林就提出与郭象相反的意见。支道林是晋代高僧，也参加了当时清谈的行列。他的《庄子逍遥游论》是当时的名著，可以说轰动一时。根据《世说新语·文学类》的记载：《庄子·逍遥游》最不好讲，许多名流学者所谈论的，都不能超出向、郭之外。支道林在白马寺和冯太常谈论《逍遥游》，支氏所谈的居然有很多新的意见，是向、郭二家所没有谈到的，也与当时研究《庄子》的学者所讨论的意义不同。支道林所谈论的内容，从《世说新语》的记述，可以了解的是用佛家的思想来解释《庄子》，是援庄入佛的前驱，为后世以佛解庄的先河，影响宋明的《庄子》注很大。不过，支道林的《逍遥游论》虽然发生相当的作用，但影响当时思想界最大的还是向、郭的《庄子注》，要研究《庄子》的，当然还得从郭象注入手。陆德明说，郭象所注的，深有体会《庄子》的意旨，也不是没有道理的。

隋代研究《庄子》的很少，因为魏晋清谈，开始是以《老子》为中心，佛教兴盛的时候，也吸收了一部分般若学的思想，以为清谈的主题。到了六朝，慢慢的清谈近了尾声，被佛教思想所取代。到了唐代，佛学非常兴盛，同时儒家思想也在复兴。

不过因为唐代皇帝姓李，认为老子李耳是他们的祖先，于是也册封庄子为南华真人，注解《庄子》的风气跟着兴盛起来。唐代的《庄子》注和魏晋的《庄子》注，有其实质上的不同。魏晋的《庄子》注是谈义理，唐代的《庄子》注则重音义，像陆德明的《庄子音义》，收在《经典释文》中，《庄子》和儒家的经典相提并称，这是开始。《庄子音义》集有司马彪、崔譔、向秀、郭象、李颐、李轨、徐邈、梁简文帝等人的注，有些亡佚的本子，在这里可以看到一鳞半爪。比较流行的注本有成玄英的《庄子疏》。成玄英是一个道士，字子实，陕州人，隐居东海，在贞观年间加号西华法师。所著的《庄子疏》，仍是以郭象注的义理为主，敷衍郭象注罢了。像《人间世》"忿设无由，巧言偏辞"句，郭象注说："夫忿怒之作，无他由也，常由巧言过实，偏辞过当耳"。成玄英疏说："夫施设忿怒，更无所由，每为浮伪巧言偏辞谄佞之故也"。我们看郭象注和成玄英的疏实在没有什么发展，疏不见得比注更清楚，甚至有些地方只是复述郭象注而已，像《山木》篇就有很多重复郭注的地方。当然，成玄英也在郭象没有注的地方作疏，而且对于文字的训诂有其实质的贡献，应该分别去看它。唐代注《庄子》的还有明皇时剑南道士文如海，他有《庄子正义》十卷及《庄子邈》。据《文献通考》引鼂氏说："如海，明皇时道士也。以郭象注放乎自然而绝学习，失庄生之旨，因再为之解，凡九万余言"。据此，《庄子正义》是和郭象注的内容不一样。可惜没有看到那本书，不知道详细的内容，《南华邈》今见道藏本只是短篇残简而已。唐代的《庄子》注，还有魏征的《庄子治要》，也是残篇，察其片段内容，好像也是引庄以入儒，和郭象注同趣。唐代注《庄子》的还有何妥的《庄子义疏》，王穆的《庄子疏》，卢藏用的《注庄子》内外篇等二十余种，有的亡佚，有的未见原书，都不能了解它们的内容。

宋、明两代注《庄子》的风气很盛，宋、明人注《庄子》重义理，但是和魏晋的义理不同，大半是继承支道林以佛义解释《庄子》。庄子思想本来和佛义相通，所以引用佛义来解释《庄子》，在《庄子》注的发展史上，开了新的纪元。他们着重研究庄子的哲理，从其内容看来，大概是沿支道林以佛义解庄的路线，代表人物有林希逸、褚伯秀、刘须溪、罗勉道、释德清等。另一方面受苏轼所说的庄子对孔子是“阳挤而阴助”以及确定诋毁孔子的《盗跖》、《渔父》及《让王》、《说剑》不是庄子所作的影响，注解《庄子》义常常也有“援庄入儒”的，不过宋代的学术思想已受唐代儒学佛学合流的影响，实际上暗中却常常以佛义解释《庄子》。像林希逸的《庄子口义》便是，虽然是标榜以儒家为主，而在解释时却处处引用佛义。如《齐物论》“今者吾丧我”句注说：“吾丧我三字下得极好，洞山曰：渠今不是我，我今正是渠”（鋐按此句出于《传灯录》），又“道之所以亏，爱之所以成”句注说：“道既亏，则有好有恶，在我则爱，在物则恶，佛氏所谓爱河是也”（按《升玄经》云：“漂浪爱河，流吹欲海”），又《人间世》“命物之化，而守其宗也”句注说：“言万物之变化皆受命于我，此禅家所谓心迷法华转，心悟转法华也。”（按《法宝坛经》云：迷悟在人，损益由己，口诵心行，即是转经，口诵心不行，即是被经转。偈曰：心迷法华转，心悟转法华。）类似这些例子很多，不胜列举。不单是林希逸的《口义》这样，其他如明代刘辰翁的《南华真经点校》、罗勉道的《庄子循本》、陆长庚的《南华副墨》都受了这种风气的感染，释德清的《庄子内篇注》更不必谈了。不过释德清以佛义解庄，虽大旨据自林希逸，但本义却是支道林的般若学即色派而来，很少牵强附会之处，所以时有新趣。能够集宋明大成的《庄子》注，是焦竑的《庄子翼》，所采撷的《庄子》注，自郭象以下共有二十二家。后人以《庄子翼》全录郭象注，认为焦竑以郭象为宗，其实焦竑除采撷罗勉道循本等二十二家外，还有自支遁以下十六家，章句音义共十一家，而其所著《笔乘》有关《庄子》的部分也附入，其中很有些是以佛义解庄，如《笔乘》解释《养生主》篇的“指穷于为薪，火传也，不知其尽也”句引佛典说：“火之传于薪，犹神之传于形，火之传异薪，犹神之传异形，前薪非后薪，则知指穷之术妙，前形非后形，则悟情数之感深，惑者见形朽于一生，便谓神情共丧，犹睹火穷于一木，便谓终朝都尽，可乎？”可见他并不专尚郭注。《庄子》注到了宋明，多少都要沾上一些佛家的情意，朱子说佛经源自《庄子》，可以代表宋明间学者的意见，这种情势一直到清初，才稍有改变。在宋明的《庄子》注中另一个趋向是想以庄子的文章为主体，从文字的结构中，去了解庄子的隐义。即使倡应“知禅宗解数”的《庄子口义》，一方面也提出应“识文字血脉”。罗勉道的《庄子循本》，自称要直探《庄子》本源，也还是要谈论文字奇妙处。可见从宋代开始一般《庄子》注渐渐地把《庄子》当做文学来研究。到了明代，提倡了解《庄子》文字的呼声，更为普遍。其中主张最力的要算朱得之的《庄子通义》，他认为《庄子》只是词章之列。而最能道出文章结构的是刘辰翁的《南华真经点校》，在解释文义时，常常用文章家的口吻，如解释《外物》篇“若是劳者之务也，非佚者之所未尝过而问焉”句说：“虽然，非大觉大悟者之事也，未尝过而问焉，说得飘洒”。这简直是像文评了。以文章作法解释《庄子》是宋明的特色，尤其是明代，是文章家的天下。清代初年的《庄子》注，就受这种风气的影响。我们可以说魏晋的《庄子》注是谈义理，宋明的《庄子》注谈义理兼重文辞，这大概是因为魏晋人谈义理重感情，所以虽名为《庄子》注，却是在发挥自己的见解，像郭象注便是，所以从前人说是庄子注郭象，不是郭象注庄子。宋明人谈义理，则是以佛义解庄，少动感情，因此能够从文字的逻辑方面去运用思维，在文字结构上有相当的发现，开清初以文章去解释《庄子》的先河。宋明的《庄子》注在方法上还有想要从顿悟入手去了解《庄子》的南华发覆。直探《庄子》本旨的《南华真经循本》，以《庄子》为《道德经》的注疏的《南华真经副墨》等，多少都受林希逸《口义》的影响。形式上重视文辞结构，内容上以佛义解庄，程度虽有不同，风格却是一致的，这是宋明庄子注一般的特点。

清代的《庄子》注虽受当时学风的影响，从校勘训诂方面去研究，但义理的研究仍在进行。开始的有王夫之的《庄子解》和《庄子通》，《庄子解》有他儿子王敔的增注，其内容一反过去以佛义解庄，船山熟读经史，解庄自别具只眼，但反对前人以佛义解庄，是不很确当的。或许是船山处于亡国之际，别有所托吧！《庄子通》可以说是船山借庄子发表自己的意见，忧时之思，表现在字里行间，是很出色的哲学论文，从这里可以看出船山的思想。清代的庄子注当然还有继承林希逸、焦竑的，那是宣颖的《南华经解》，解释《庄子》很有新见，但因受明人论文风气的影响，仍是从文字结构着眼，不过就了解《庄子》文章的立场说，却有重要的贡献。和宣颖一样用文章解释《庄子》的还有林云铭的《庄子因》，林氏本来是文评家，另著有《读庄子法》，对庄子文章的分析，有独到的见解。钱宾四先生说他上承欧（阳修）归（有光），下开惜抱（姚鼐），也是研究《庄子》的一条途径。清代从文章家眼光来研究《庄子》的还有姚鼐的《庄子章义》、钱澄之的《庄屈合诂》，屈复著李元春评的《南华通》、马其昶的《庄子故》。其他以佛义解庄的有陈寿昌的《南华真经正义》、杨文会的《南华经发隐》等。以太极图解庄的有陆树芝的《庄子雪》、徐润第的《逍遥游解》。谈训诂考据的有王念孙、卢文弨、俞樾、孙诒让、陶鸿庆、刘师培等，虽间有可取，但都是片段而已，钱宾四先生说："王（念孙）俞（樾）两家在清儒治先秦诸子书中，最具成绩，其得失亦莫能自外，治庄书不深探其义理之精微，不熟玩其文法之奇变，专从训诂考勘求之，则所得皆其粗迹，故清儒于庄书殊少创获，较之魏晋宋明，转为不逮，此治庄者所应知也。"其中能不受传统注疏的影响而别树新义的是吴承渐的《庄子旁注》。而最能集清代研究庄子训诂的大成，而附以郭象注成玄英疏陆德明释文的是郭庆藩《庄子集解》，但因未能采辑宋明解庄的精华，所以后人批评它杂而不精。比较简要的要算王先谦的《庄子集解》，颇便初学。清代研究《庄子》的学者很多，依其门类，大体是这样的。近代研究《庄子》的学者更多，并且有以西洋哲学来解释《庄子》的，范围已超出以佛解庄、以儒解庄之外了。其著述可参考正中书局的《六十年来之庄子学》，这里不再重复了。

参考书目说明

这里所列的参考书目，其目的是想能帮助看完本文，再希望进一步深入的去研究《庄子》的青年朋友们，所以介绍略为详细，而且只限于一般入门的书籍。

前人都认为王先谦《庄子集解》是初学入门的一本书，大体是对的，王书较郭庆藩的《庄子集释》为晚出，而王先谦本人善古文辞，文章有义法，所以颇为简要，其中采撷研究《庄子》的计有二十余家，但以引宣颖《南华经解》为多，钱宾四（穆）先生说，王先谦集解采摭宣书，颇费洗陶之功，可见王书简要之处，但其中错误亦所难免，近人胡怀琛有《庄子集解补正》，刘武有《庄子集解内篇补正》。胡书为笔记体，录自己意见六十七条，其中对于名物训诂颇有是正。刘书则把内篇作全般检讨，尤具参考价值。这两本书现在收入艺文印书馆出版之《庄子集成续编》第四十二册中。假使要进一步研究《庄子》，当从《庄子集解》入手，而胡（怀琛）刘（武）的补正，当为必备的参考书。

把《庄子集解》翻译为白话的，最早的有叶玉麟的《白话庄子读本》（一九三四年排印本），对初学的人来说，虽然可以帮助阅读时的困难，但缺点很多，第一是白话翻译全据《庄子集解》原意，《庄子集解》错误的地方，它也跟着错误，《庄子集解》没有说明的部分，它也含糊过去，一不小心，就会跟着错误。这本书坊间翻印的很多，到处都可以看到，印刷很差。第二是没有注解，对初学者来说，仍是有困难的。而且外、杂篇只是选取一部分，许多重要的篇章，都遗漏了，取舍也不很切当。

集注译释比较清楚的要算张默生的《庄子新释》，这本书的体例比较严谨，前面附有《庄子研究答问》，给初学的人指出一条途径，不过，作者虽是主张“以庄解庄”，但仍杂引各家，不尽精纯，这本书于一九四八年十月由东方书社排印发行，列为子学丛书之二，一九六九年五月台湾绿州书店翻印，一九七一年九月台湾乐天出版社据原排印本影印。但都只有上册内篇部，据目录所列应该还有中册外篇、下册杂篇，至今不得见，或许是还没有印行，其详有待查考。作者另有《庄子文选》，没有什么创见。

白话注解翻译《庄子》最完备的要推三民书局的《黄锦鋐庄子读本》。这本书因为出书比较晚，参考数据比较多。假使能以王先谦《庄子集解》为主，再参考本书，那《庄子》的大意，就可以有一个轮廓的认识，要深入研究《庄子》，在文义上就不会有什么隔阂了。

研究《庄子》不可以不知道郭象注，但前人都说是庄子注郭象，不是郭象注庄子，这是说郭象借庄子发挥自己的意见，因此郭象的意见往往和庄子哲学不尽相合。艺文印书馆影印有北宋南宋合刊的《庄子郭象注》。近人王叔岷有《庄子郭象注的校记》，这是作者在治《庄子校释》时的副产品，以后另印行《郭象注校记》，列为《历史语言研究所专刊》之三十三。计五卷线装三册，上册自序、目录、《逍遥游》篇至《在宥》篇止，第二册自《天地》篇至《则阳》篇止，第三册自《外物》篇至《天下》篇止，殿以附录计收佚文十七条。本书引覆宋本、赵谏议本、世德堂本、唐写本等，以及类书计有三十余种，为研究郭象注之重要参考书。日人寺冈龙含有敦煌本《郭象注庄子南华真经辑影》、敦煌本《郭象注庄子南华真经校勘记及研究总论》等书，研究《庄子郭象注》没有比这个数据更完备更方便的了。但以一般初学的人来说，还是以郭庆藩的《庄子集释》为佳，郭书全列郭象注，附唐成玄英疏，并搜集清人研究《庄子》的训诂和考据，最后有自己的意见。虽然仍是有错误，但便于阅读。不过这本书有一个缺点，对于宋明注解《庄子》的部分，没有收集进去。假使要补救这个缺点，应该再看焦竑的《庄子翼》。《庄子翼》采集的《庄子》注，自郭象以下共计二十二家，旁引的自支道林以下共十六家，还有音义十一家，并附自己有关《庄子》的意见，可以说是集宋、明《庄子》注的大成，也比《庄子集释》更精审，可以说是研究《庄子》必读的参考书。《庄子集释》中华书局、世界书局、广文书局、艺文印书馆、河洛图书公司都有出版。《庄子翼》则有广文书局影印金陵丛书排印本、艺文印书馆影印长庚馆刊本。

假使阅读了以上各书，对《庄子》大概有了多少的认识，如果还有兴趣的话，可以比较各家注解基本思想的不同。《庄子》本身没有立场，各家的思想似乎都可以附会进去，自韩昌黎说庄子是田子方的后人，苏东坡说庄子是“阴助”孔子的，因此有以儒家学说附会《庄子》的，像宣颖（茂公）的《南华经解》便是。他说“庄子之书与《中庸》相表里”，又解释《逍遥游》说：“孔子之绝四也，颜子之乐也，孟子之浩然也，庄子之逍遥也，皆心学也。”可以看出他心意的趋向。宣颖的书坊间看到的有艺文印书馆影印的同治半亩园刊本、宏业书局影印的石印本。其他《庄子故》虽也以儒家立场为主，但因颇引宋人之说，难免杂以佛义。钱宾四先生说这本书“自郭注、陆音义、成疏、焦氏翼，下及清儒，采撷最广，陶洗亦精，较之郭氏集释、王氏集解，又见超出。盖马氏得桐城家法，能通文章义趣，又兼顾宋儒义解。不嫥嫥于训诂考核，然于庄子哲理，则尚嫌涉测未深。”钱氏的《庄子纂笺》就以马书为蓝本，但增补修订，亦颇费陶洗之功。钱氏兼通史学理学，所作《庄子纂笺》，有成一家言的气象，但初学的人恐不能进其藩篱。

以佛义解释《庄子》当从明释德清的《庄子内篇注》入手，释德清的《庄子》注继承宋林希逸的《庄子口义》，但有进一步的发挥，就以庄解庄的立场说，是非常正确的，读后可以启悟心智。《庄子内篇注》有台湾建康书局、广文书局、艺文印书馆等影印的光绪年间的刻本。其他以佛义注《庄子》的还很多，可以参考上文历代的《庄子》注，不过要说明的，这里说以佛义注《庄子》是就其基本思想而说，并不是说专以佛义解庄。因为自魏晋以来，历代高僧都兼修内外典，为学不纯，他们大都是各家思想兼而有之，这是研究《庄子》首先要知道的。

近代西洋学说传入中国，近人常有以西洋哲学来解释《庄子》的，像严复的《庄子评点》，及曹受坤的《庄子哲学》等都是，《庄子评点》附在马其昶的《庄子故》，有一九五三年曾克端排印本、一九六四年八月黎玉玺将军影印《侯官严氏评点故书三种》，《庄子评点》即在其中。《庄子评点》计二百八十一条，其中除以西洋哲学为说明外，还有杂引儒家佛家之说。曹受坤

《庄子哲学》有文景书局及艺文印书馆影印的原石印本。

这里所列的只是一个纲要性的目录，其他详细的参考书目，以及单篇论著，请分阅上文历代的《庄子》注及正中书局的《六十年来之庄子学》。

图书在版编目（CIP）数据

中国历代思想家．先秦．1 / 中华文化总会，王寿南主编；洪安全等著．—北京：九州出版社，2011.3
ISBN 978-7-5108-0798-5

Ⅰ．①中… Ⅱ．①中… ②王… ③洪… Ⅲ．①思想家－评传－中国－先秦时代 Ⅳ．①B2

中国版本图书馆CIP数据核字(2010)第252304号

中国历代思想家.先秦.1

作　　者　中华文化总会　王寿南 主编　洪安全等 著
出版发行　九州出版社
出 版 人　徐尚定
地　　址　北京市西城区阜外大街甲35号(100037)
发行电话　(010)68992190/2/3/5/6
网　　址　www.jiuzhoupress.com
电子信箱　jiuzhou@jiuzhoupress.com
印　　刷　涿州市星河印刷有限公司
开　　本　880毫米×1230毫米　32开
印　　张　13
字　　数　27.9千字
版　　次　2011年3月第1版
印　　次　2011年3月第1次印刷
书　　号　ISBN 978-7-5108-0798-5
定　　价　26.00元